Zschenderlein/Meurer/Schüller/Stöber
Lösungen zu
Lernsituationen für Steuerfachangestellte 2

AF716112

Zusätzliche digitale Inhalte für Sie!

Dieses Buch bietet Ihnen mehr als nur eine gedruckte Version! Nutzen Sie die folgenden Möglichkeiten, die Ihnen für dieses Produkt auf mein.kiehl.de zur Verfügung stehen.

Online-Version

Sie haben das gedruckte Exemplar Ihres Buches nicht zur Hand oder möchten etwas schnell recherchieren? Dann nutzen Sie die Online-Version Ihres Buches. Diese steht Ihnen nach Eingabe des folgenden Freischaltcodes direkt zur Verfügung.

Zusatz-Downloads

Weitere nützliche oder ergänzende Inhalte, wie z. B. Checklisten oder Kontenrahmen, stehen als Download zur Verfügung.

Schalten Sie sich Ihre digitalen Mehrwerte direkt frei:

Scannen Sie den QR-Code **oder** rufen Sie die Seite mein.kiehl.de auf.
Geben Sie den Freischaltcode ein und folgen Sie dem Anmeldedialog. Fertig!

Ihr Freischaltcode

XORV-DWXW-KNQV-JEPV-EGAC-V

www.kiehl.de

Lösungen zu Lernsituationen für Steuerfachangestellte 2

Zweites Ausbildungsjahr

Von
OStR Dipl.-Hdl. Oliver Zschenderlein
StR' M. Tax Steuerfachangestellte Lena Meurer
StD' i. R. Dipl.-Hdl. Karin Schüller
OStR' i. R. Dipl. Betriebswirtin Roswitha Stöber

kiehl

AB	Anfangsbestand
Abs.	Absatz
agB	außergewöhnliche Belastungen
aG	außergewöhnliche Gehbehinderung
AG	Aktiengesellschaft
AO	Abgabenordnung
a LuL	aus Lieferungen und Leistungen
AR	Ausgangsrechnung
BAB	Betriebsabrechnungsbogen
BBiG	Berufsbildungsgesetz
BGB	Bürgerliches Gesetzbuch
BMF	Bundesministerium der Finanzen
bspw.	beispielsweise
bzw.	beziehungsweise
ca.	circa
d. h.	das heißt
DSGVO	Datenschutz-Grundverordnung
einschl.	einschließlich
EK	Eigenkapital
e. K.	eingetragener Kaufmann
ESt	Einkommensteuer
EStDV	Einkommensteuer-Durchführungsverordnung
EStG	Einkommensteuergesetz
EStH	Einkommensteuerhinweise
EStR	Einkommensteuer-Richtlinien
ER	Eingangsrechnung
Fa.	Firma
FVG	Finanzverwaltungsgesetz
Ford.	Forderungen
GdB	Grad der Behinderung
ggf.	gegebenenfalls
gem.	gemäß
ggü.	gegenüber
GmbH	Gesellschaft mit beschränkter Haftung
GoB	Grundsätze ordnungsmäßiger Buchführung
GuVK	Gewinn- und Verlustkonto
HGB	Handelsgesetzbuch
ig.	innergemeinschaftlich
i. H. v.	in Höhe von
inkl.	inklusive
i. S. d.	im Sinne des
i. S. v.	im Sinne von
KG	Kapitalgesellschaft
km	Kilometer
KV	Krankenversicherung
LStR	Lohnsteuer-Richtlinien
LuF	Land- und Forstwirtschaft
lt.	laut
Mio.	Millionen
Mrd.	Milliarden
MwSt.	Mehrwertsteuer
Nr.	Nummer
o. a.	oben angegeben
OHG	Offene Handelsgesellschaft

RV	Rentenversicherung
SBK	Schlussbilanzkonto
SE	Europäische Gesellschaft
SKR	Standardkontenrahmen
s. L.	sonstige Leistungen
sog.	sogenannt
u. a.	unter anderem
u. e. Wertabgabe	unentgeltliche Wertabgabe
UK	United Kingdom (Vereinigtes Königreich)
USt	Umsatzsteuer
UStAE	Umsatzsteuer-Anwendungserlass
UStG	Umsatzsteuergesetz
usw.	und so weiter
u. U.	unter Umständen
Verb.	Verbindlichkeiten
VoSt	Vorsteuer
VZ	Veranlagungszeitraum
WK	Werbungskosten
z. B.	zum Beispiel
zvE	zu versteuerndes Einkommen
zzgl.	zuzüglich

Feedbackhinweis

Kein Produkt ist so gut, dass es nicht noch verbessert werden könnte. Ihre Meinung ist uns wichtig. Was gefällt Ihnen gut? Was können wir in Ihren Augen verbessern? Bitte schreiben Sie einfach eine E-Mail an: **steuerfachangestellte@kiehl.de**

Lernfeld 5: Arbeitsentgelte berechnen und buchen

A. Lohnsteuerrechtliche Grundlagen

Lösung zu Lernjob 1

a) In Deutschland gibt es 6 **Lohnsteuerklassen**. Sie gelten jeweils für in Deutschland wohnende Personen mit den folgenden Merkmalen:

Lohnsteuerklasse 1: ledig, dauernd getrennt lebend (Trennungsjahr), geschieden oder verwitwet (im 2. Folgejahr nach dem Tod des Ehegatten/Partners)

Lohnsteuerklasse 2: alleinstehend und alleinerziehend (mind. ein steuerlich zu berücksichtigendes Kind, das in demselben Haushalt lebt)

Lohnsteuerklasse 3: verheiratet/verpartnert (nicht dauernd getrennt lebend), nur in Kombination mit der Lohnsteuerklasse 5 des Partners/der Partnerin; verwitwet (im Jahr des Todes des Ehegatten/Lebenspartners und im Folgejahr)

Lohnsteuerklasse 4: verheiratet/verpartnert (nicht dauernd getrennt lebend), Partner/in auch in Lohnsteuerklasse 4

Lohnsteuerklasse 5: verheiratet/verpartnert (nicht dauernd getrennt lebend), nur in Kombination mit der Lohnsteuerklasse 3 des Partners/der Partnerin

Lohnsteuerklasse 6: mehrere Arbeitsverhältnisse zur gleichen Zeit, unabhängig vom Familienstand (diese Lohnsteuerklasse wird auf den zweiten und jeden weiteren Job angewendet)

TIPP

Die Kombination der Lohnsteuerklassen 3 und 5 ergibt Sinn für Ehegatten/Lebenspartner, deren Arbeitslöhne/-gehälter deutlich unterschiedlich hoch sind. Dabei wählt die Person mit dem niedrigeren Einkommen die ungünstigere Lohnsteuerklasse 5 (höhere Steuerbelastung) und die andere Person die Lohnsteuerklasse 3 (niedrigere Steuerbelastung). Durch diese Steuerklassen-Kombination steht den Eheleuten/Lebenspartnern ein höherer monatlicher Nettobetrag zur Verfügung als in der Steuerklassen 4. Eine Auswirkung auf die Jahressteuer hat die Steuerklassenwahl allerdings nicht.

b) Die **Elektronischen Lohnsteuerabzugsmerkmale (ELStAM)** sind zum Beispiel die Steuerklasse, Kinderfreibeträge, Kirchensteuerabzugsmerkmale, Freibeträge und gebildete Faktoren beim Faktorverfahren einer steuerpflichtigen Person. Sie werden in einer Datenbank der Finanzverwaltung zum elektronischen Abruf durch den Arbeitgeber (oder Steuerberater) bereitgestellt. Die ELStAM benötigt der Arbeitgeber (oder der Steuerberater) für die Erstellung der Entgeltabrechnung.

Lösung zu Lernjob 2

a) Falls Herr Mayer heiratet, ändert sich seine Lohnsteuerklasse im Jahr der Hochzeit von der Lohnsteuerklasse 1 auf die Lohnsteuerklasse 4. Wenn sich das Gehalt/der Lohn seiner Ehefrau deutlich von seinem unterscheidet, können die beiden Ehegatten die Steuerklassen-Kombination 3/5 wählen.

b)

	Lohnsteuerklasse 3	Lohnsteuerklasse 4	Lohnsteuerklasse 5
Lohnsteuer	402,33 €	766,66 €	1.242,91 €
Solidaritätszuschlag	0,00 €	0,00 €	0,00 €
Kirchensteuer	36,20 €	68,99 €	111,86 €

c) individuelle Lösungen der Lernenden

Ergänzende Übungsaufgaben

Lösung zu Übungsaufgabe 1

1. Hannah und Peter haben beide die Lohnsteuerklasse 1, da sie nicht verheiratet sind.
2. Nedim und Laura haben beide die Lohnsteuerklasse 4, da sie verheiratet sind und ungefähr gleich viel verdienen.
3. Philipp und Özlem haben beide die Lohnsteuerklasse 1, da sie zwar verlobt, aber noch nicht verheiratet sind.
4. Nils hat (vermutlich) die Lohnsteuerklasse 3, da er deutlich mehr verdient als seine Ehefrau Ina, und Ina hat dann (vermutlich) die Lohnsteuerklasse 5, da sie den niedrigeren Verdienst hat. Falls die beiden diese Steuerklassen-Kombination nicht gewählt haben, haben sie beide die Lohnsteuerklasse 4.
5. Julia hat in ihrem Hauptberuf als Sekretärin die Lohnsteuerklasse 1, da sie ledig ist. In ihrem Nebenjob als Haushaltshilfe hat sie die Lohnsteuerklasse 6.
6. Magdalena hat die Lohnsteuerklasse 2, da sie von ihrem Ehemann dauerhaft getrennt lebt und ihre Kinder allein erzieht.

B. Grundlagen der Sozialversicherung

Lösung zu Lernjob 1

a) Neben der Lohnsteuer und Kirchensteuer werden einem Arbeitnehmer noch die Sozialversicherungsbeiträge (Arbeitnehmeranteil) vom Bruttogehalt abgezogen und an die entsprechenden Träger gezahlt. Dies sind die folgenden Beiträge:

- Krankenversicherungsbeitrag
- Zusatzbeitrag zur Krankenversicherung
- Pflegeversicherungsbeitrag
- Rentenversicherungsbeitrag
- Arbeitslosenversicherungsbeitrag.

b)

	Beitragssatz gesamt	Arbeitgeber-Anteil	Arbeitnehmer-Anteil
Krankenversicherung	14,60 %	7,30 %	7,30 %
Durchschnittlicher Zusatzbeitrag Krankenversicherung[1]	1,70 %	0,85 %	0,85 %
Pflegeversicherung			
Kinderlose bis zur Vollendung des 23. Lebensjahres	3,40 %	1,70 %	1,70 %
Kinderlose ab Vollendung des 23. Lebensjahres[2]	4,00 %	1,70 %	2,30 %
Beschäftigte mit mindestens 1 Kind[3], [4]	3,40 %	1,70 %	1,70 %
Beschäftigte mit 2 Kindern unter 25 Jahren[4]	3,15 %	1,70 %	1,45 %
Beschäftigte mit 3 Kindern unter 25 Jahren[4]	2,90 %	1,70 %	1,20 %
Beschäftigte mit 4 Kindern unter 25 Jahren[4]	2,65 %	1,70 %	0,95 %
Beschäftigte mit 5 Kindern und mehr unter 25 Jahren[4]	2,40 %	1,70 %	0,70 %
Rentenversicherung	18,60 %	9,30 %	9,30 %
Arbeitslosenversicherung	2,60 %	1,30 %	1,30 %

Erläuterungen

1) Der Zusatzbeitrag zur Krankenversicherung ist kassenindividuell, das heißt jede gesetzliche Krankenkasse legt die Höhe des Prozentsatzes für ihre Mitglieder gesondert fest.

2) Für Mitglieder, die keine Kinder haben, ab dem 01.01.1940 geboren sind und das 23. Lebensjahr vollendet haben, gilt ein Zusatzbeitrag zur Pflegeversicherung von 0,6 %.

3) Der Basiswert gilt für Eltern ab dem 1. Kind lebenslang. Als Eltern gelten leibliche Eltern, Adoptiveltern, Stiefeltern und Pflegeeltern.

4) Nachweise für Kinder, die vor dem 01.07.2023 geboren wurden, wirken ab dem 01.07.2023. Für Kinder, die vom 01.07.2023 bis 30.06.2025 geboren werden, gilt ein vereinfachtes Nachweisverfahren, das heißt die Elternschaft gilt ab Beginn des Monats der Geburt unabhängig vom Zeitpunkt des Nachweises. Nachweise für Kinder, die ab dem 01.07.2025 geboren werden, müssen innerhalb von 3 Monaten nach der Geburt des Kindes erbracht werden, damit der Abschlag ab Geburt gilt. Außerhalb der Drei-Monats-Frist wirkt der Abschlag ab Beginn des Monats nach dem Monat des Nachweises.

Lösung zu Lernjob 2

Die **Beitragsbemessungsgrenze** ist die Höchstgrenze des Arbeitsentgelts, bis zu der Beiträge zur Sozialversicherung berechnet werden. Zum 01.01.2024 betragen die Beitragsbemessungsgrenzen jeweils:

	jährlich	monatlich
Kranken- und Pflegeversicherung	62.100 €	5.175 €
Renten- und Arbeitslosenversicherung neue Bundesländer (Ost) alte Bundesländer (West)	 89.400 € 90.600 €	 7.450 € 7.550 €

Die **Versicherungspflichtgrenze** ist die Höchstgrenze des Arbeitsentgelts, bis zu der Beschäftigte gesetzlich krankenversichert sein müssen. Wer diese Grenze überschreitet, darf sich privat krankenversichern. Zum 01.01.2024 beträgt die Versicherungspflichtgrenze 69.300 € pro Jahr bzw. 5.775 € pro Monat.

Lösung zu Lernjob 3

Der Arbeitgeber zahlt die folgenden Umlagen für seine Arbeitnehmer:

- Umlage U1 für Arbeitsunfähigkeit: individuell je Krankenkasse
- Umlage U2 für Mutterschaft: individuell je Krankenkasse
- Insolvenzgeldumlage: 0,06 % des rentenversicherungspflichtigen Arbeitsentgelts aller im Betrieb beschäftigten Arbeitnehmer und Auszubildenden

Erläuterung

Die Umlage U1 ist das Umlageverfahren zur Lohnfortzahlung im Krankheitsfall. Die U1 bezahlen Arbeitgeber mit bis zu 30 Arbeitnehmern. Dazu zählen Teilzeitbeschäftigte je nach Arbeitszeit anteilig, Auszubildende und Schwerbehinderte jedoch nicht.

Die Umlage U2 betrifft das Umlageverfahren bei Mutterschaft und muss unabhängig von der Anzahl der Mitarbeiter von allen Arbeitgebern gezahlt werden. Die Krankenkassen zahlen für Beschäftigte im Mutterschutz ein einkommensabhängiges Mutterschaftsgeld. Die Differenz bis zum vorherigen durchschnittlichen Nettoentgelt übernimmt der Arbeitgeber zunächst und erhält über das Umlageverfahren 100 % der Leistungen von der Krankenkasse zurück.

Die Insolvenzgeldumlage beträgt seit 01.01.2023 0,06 % des rentenversicherungspflichtigen Arbeitsentgelts aller im Betrieb beschäftigten Arbeitnehmer und Auszubildenden. Diese Umlage dient der Finanzierung der Entgeltansprüche der Arbeitnehmer, die bei einer Insolvenz des Arbeitgebers ausfallen.

Lösung zu Lernjob 4

	Leistungen
Krankenversicherung	► Leistungen zur Gesundheitsvorsorge ► Krankenbehandlung ► Krankengeld ► Zahnersatz ► medizinische Rehabilitation ► Leistungen bei Schwangerschaft und Mutterschaft
Pflegeversicherung	► Leistungen bei Pflegebedürftigkeit
Unfallversicherung	► Leistungen zur Prävention (Verhinderung) von Unfällen ► Heilbehandlungen ► Hilfe zur Teilhabe am Arbeitsleben ► Verletztengeld, Sterbegeld ► Unfallrente, Hinterbliebenenrente
Rentenversicherung	► Leistungen zur Erhaltung, Besserung und Wiederherstellung der Erwerbstätigkeit (z. B. medizinische Reha-Maßnahmen) ► Rentenzahlungen (z. B. Alters-, Erwerbsminderungs- und Hinterbliebenenrente) ► Zuschüsse zur Krankenversicherung der Rentner
Arbeitslosenversicherung	► Zahlung von Arbeitslosengeld, Kurzarbeitergeld und Insolvenzgeld ► Vermittlung in Ausbildungs- und Arbeitsstellen ► Berufsberatung ► Förderung der Berufsausbildung, beruflichen Weiterbildung und beruflichen Eingliederung von Menschen mit Behinderung ► Leistungen zur Erhaltung und Schaffung von Arbeitsplätzen

Ergänzende Übungsaufgaben

Lösung zu Übungsaufgabe 1

Die folgenden Werte entsprechen den Beitragssätzen zum 01.01.2024.

1. **Anna Weber**

Krankenversicherung (KV)	7,30 % • 3.800 €	277,40 €
Zusatzbeitrag zur Krankenversicherung (ZKV)	0,85 % • 3.800 €	32,30 €
Pflegeversicherung (PV)	1,70 % • 3.800 €	64,60 €
Rentenversicherung (RV)	9,30 % • 3.800 €	353,40 €
Arbeitslosenversicherung (AV)	1,30 % • 3.800 €	49,40 €
Summe	**20,45 %**	**777,10 €**

2. **Frank Densborn**

Krankenversicherung (KV)	7,30 %	• 5.000 €	365,00 €
Zusatzbeitrag zur Krankenversicherung (ZKV)	0,85 %	• 5.000 €	42,50 €
Pflegeversicherung (PV)	2,30 %	• 5.000 €	115,00 €
Rentenversicherung (RV)	9,30 %	• 5.000 €	465,00 €
Arbeitslosenversicherung (AV)	1,30 %	• 5.000 €	65,00 €
Summe	**21,05 %**		**1.052,50 €**

3. **Martha Müller**

Krankenversicherung (KV)	7,30 %	• 3.500 €	255,50 €
Zusatzbeitrag zur Krankenversicherung (ZKV)	0,85 %	• 3.500 €	29,75 €
Pflegeversicherung (PV)	1,20 %	• 3.500 €	42,00 €
Rentenversicherung (RV)	9,30 %	• 3.500 €	325,50 €
Arbeitslosenversicherung (AV)	1,30 %	• 3.500 €	45,50 €
Summe	**19,95 %**		**698,25 €**

4. **Nick Perscheid**

Krankenversicherung (KV)	7,30 %	• 2.800 €	204,40 €
Zusatzbeitrag zur Krankenversicherung (ZKV)	0,85 %	• 2.800 €	23,80 €
Pflegeversicherung (PV)	1,70 %	• 2.800 €	47,60 €
Rentenversicherung (RV)	9,30 %	• 2.800 €	260,40 €
Arbeitslosenversicherung (AV)	1,30 %	• 2.800 €	36,40 €
Summe	**20,45 %**		**572,60 €**

5. **Hildegard Menge**

Krankenversicherung (KV)	7,30 %	• 5.175 €	377,78 €
Zusatzbeitrag zur Krankenversicherung (ZKV)	0,85 %	• 5.175 €	43,99 €
Pflegeversicherung (PV)	1,70 %	• 5.175 €	87,98 €
Rentenversicherung (RV)	9,30 %	• 5.800 €	539,40 €
Arbeitslosenversicherung (AV)	1,30 %	• 5.800 €	75,40 €
Summe	**20,45 %**		**1.124,55 €**

6. **Max Werth**

Krankenversicherung (KV)	7,30 %	• 5.175 €	377,78 €
Zusatzbeitrag zur Krankenversicherung (ZKV)	0,85 %	• 5.175 €	43,99 €
Pflegeversicherung (PV)	2,30 %	• 5.175 €	87,98 €
Rentenversicherung (RV)	9,30 %	• 7.550 €	702,15 €
Arbeitslosenversicherung (AV)	1,30 %	• 7.550 €	98,15 €
Summe	**21,05 %**		**1.310,05 €**

7. **Laura Wagner**

Krankenversicherung (KV)	7,30 % • 3.600 €	262,80 €
Zusatzbeitrag zur Krankenversicherung (ZKV)	0,85 % • 3.600 €	30,60 €
Pflegeversicherung (PV)	1,70 % • 3.600 €	61,20 €
Rentenversicherung (RV)	9,30 % • 3.600 €	334,80 €
Arbeitslosenversicherung (AV)	1,30 % • 3.600 €	46,80 €
Summe	**20,45 %**	**736,20 €**

8. **Peter Sailer**

Krankenversicherung (KV)	7,30 % • 5.175 €	377,78 €
Zusatzbeitrag zur Krankenversicherung (ZKV)	0,85 % • 5.175 €	43,99 €
Pflegeversicherung (PV)	0,95 % • 5.175 €	49,16 €
Rentenversicherung (RV)	9,30 % • 6.150 €	571,95 €
Arbeitslosenversicherung (AV)	1,30 % • 6.150 €	79,95 €
Summe	**19,70 %**	**1.122,83 €**

C. Erstellung von Entgeltabrechnungen

Lösung zu Lernjob 1

a) **Berechnungsschema Entgeltabrechnungen**

  Bruttogehalt
- **Steuern**
  Lohnsteuer (LSt)
  Solidaritätszuschlag (SolZ)
  Kirchensteuer (KiSt)
- **Sozialversicherungsbeiträge (Arbeitnehmeranteil)**
  Krankenversicherung (KV)
  Zusatzbeitrag zur KV (ZKV)
  Pflegeversicherung (PV)
  Rentenversicherung (RV)
  Arbeitslosenversicherung (AV)

= **Nettogehalt**
- Abzüge im Nettobereich

= **Auszahlungsbetrag**

b) **Entgeltabrechnung Jessie Mayers**

	Bruttogehalt			3.600,00 €
-	**Steuern**			
	Lohnsteuer		457,83 €	
	Solidaritätszuschlag		0,00 €	
	Kirchensteuer		41,20 €	499,03 €
-	**Sozialversicherungsbeiträge (Arbeitnehmeranteil)**			
	Krankenversicherung	7,30 % von 3.600 €	262,80 €	
	Zusatzbeitrag zur KV	0,75 % von 3.600 €	27,00 €	
	Pflegeversicherung	2,30 % von 3.600 €	82,80 €	
	Rentenversicherung	9,30 % von 3.600 €	334,80 €	
	Arbeitslosenversicherung	1,30 % von 3.600 €	46,80 €	754,20 €
=	**Nettogehalt**			2.346,77 €
-	Abzüge im Nettobereich			0,00 €
=	**Auszahlungsbetrag**			**2.346,77 €**

Entgeltabrechnung Marcello Ricoh

	Bruttogehalt			4.000,00 €
-	**Steuern**			
	Lohnsteuer		248,16 €	
	Solidaritätszuschlag		0,00 €	
	Kirchensteuer		0,00 €	248,16 €
-	**Sozialversicherungsbeiträge (Arbeitnehmeranteil)**			
	Krankenversicherung	7,30 % von 4.000 €	292,00 €	
	Zusatzbeitrag zur KV	0,80 % von 4.000 €	32,00 €	
	Pflegeversicherung	1,45 % von 4.000 €	58,00 €	
	Rentenversicherung	9,30 % von 4.000 €	372,00 €	
	Arbeitslosenversicherung	1,30 % von 4.000 €	52,00 €	806,00 €
=	**Nettogehalt**			2.945,84 €
-	Abzüge im Nettobereich			0,00 €
=	**Auszahlungsbetrag**			**2.945,84 €**

Lösung zu Lernjob 2

Arbeitgeberanteil zur Sozialversicherung

Jessie Mayers

Krankenversicherung	7,30 % von 3.600 €	262,80 €
Zusatzbeitrag zur KV	0,75 % von 3.600 €	27,00 €
Pflegeversicherung	1,70 % von 3.600 €	61,20 €
Rentenversicherung	9,30 % von 3.600 €	334,80 €
Arbeitslosenversicherung	1,30 % von 3.600 €	46,80 €
Arbeitgeberanteil		**732,60 €**

Marcello Ricoh

Krankenversicherung	7,30 % von 4.000 €	292,00 €
Zusatzbeitrag zur KV	0,80 % von 4.000 €	32,00 €
Pflegeversicherung	1,70 % von 4.000 €	68,00 €
Rentenversicherung	9,30 % von 4.000 €	372,00 €
Arbeitslosenversicherung	1,30 % von 4.000 €	52,00 €
Arbeitgeberanteil		**816,00 €**

Arbeitgeberanteil zur Sozialversicherung gesamt = 732,60 € + 816 € = **1.548,60 €**

Lösung zu Lernjob 3

Jessie Mayers

SOLL		Betrag in €	HABEN		Auf-wand	Er-trag
Konto-Bezeichnung	**Konto-Nr. SKR 03 (SKR 04)**		**Konto-Bezeichnung**	**Konto-Nr. SKR 03 (SKR 04)**		
Gehälter	4120 (6020)	3.600,00	Lohn-/Gehalts-verrechnung	1755 (3790)	+	
Lohn-/Gehalts-verrechnung	1755 (3790)	499,03	Verbindlichkeiten aus Lohn- und Kirchensteuer	1741 (3730)		
Lohn-/Gehalts-verrechnung	1755 (3790)	754,20	Verbindlichkeiten im Rahmen der sozialen Sicherheit	1742 (3740)		
Lohn-/Gehalts-verrechnung	1755 (3790)	2.346,77	Verbindlichkeiten aus Lohn und Gehalt	1740 (3720)		
Gesetzliche soziale Aufwendungen	4130 (6110)	732,60	Verbindlichkeiten im Rahmen der sozialen Sicherheit	1742 (3740)	+	
Verbindlichkeiten aus Lohn- und Kirchensteuer	1741 (3730)	499,03	Bank	1200 (1800)		
Verbindlichkeiten im Rahmen der sozialen Sicherheit	1742 (3740)	[1] 1.486,80	Bank	1200 (1800)		
Verbindlichkeiten aus Lohn und Gehalt	1740 (3720)	2.346,77	Bank	1200 (1800)		

Berechnungen

[1] Arbeitnehmer- und Arbeitgeberanteil zur Sozialversicherung = 754,20 € + 732,60 € = **1.486,80 €**

Marcello Ricoh

SOLL		Betrag in €	HABEN		Auf-wand	Er-trag
Konto-Bezeichnung	Konto-Nr. SKR 03 (SKR 04)		Konto-Bezeichnung	Konto-Nr. SKR 03 (SKR 04)		
Gehälter	4120 (6020)	4.000,00	Lohn-/Gehaltsverr.	1755 (3790)	+	
Lohn-/Gehaltsverr.	1755 (3790)	248,16	Verb. LSt/KiSt	1741 (3730)		
Lohn-/Gehaltsverr.	1755 (3790)	806,00	Verb. soziale Sich.	1742 (3740)		
Lohn-/Gehaltsverr.	1755 (3790)	2.945,84	Verb. Lohn/Gehalt	1740 (3720)		
Gesetzl. soz. Aufw.	4130 (6110)	816,00	Verb. soziale Sich.	1742 (3740)	+	
Verb. LSt/KiSt	1741 (3730)	248,16	Bank	1200 (1800)		
Verb. soziale Sich.	1742 (3740)	[1] 1.622,00	Bank	1200 (1800)		
Verb. Lohn/Gehalt	1740 (3720)	2.945,84	Bank	1200 (1800)		

Berechnungen

1) Arbeitnehmer- und Arbeitgeberanteil zur Sozialversicherung = 806 € + 816 € = **1.622 €**

Ergänzende Übungsaufgaben

Lösung zu Übungsaufgabe 1

Entgeltabrechnung Markus Wagner

	Bruttogehalt			4.800,00 €
-	**Steuern**			
	Lohnsteuer		767,50 €	
	Solidaritätszuschlag		0,00 €	
	Kirchensteuer		69,07 €	836,57 €
-	**Sozialversicherungsbeiträge (Arbeitnehmeranteil)**			
	Krankenversicherung	7,30 % von 4.800 €	350,40 €	
	Zusatzbeitrag zur KV	0,80 % von 4.800 €	38,40 €	
	Pflegeversicherung	2,30 % von 4.800 €	110,40 €	
	Rentenversicherung	9,30 % von 4.800 €	446,40 €	
	Arbeitslosenversicherung	1,30 % von 4.800 €	62,40 €	1.008,00 €
=	**Nettogehalt**			2.955,43 €
-	Abzüge im Nettobereich			0,00 €
=	**Auszahlungsbetrag**			**2.955,43 €**

Lösung zu Übungsaufgabe 2

Entgeltabrechnung Julia Hoffmann

	Bruttogehalt			5.000,00 €
-	**Steuern**			
	Lohnsteuer		455,00 €	
	Solidaritätszuschlag		0,00 €	
	Kirchensteuer		0,00 €	455,00 €
-	**Sozialversicherungsbeiträge (Arbeitnehmeranteil)**			
	Krankenversicherung	7,30 % von 5.000 €	365,00 €	
	Zusatzbeitrag zur KV	0,90 % von 5.000 €	45,00 €	
	Pflegeversicherung	1,45 % von 5.000 €	72,50 €	
	Rentenversicherung	9,30 % von 5.000 €	465,00 €	
	Arbeitslosenversicherung	1,30 % von 5.000 €	65,00 €	1.012,50 €
=	**Nettogehalt**			3.532,50 €
-	Abzüge im Nettobereich			0,00 €
=	**Auszahlungsbetrag**			**3.532,50 €**

Lösung zu Übungsaufgabe 3

Markus Wagner

SOLL		Betrag in €	HABEN		Auf-wand	Er-trag
Konto-Bezeichnung	**Konto-Nr. SKR 03 (SKR 04)**		**Konto-Bezeichnung**	**Konto-Nr. SKR 03 (SKR 04)**		
Gehälter	4120 (6020)	4.800,00	Lohn-/Gehaltsverr.	1755 (3790)	+	
Lohn-/Gehaltsverr.	1755 (3790)	836,57	Verb. LSt/KiSt	1741 (3730)		
Lohn-/Gehaltsverr.	1755 (3790)	1.008,00	Verb. soziale Sich.	1742 (3740)		
Lohn-/Gehaltsverr.	1755 (3790)	2.955,43	Verb. Lohn/Gehalt	1740 (3720)		
Gesetzl. soz. Aufw.	4130 (6110)	1) 979,20	Verb. soziale Sich.	1742 (3740)	+	
Verb. LSt/KiSt	1741 (3730)	836,57	Bank	1200 (1800)		
Verb. soziale Sich.	1742 (3740)	2) 1.987,20	Bank	1200 (1800)		
Verb. Lohn/Gehalt	1740 (3720)	2.955,43	Bank	1200 (1800)		

Berechnungen

1) Arbeitgeberanteil zur Sozialversicherung = Arbeitnehmeranteil - 0,6 % Beitragszuschlag Kinderlose = 1.008 €- 0,6 % • 4.800 € = 1.008 € - 28,80 € = **979,20 €**

2) Arbeitgeber- und Arbeitnehmeranteil zur Sozialversicherung = 1.008 € + 979,20 € = **1.987,20 €**

Julia Hoffmann

SOLL		Betrag in €	HABEN		Auf-wand	Er-trag
Konto-Bezeichnung	Konto-Nr. SKR 03 (SKR 04)		Konto-Bezeichnung	Konto-Nr. SKR 03 (SKR 04)		
Gehälter	4120 (6020)	5.000,00	Lohn-/Gehaltsverr.	1755 (3790)	+	
Lohn-/Gehaltsverr.	1755 (3790)	455,00	Verb. LSt/KiSt	1741 (3730)		
Lohn-/Gehaltsverr.	1755 (3790)	1.012,50	Verb. soziale Sich.	1742 (3740)		
Lohn-/Gehaltsverr.	1755 (3790)	3.532,50	Verb. Lohn/Gehalt	1740 (3720)		
Gesetzl. soz. Aufw.	4130 (6110)	1) 1.025,00	Verb. soziale Sich.	1742 (3740)	+	
Verb. LSt/KiSt	1741 (3730)	455,00	Bank	1200 (1800)		
Verb. soziale Sich.	1742 (3740)	2) 2.037,50	Bank	1200 (1800)		
Verb. Lohn/Gehalt	1740 (3720)	3.532,50	Bank	1200 (1800)		

Berechnungen

1) Arbeitgeberanteil zur Sozialversicherung = Arbeitnehmeranteil + 0,25 % Abschlag Kinder = 1.012,50 € + 0,25 % • 5.000 € = 1.012,50 € + 12,50 € = **1.025 €**

2) Arbeitgeber- und Arbeitnehmeranteil zur Sozialversicherung = 1.012,50 € + 1.025 € = **2.037,50 €**

Lösung zu Übungsaufgabe 4

Entgeltabrechnung Maria Polanski

	Bruttogehalt			2.300,00 €
-	**Steuern**			
	Lohnsteuer		170,41 €	
	Solidaritätszuschlag		0,00 €	
	Kirchensteuer		0,22 €	170,63 €
-	**Sozialversicherungsbeiträge (Arbeitnehmeranteil)**			
	Krankenversicherung	7,30 % von 2.300 €	167,90 €	
	Zusatzbeitrag zur KV	0,85 % von 2.300 €	19,55 €	
	Pflegeversicherung	1,70 % von 2.300 €	39,10 €	
	Rentenversicherung	9,30 % von 2.300 €	213,90 €	
	Arbeitslosenversicherung	1,30 % von 2.300 €	29,90 €	470,35 €
=	**Nettogehalt**			1.659,02 €
-	Abzüge im Nettobereich			0,00 €
=	**Auszahlungsbetrag**			**1.659,02 €**

SOLL		Betrag in €	HABEN		Auf-wand	Er-trag
Konto-Bezeichnung	Konto-Nr. SKR 03 (SKR 04)		Konto-Bezeichnung	Konto-Nr. SKR 03 (SKR 04)		
Gehälter	4120 (6020)	2.300,00	Lohn-/Gehaltsverr.	1755 (3790)	+	
Lohn-/Gehaltsverr.	1755 (3790)	170,63	Verb. LSt/KiSt	1741 (3730)		
Lohn-/Gehaltsverr.	1755 (3790)	470,35	Verb. soziale Sich.	1742 (3740)		
Lohn-/Gehaltsverr.	1755 (3790)	1.659,02	Verb. Lohn/Gehalt	1740 (3720)		
Gesetzl. soz. Aufw.	4130 (6110)	[1] 470,35	Verb. soziale Sich.	1742 (3740)	+	
Verb. LSt/KiSt	1741 (3730)	170,63	Bank	1200 (1800)		
Verb. soziale Sich.	1742 (3740)	[2] 940,70	Bank	1200 (1800)		
Verb. Lohn/Gehalt	1740 (3720)	1.659,02	Bank	1200 (1800)		

Berechnungen

1) Der Arbeitgeberanteil zur Sozialversicherung entspricht dem Arbeitnehmeranteil, da der Beitragssatz zur Pflegeversicherung deckungsgleich ist.

2) Arbeitgeber- und Arbeitnehmeranteil zur Sozialversicherung = 470,35 € • 2 = **940,70 €**

Lösung zu Übungsaufgabe 5

Entgeltabrechnung Ralf Knusper

	Bruttogehalt			6.750,00 €
-	**Steuern**			
	Lohnsteuer		1.445,66 €	
	Solidaritätszuschlag		0,00 €	
	Kirchensteuer		102,00 €	1.547,66 €
-	**Sozialversicherungsbeiträge (Arbeitnehmeranteil)**			
	Krankenversicherung	7,30 % von 5.175 €	377,78 €	
	Zusatzbeitrag zur KV	0,65 % von 5.175 €	33,64 €	
	Pflegeversicherung	1,45 % von 5.175 €	75,04 €	
	Rentenversicherung	9,30 % von 6.750 €	627,75 €	
	Arbeitslosenversicherung	1,30 % von 6.750 €	87,75 €	1.201,96 €
=	**Nettogehalt**			4.000,38 €
-	Abzüge im Nettobereich			0,00 €
=	**Auszahlungsbetrag**			**4.000,38 €**

SOLL		Betrag in €	HABEN		Auf-wand	Er-trag
Konto-Bezeichnung	Konto-Nr. SKR 03 (SKR 04)		Konto-Bezeichnung	Konto-Nr. SKR 03 (SKR 04)		
Gehälter	4120 (6020)	6.750,00	Lohn-/Gehaltsverr.	1755 (3790)	+	
Lohn-/Gehaltsverr.	1755 (3790)	1.547,66	Verb. LSt/KiSt	1741 (3730)		
Lohn-/Gehaltsverr.	1755 (3790)	1.201,96	Verb. soziale Sich.	1742 (3740)		
Lohn-/Gehaltsverr.	1755 (3790)	4.000,38	Verb. Lohn/Gehalt	1740 (3720)		
Gesetzl. soz. Aufw.	4130 (6110)	[1] 1.214,90	Verb. soziale Sich.	1742 (3740)	+	
Verb. LSt/KiSt	1741 (3730)	1.547,66	Bank	1200 (1800)		
Verb. soziale Sich.	1742 (3740)	[2] 2.416,86	Bank	1200 (1800)		
Verb. Lohn/Gehalt	1740 (3720)	4.000,38	Bank	1200 (1800)		

Berechnungen

[1] Arbeitgeberanteil zur Sozialversicherung = Arbeitnehmeranteil + 0,25 % Abschlag Kinder = 1.201,96 € + 0,25 % • 5.175 € = 1.201,96 € + 12,94 € = **1.214,90 €**

[2] Arbeitgeber- und Arbeitnehmeranteil zur Sozialversicherung = 1.201,96 € + 1.214,90 € = **2.416,86 €**

D. Entgeltabrechnungen mit Vorschüssen

Lösung zu Lernjob 1

SOLL		Betrag in €	HABEN		Auf-wand	Er-trag
Konto-Bezeichnung	Konto-Nr. SKR 03 (SKR 04)		Konto-Bezeichnung	Konto-Nr. SKR 03 (SKR 04)		
Forderungen gegen Personal aus Lohn- und Gehaltsabrechnung	1530 (1340)	1.000,00	Bank	1200 (1800)		

Lösung zu Lernjob 2

Entgeltabrechnung Renate Klein

	Bruttogehalt			3.800,00 €
-	**Steuern**			
	Lohnsteuer		505,58 €	
	Solidaritätszuschlag		0,00 €	
	Kirchensteuer		0,00 €	505,58 €
-	**Sozialversicherungsbeiträge (Arbeitnehmeranteil)**			
	Krankenversicherung	7,30 % von 3.800 €	277,40 €	
	Zusatzbeitrag zur KV	0,85 % von 3.800 €	32,30 €	
	Pflegeversicherung	2,30 % von 3.800 €	87,40 €	
	Rentenversicherung	9,30 % von 3.800 €	353,40 €	
	Arbeitslosenversicherung	1,30 % von 3.800 €	49,40 €	799,90 €
=	**Nettogehalt**			2.494,52 €
-	Vorschuss			1.000,00 €
=	**Auszahlungsbetrag**			**1.494,52 €**

Lösung zu Lernjob 3

SOLL		Betrag in €	HABEN		Auf-wand	Er-trag
Konto-Bezeichnung	Konto-Nr. SKR 03 (SKR 04)		Konto-Bezeichnung	Konto-Nr. SKR 03 (SKR 04)		
Gehälter	4120 (6020)	3.800,00	Lohn-/Gehaltsverr.	1755 (3790)	+	
Lohn-/Gehaltsverr.	1755 (3790)	505,58	Verb. LSt/KiSt	1741 (3730)		
Lohn-/Gehaltsverr.	1755 (3790)	799,90	Verb. soziale Sich.	1742 (3740)		
Gesetzl. soz. Aufw.	4130 (6110)	[1] 777,10	Verb. soziale Sich.	1742 (3740)	+	
Lohn-/Gehaltsverr.	1755 (3790)	1.000,00	Ford. gg. Personal	1530 (1340)		
Lohn-/Gehaltsverr.	1755 (3790)	1.494,52	Verb. Lohn/Gehalt	1740 (3720)		

Berechnungen

[1] Arbeitgeberanteil zur Sozialversicherung = Arbeitnehmeranteil - 0,6 % Beitragszuschlag Kinderlose = 799,90 € - 0,6 % • 3.800 € = 799,90 € - 22,80 € = **777,10 €**

Ergänzende Übungsaufgaben

Lösung zu Übungsaufgabe 1

a)

SOLL		Betrag in €	HABEN		Auf-wand	Er-trag
Konto-Bezeichnung	Konto-Nr. SKR 03 (SKR 04)		Konto-Bezeichnung	Konto-Nr. SKR 03 (SKR 04)		
Ford. gg. Personal	1530 (1340)	1.200,00	Bank	1200 (1800)		

b) **Entgeltabrechnung Jens Riegert**

	Bruttogehalt			5.500,00 €
-	**Steuern**			
	Lohnsteuer		1.000,25 €	
	Solidaritätszuschlag		0,00 €	
	Kirchensteuer		90,02 €	1.090,27 €
-	**Sozialversicherungsbeiträge (Arbeitnehmeranteil)**			
	Krankenversicherung	7,30 % von 5.175 €	377,78 €	
	Zusatzbeitrag zur KV	0,80 % von 5.175 €	41,40 €	
	Pflegeversicherung	1,20 % von 5.175 €	62,10 €	
	Rentenversicherung	9,30 % von 5.500 €	511,50 €	
	Arbeitslosenversicherung	1,30 % von 5.500 €	71,50 €	1.064,28 €
=	**Nettogehalt**			3.345,45 €
-	Vorschuss			1.200,00 €
=	**Auszahlungsbetrag**			**2.145,45 €**

c)

SOLL		Betrag in €	HABEN		Aufwand	Ertrag
Konto-Bezeichnung	**Konto-Nr. SKR 03 (SKR 04)**		**Konto-Bezeichnung**	**Konto-Nr. SKR 03 (SKR 04)**		
Gehälter	4120 (6020)	5.500,00	Lohn-/Gehalts-verr.	1755 (3790)	+	
Lohn-/Gehalts-verr.	1755 (3790)	1.000,25	Verb. LSt/KiSt	1741 (3730)		
Lohn-/Gehalts-verr.	1755 (3790)	1.064,28	Verb. soziale Sich.	1742 (3740)		
Gesetzl. soz. Aufw.	4130 (6110)	[1] 1.090,16	Verb. soziale Sich.	1742 (3740)	+	
Lohn-/Gehalts-verr.	1755 (3790)	1.200,00	Ford. gg. Personal	1530 (1340)		
Lohn-/Gehalts-verr.	1755 (3790)	2.145,45	Verb. Lohn/Gehalt	1740 (3720)		

Berechnungen

[1] Arbeitgeberanteil zur Sozialversicherung = Arbeitnehmeranteil + 0,5 % Abschlag Kinder = 1.064,28 € + 0,5 % • 5.175 € = 1.064,28 € + 25,88 € = **1.090,16 €**

Lösung zu Übungsaufgabe 2

a)

SOLL		Betrag in €	HABEN		Aufwand	Ertrag
Konto-Bezeichnung	**Konto-Nr. SKR 03 (SKR 04)**		**Konto-Bezeichnung**	**Konto-Nr. SKR 03 (SKR 04)**		
Ford. gg. Personal	1530 (1340)	600,00	Bank	1200 (1800)		

b) **Entgeltabrechnung Pamela Dornbach**

	Bruttogehalt			2.920,00 €
-	**Steuern**			
	Lohnsteuer		323,25 €	
	Solidaritätszuschlag		0,00 €	
	Kirchensteuer		0,00 €	323,25 €
-	**Sozialversicherungsbeiträge (Arbeitnehmeranteil)**			
	Krankenversicherung	7,30 % von 2.920 €	213,16 €	
	Zusatzbeitrag zur KV	0,90 % von 2.920 €	26,28 €	
	Pflegeversicherung	1,45 % von 2.920 €	42,34 €	
	Rentenversicherung	9,30 % von 2.920 €	271,56 €	
	Arbeitslosenversicherung	1,30 % von 2.920 €	37,96 €	591,30 €
=	**Nettogehalt**			2.005,45 €
-	Vorschuss			600,00 €
=	**Auszahlungsbetrag**			**1.405,45 €**

c)

SOLL		Betrag in €	HABEN		Auf-wand	Er-trag
Konto-Bezeichnung	**Konto-Nr. SKR 03 (SKR 04)**		**Konto-Bezeichnung**	**Konto-Nr. SKR 03 (SKR 04)**		
Gehälter	4120 (6020)	2.920,00	Lohn-/Gehalts-verr.	1755 (3790)	+	
Lohn-/Gehalts-verr.	1755 (3790)	323,25	Verb. LSt/KiSt	1741 (3730)		
Lohn-/Gehalts-verr.	1755 (3790)	591,30	Verb. soziale Sich.	1742 (3740)		
Gesetzl. soz. Aufw.	4130 (6110)	[1] 598,60	Verb. soziale Sich.	1742 (3740)	+	
Lohn-/Gehalts-verr.	1755 (3790)	600,00	Ford. gg. Personal	1530 (1340)		
Lohn-/Gehalts-verr.	1755 (3790)	1.405,45	Verb. Lohn/Gehalt	1740 (3720)		

Berechnungen

[1] Arbeitgeberanteil zur Sozialversicherung = Arbeitnehmeranteil + 0,25 % Abschlag Kinder = 591,30 € + 0,25 % • 2.920 € = 591,30 € + 7,30 € = **598,60 €**

E. Entgeltabrechnung mit vermögenswirksamen Leistungen

Lösung zu Lernjob 1

Vermögenswirksame Leistungen

Vermögensbildung nach dem **5. Vermögensbildungsgesetz (VermbG)**

Der Arbeit**geber** legt für den Arbeit**nehmer** Sparleistungen in einer Anlageform an, die durch das **Vermögensbildungsgesetz** gefördert wird.

Anlagen zum Wohnungsbau
(§ **2** VermbG)
z. B.

- **Bausparverträge**
- **unmittelbare wohnungswirtschaftliche Aufwendungen, d. h. unmittelbare Verwendung zum Bau, Kauf oder zur Erweiterung eines Hauses oder einer Eigentumswohnung**

Beteiligungen
(§ **4 - 6** VermbG)
z. B.

- **Wertpapier-/Vermögensbeteiligungssparvertrag**
- **Wertpapierkaufverträge**
- **Beteiligung als stiller Gesellschafter**

Unter bestimmten Voraussetzungen kann der Arbeitnehmer für seine gesparten Beträge eine staatliche Förderung in Form einer **Sparzulage** erhalten:

9 % der vermögenswirksam angelegten Beträge, aber maximal **9** % von **470** € im Kalenderjahr.

20 % der vermögenswirksam angelegten Beträge, aber maximal **20** % von **400** € im Kalenderjahr.

Voraussetzungen für die Sparzulage

Das **zu versteuernde** Einkommen beträgt pro Kalenderjahr höchstens **40.000** € bei Alleinstehenden bzw. **80.000** € bei Verheirateten.

Der Antrag auf Gewährung der Sparzulage wird beim **Finanzamt** im Rahmen der Steuererklärung gestellt.

Die Auszahlung erfolgt er nach Ablauf der **Festlegungs- bzw. Sperrfrist**, die in der Regel **7** Jahre beträgt.

Lösung zu Lernjob 2

Entgeltabrechnung Jannis Doms

	Bruttogehalt			3.100,00 €
-	**Steuern**			
	Lohnsteuer		346,16 €	
	Solidaritätszuschlag		0,00 €	
	Kirchensteuer		31,15 €	377,31 €
-	**Sozialversicherungsbeiträge (Arbeitnehmeranteil)**			
	Krankenversicherung	7,30 % von 3.100 €	226,30 €	
	Zusatzbeitrag zur KV	0,70 % von 3.100 €	21,70 €	
	Pflegeversicherung	1,70 % von 3.100 €	52,70 €	
	Rentenversicherung	9,30 % von 3.100 €	288,30 €	
	Arbeitslosenversicherung	1,30 % von 3.100 €	40,30 €	629,30 €
=	**Nettogehalt**			2.093,39 €
-	vwL			40,00 €
=	**Auszahlungsbetrag**			**2.053,39 €**

SOLL		Betrag in €	HABEN		Auf-wand	Er-trag
Konto-Bezeichnung	**Konto-Nr. SKR 03 (SKR 04)**		**Konto-Bezeichnung**	**Konto-Nr. SKR 03 (SKR 04)**		
Gehälter	4120 (6020)	3.100,00	Lohn-/Gehaltsverr.	1755 (3790)	+	
Lohn-/Gehaltsverr.	1755 (3790)	377,31	Verb. LSt/KiSt	1741 (3730)		
Lohn-/Gehaltsverr.	1755 (3790)	629,30	Verb. soziale Sich.	1742 (3740)		
Gesetzl. soz. Aufw.	4130 (6110)	[1] 629,30	Verb. soziale Sich.	1742 (3740)	+	
Lohn-/Gehaltsverr.	1755 (3790)	40,00	Verbindlichkeiten aus Vermögens-bildung	1750 (3770)		
Lohn-/Gehaltsverr.	1755 (3790)	2.053,39	Verb. Lohn/Gehalt	1740 (3720)		

Erläuterungen

[1] Der Arbeitgeberanteil zur Sozialversicherung entspricht dem Arbeitnehmeranteil, da der Beitragssatz zur Pflegeversicherung deckungsgleich ist.

Entgeltabrechnung Martha Grohmann

	Bruttogehalt			2.500,00 €
+	vwL			20,00 €
=	**steuer- und sozialversicherungspflichtiges Entgelt**			2.520,00 €
-	**Steuern**			
	Lohnsteuer		505,16 €	
	Solidaritätszuschlag		0,00 €	
	Kirchensteuer		45,46 €	550,62 €
-	**Sozialversicherungsbeiträge (Arbeitnehmeranteil)**			
	Krankenversicherung	7,30 % von 2.520 €	183,96 €	
	Zusatzbeitrag zur KV	0,80 % von 2.520 €	20,16 €	
	Pflegeversicherung	1,70 % von 2.520 €	42,84 €	
	Rentenversicherung	9,30 % von 2.520 €	234,36 €	
	Arbeitslosenversicherung	1,30 % von 2.520 €	32,76 €	514,08 €
=	**Nettogehalt**			1.455,30 €
-	vwL			40,00 €
=	**Auszahlungsbetrag**			**1.415,30 €**

SOLL		**Betrag in €**	**HABEN**		**Auf-wand**	**Er-trag**
Konto-Bezeichnung	**Konto-Nr. SKR 03 (SKR 04)**		**Konto-Bezeichnung**	**Konto-Nr. SKR 03 (SKR 04)**		
Gehälter	4120 (6020)	2.500,00	Lohn-/Gehaltsverr.	1755 (3790)	+	
Vermögenswirksame Leistungen	4170 (6080)	20,00	Lohn-/Gehaltsverr.	1755 (3790)	+	
Lohn-/Gehaltsverr.	1755 (3790)	550,62	Verb. LSt/KiSt	1741 (3730)		
Lohn-/Gehaltsverr.	1755 (3790)	514,08	Verb. soziale Sich.	1742 (3740)		
Gesetzl. soz. Aufw.	4130 (6110)	[1] 514,08	Verb. soziale Sich.	1742 (3740)	+	
Lohn-/Gehaltsverr.	1755 (3790)	40,00	Verb. Vermögensb.	1750 (3770)		
Lohn-/Gehaltsverr.	1755 (3790)	1.415,30	Verb. Lohn/Gehalt	1740 (3720)		

Erläuterungen

1) Der Arbeitgeberanteil zur Sozialversicherung entspricht dem Arbeitnehmeranteil, da der Beitragssatz zur Pflegeversicherung deckungsgleich ist.

Entgeltabrechnung Hans Zipser

	Bruttogehalt			3.800,00 €
+	vwL			40,00 €
=	**steuer- und sozialversicherungspflichtiges Entgelt**			3.840,00 €
-	**Steuern**			
	Lohnsteuer		516,66 €	
	Solidaritätszuschlag		0,00 €	
	Kirchensteuer		0,00 €	516,66 €
-	**Sozialversicherungsbeiträge (Arbeitnehmeranteil)**			
	Krankenversicherung	7,30 % von 3.840 €	280,32 €	
	Zusatzbeitrag zur KV	0,75 % von 3.840 €	28,80 €	
	Pflegeversicherung	2,30 % von 3.840 €	88,32 €	
	Rentenversicherung	9,30 % von 3.840 €	357,12 €	
	Arbeitslosenversicherung	1,30 % von 3.840 €	49,92 €	804,48 €
=	**Nettogehalt**			2.518,86 €
-	vwL			40,00 €
=	**Auszahlungsbetrag**			**2.478,86 €**

SOLL		Betrag in €	HABEN		Auf-wand	Er-trag
Konto-Bezeichnung	**Konto-Nr. SKR 03 (SKR 04)**		**Konto-Bezeichnung**	**Konto-Nr. SKR 03 (SKR 04)**		
Gehälter	4120 (6020)	3.800,00	Lohn-/Gehaltsverr.	1755 (3790)	+	
vwL	4170 (6080)	40,00	Lohn-/Gehaltsverr.	1755 (3790)	+	
Lohn-/Gehaltsverr.	1755 (3790)	516,66	Verb. LSt/KiSt	1741 (3730)		
Lohn-/Gehaltsverr.	1755 (3790)	804,48	Verb. soziale Sich.	1742 (3740)		
Gesetzl. soz. Aufw.	4130 (6110)	[1] 781,44	Verb. soziale Sich.	1742 (3740)	+	
Lohn-/Gehaltsverr.	1755 (3790)	40,00	Verb. Vermögensb.	1750 (3770)		
Lohn-/Gehaltsverr.	1755 (3790)	2.478,86	Verb. Lohn/Gehalt	1740 (3720)		

Berechnungen

[1] Arbeitgeberanteil zur Sozialversicherung = Arbeitnehmeranteil - 0,6 % Beitragszuschlag Kinderlose = 804,48 € - 0,6 % • 3.840 € = 804,48 € - 23,04 € = **781,44 €**

Ergänzende Übungsaufgaben

Lösung zu Übungsaufgabe 1

Entgeltabrechnung Petra Hartmann

	Bruttogehalt			3.200,00 €
+	vwL			20,00 €
=	**steuer- und sozialversicherungspflichtiges Entgelt**			3.220,00 €
-	**Steuern**			
	Lohnsteuer		372,66 €	
	Solidaritätszuschlag		0,00 €	
	Kirchensteuer		33,53 €	406,19 €
-	**Sozialversicherungsbeiträge (Arbeitnehmeranteil)**			
	Krankenversicherung	7,30 % von 3.220 €	235,06 €	
	Zusatzbeitrag zur KV	0,85 % von 3.220 €	27,37 €	
	Pflegeversicherung	1,70 % von 3.220 €	54,74 €	
	Rentenversicherung	9,30 % von 3.220 €	299,46 €	
	Arbeitslosenversicherung	1,30 % von 3.220 €	41,86 €	658,49 €
=	**Nettogehalt**			2.155,32 €
-	vwL			40,00 €
=	**Auszahlungsbetrag**			**2.115,32 €**

SOLL		Betrag in €	HABEN		Auf-wand	Er-trag
Konto-Bezeichnung	**Konto-Nr. SKR 03 (SKR 04)**		**Konto-Bezeichnung**	**Konto-Nr. SKR 03 (SKR 04)**		
Gehälter	4120 (6020)	3.200,00	Lohn-/Gehaltsverr.	1755 (3790)	+	
vwL	4170 (6080)	20,00	Lohn-/Gehaltsverr.	1755 (3790)	+	
Lohn-/Gehaltsverr.	1755 (3790)	406,19	Verb. LSt/KiSt	1741 (3730)		
Lohn-/Gehaltsverr.	1755 (3790)	658,49	Verb. soziale Sich.	1742 (3740)		
Gesetzl. soz. Aufw.	4130 (6110)	[1] 658,49	Verb. soziale Sich.	1742 (3740)	+	
Lohn-/Gehaltsverr.	1755 (3790)	40,00	Verb. Vermögensb.	1750 (3770)		
Lohn-/Gehaltsverr.	1755 (3790)	2.115,32	Verb. Lohn/Gehalt	1740 (3720)		

Erläuterungen

1) Der Arbeitgeberanteil zur Sozialversicherung entspricht dem Arbeitnehmeranteil, da der Beitragssatz zur Pflegeversicherung deckungsgleich ist.

Lösung zu Übungsaufgabe 2

Entgeltabrechnung

	Bruttogehalt			5.400,00 €
+	vwL			30,00 €
=	**steuer- und sozialversicherungspflichtiges Entgelt**			5.430,00 €
-	**Steuern**			
	Lohnsteuer		564,33 €	
	Solidaritätszuschlag		0,00 €	
	Kirchensteuer		0,00 €	564,33 €
-	**Sozialversicherungsbeiträge (Arbeitnehmeranteil)**			
	Krankenversicherung	7,30 % von 5.175 €	377,78 €	
	Zusatzbeitrag zur KV	0,75 % von 5.175 €	38,81 €	
	Pflegeversicherung	0,95 % von 5.175 €	49,17 €	
	Rentenversicherung	9,30 % von 5.430 €	504,99 €	
	Arbeitslosenversicherung	1,30 % von 5.430 €	70,59 €	1.041,34 €
=	**Nettogehalt**			3.824,33 €
-	vwL			40,00 €
=	**Auszahlungsbetrag**			**3.784,33 €**

SOLL		Betrag in €	HABEN		Auf-wand	Er-trag
Konto-Bezeichnung	**Konto-Nr. SKR 03 (SKR 04)**		**Konto-Bezeichnung**	**Konto-Nr. SKR 03 (SKR 04)**		
Gehälter	4120 (6020)	5.400,00	Lohn-/Gehaltsverr.	1755 (3790)	+	
vwL	4170 (6080)	30,00	Lohn-/Gehaltsverr.	1755 (3790)	+	
Lohn-/Gehaltsverr.	1755 (3790)	564,33	Verb. LSt/KiSt	1741 (3730)		
Lohn-/Gehaltsverr.	1755 (3790)	1.041,34	Verb. soziale Sich.	1742 (3740)		
Gesetzl. soz. Aufw.	4130 (6110)	[1] 1.080,15	Verb. soziale Sich.	1742 (3740)	+	
Lohn-/Gehaltsverr.	1755 (3790)	40,00	Verb. Vermögensb.	1750 (3770)		
Lohn-/Gehaltsverr.	1755 (3790)	3.784,33	Verb. Lohn/Gehalt	1740 (3720)		

Berechnungen

[1] Arbeitgeberanteil zur Sozialversicherung = Arbeitnehmeranteil + 0,75 % Abschlag Kinder = 1.041,34 € + 0,75 % • 5.175 € = 1.041,34 € + 38,81 € = **1.080,15 €**

F. Entgeltabrechnungen mit Sachbezügen

Lösung zu Lernjob 1

An: louismartin@postermartin.com

Von: info@steuerkanzlei.de

Betreff: AW: Sachleistungen für Arbeitnehmer

Sehr geehrter Herr Martin,

vielen Dank für Ihre Anfrage.

Die Sachleistungen, von denen Sie sprechen, nennen sich „Sachbezüge". Sie gelten genauso als Lohn bzw. Gehalt wie das vereinbarte Gehalt[1]. Die gängigen Sachbezüge sind

- die (vergünstigte) Zurverfügungstellung einer Wohnung für private Wohnzwecke,
- die Übernahme oder Bezuschussung der täglichen Verpflegung,
- der (vergünstigte) Verkauf von Waren oder Dienstleistungen und
- die Kfz-Gestellung (Firmenwagen) für private Zwecke.

Solche Sachbezüge sind steuer- und sozialversicherungspflichtige Einnahmen und müssen als „geldwerter Vorteil" dem Bruttolohn/-gehalt hinzugerechnet werden.

Es gibt eine monatliche Freigrenze für Sachbezüge: Wenn sie nach Anrechnung der vom Arbeitnehmer gezahlten Entgelte 50 € nicht übersteigen, sind sie steuerfrei.[2] Dies gilt jedoch nicht für die Kfz-Gestellung.

Außerdem gibt es noch den sogenannten „Rabatt-Freibetrag" von 1.080 € pro Kalenderjahr und Dienstverhältnis, der für Sachbezüge in Form von Waren oder Dienstleistungen[3] (nach Abzug der Zuzahlung durch den Arbeitnehmer) gilt.[4]

Für weitere Rückfragen stehen wir Ihnen gerne zur Verfügung.

Mit freundlichen Grüßen

Name

---

[1] Arbeitslohn (oder Gehalt) sind alle Einnahmen in Geld oder Geldeswert, die dem Arbeitnehmer im Rahmen eines Dienstverhältnisses zufließen (§ 8 Abs. 1 EStG).

[2] Vgl. § 8 Abs. 2 Satz 11 EStG.

[3] Waren oder Dienstleistungen, die von dem Arbeitgeber nicht überwiegend für den Bedarf seiner Arbeitnehmer hergestellt, vertrieben oder erbracht werden.

[4] Vgl. § 8 Abs. 3 Satz 2 EStG.

Lösung zu Lernjob 2

1. Sachbezüge werden grundsätzlich mit dem sogenannten „geldwerten Vorteil" angesetzt. Dieser Wert wird durch Einzelbewertung (in der Regel aus dem Marktpreis abgeleitet), durch einen amtlichen Sachbezugswert oder durch eine gesetzlich festgelegte Berechnung ermittelt.
2. Leistungen des Arbeitgebers, die gesellschaftlich üblich sind, z. B. Geschenke zu einem besonderen Anlass wie zum Geburtstag, und die zu keiner ins Gewicht fallenden Bereicherung des Arbeitnehmers führen, nennen sich „Aufmerksamkeiten". Sie gelten nicht als Arbeitslohn und sind deswegen bis zu einem Wert von 60 € je Ereignis steuer- und sozialversicherungsfrei (vgl. R 19.6 Abs. 1 Satz 2 LStR).
3. Das „Job-Ticket", d. h. die Übernahme oder Bezuschussung von Aufwendungen für Fahrten mit öffentlichen Verkehrsmitteln zur ersten Tätigkeitsstätte (oder zu einem weiträumigen Tätigkeitsgebiet oder zu einem vom Arbeitgeber dauerhaft festgelegten Sammelpunkt) ist unter bestimmten Voraussetzungen steuer- und sozialversicherungsfrei (vgl. § 3 Nr. 15 EStG und § 1 Abs. 1 Sozialversicherungsentgeltverordnung (SvEV)). Der Arbeitnehmer muss diese steuerfreien Arbeitgeberleistungen aber im Rahmen seines Werbungskostenabzugs von der Entfernungspauschale kürzen, es sei denn der Arbeitgeber versteuert diesen zusätzlichen Arbeitslohn nach § 40 Abs. 2 Nr. 2 EStG pauschal mit 25 %.

Lösung zu Lernjob 3

a) Berechnungsschema des geldwerten Vorteils eines Sachbezugs „Wohnung":

	ortsübliche Miete
+	Nebenkosten
=	Kosten der Wohnung
-	⅓ der Kosten der Wohnung
-	Zuzahlung Arbeitnehmer
=	**geldwerter Vorteil (Sachbezugswert)**

b) Berechnung des geldwerten Vorteils im vorliegenden Fall:

	ortsübliche Miete	1.060,00 €
+	Nebenkosten	200,00 €
=	Kosten der Wohnung	1.260,00 €
-	⅓ der Kosten der Wohnung	420,00 €
-	Zuzahlung Arbeitnehmer	640,00 €
=	**geldwerter Vorteil (Sachbezugswert)**	**200,00 €**

c) **Entgeltabrechnung Vanessa Hartmann**

	Bruttogehalt			3.200,00 €
+	Sachbezug Wohnung (geldwerter Vorteil)			200,00 €
=	**steuer- und sozialversicherungspflichtiges Entgelt**			3.400,00 €
-	**Steuern**			
	Lohnsteuer		431,16 €	
	Solidaritätszuschlag		0,00 €	
	Kirchensteuer		38,80 €	469,96 €
-	**Sozialversicherungsbeiträge (Arbeitnehmeranteil)**			
	Krankenversicherung	7,30 % von 3.400,00 €	248,20 €	
	Zusatzbeitrag zur KV	0,85 % von 3.400,00 €	28,90 €	
	Pflegeversicherung	2,30 % von 3.400,00 €	78,20 €	
	Rentenversicherung	9,30 % von 3.400,00 €	316,20 €	
	Arbeitslosenversicherung	1,30 % von 3.400,00 €	44,20 €	715,70 €
=	**Nettogehalt**			2.214,34 €
-	Sachbezug Wohnung (geldwerter Vorteil)			200,00 €
-	Zuzahlung Wohnung			640,00 €
=	**Auszahlungsbetrag**			**1.374,34 €**

Lösung zu Lernjob 4

a) Hat der Arbeitgeber mit dem Arbeitnehmer arbeitsvertraglich oder arbeitsrechtlich vereinbart, dass ihm arbeitstäglich ein Zuschuss zu Mahlzeiten zusteht, sind als zusätzlicher Arbeitslohn die Mahlzeiten mit den entsprechenden Sachbezugswerten anzusetzen. 2024 beträgt der Sachbezugswert für ein Mittagessen 4,13 €.

b) Voraussetzung dafür ist, dass

- der Mitarbeiter tatsächlich jeden Arbeitstag eine Mahlzeit erwirbt,
- der Mitarbeiter für jede Mahlzeit lediglich einen Zuschuss je Arbeitstag beanspruchen kann,
- der Zuschuss den amtlichen Sachbezugswert der Mahlzeit um nicht mehr als 3,10 € übersteigt,
- der Zuschuss den tatsächlichen Preis der Mahlzeit nicht übersteigt und
- der Zuschuss nicht von Mitarbeitern beansprucht werden kann, die eine Auswärtstätigkeit ausüben, bei der die ersten drei Monate noch nicht abgelaufen sind.[1]

c) Umsatzsteuerlich ist der Zuschuss zur Verpflegung eine steuerbare sonstige Leistung des Arbeitgebers (§ 3 Abs. 9 und/oder Abs. 9a i. V. m. § 1 Abs. 1 Nr. 1 UStG).

[1] Vgl. BMF-Schreiben vom 18.01.2019, IV C 5 – S 2334/08/10006 – 01, Sachbezugswert für arbeitstägliche Zuschüsse zu Mahlzeiten.

d) Berechnung des geldwerten Vorteils im vorliegenden Fall:

	Wert der Sachbezugsverordnung 2024 pro Mittagessen	4,13 €
-	Zuzahlung des Arbeitnehmers (6,50 € - 4,13 €)	2,37 €
=	geldwerter Vorteil pro Arbeitstag	1,76 €
•	Anzahl der Arbeitstage	19 Tage
=	**geldwerter Vorteil (Sachbezugswert)**	**33,44 €**

e) **Entgeltabrechnung Niels Wagner**

	Bruttogehalt			3.000,00 €
+	Sachbezug Verpflegung (geldwerter Vorteil)			33,44 €
=	**steuer- und sozialversicherungspflichtiges Entgelt**			3.033,44 €
-	**Steuern**			
	Lohnsteuer		330,08 €	
	Solidaritätszuschlag		0,00 €	
	Kirchensteuer		0,00 €	330,08 €
-	**Sozialversicherungsbeiträge (Arbeitnehmeranteil)**			
	Krankenversicherung	7,30 % von 3.033,44 €	221,44 €	
	Zusatzbeitrag zur KV	0,80 % von 3.033,44 €	24,27 €	
	Pflegeversicherung	1,70 % von 3.033,44 €	51,57 €	
	Rentenversicherung	9,30 % von 3.033,44 €	282,11 €	
	Arbeitslosenversicherung	1,30 % von 3.033,44 €	39,43 €	618,82 €
=	**Nettogehalt**			2.084,54 €
-	Sachbezug Verpflegung (geldwerter Vorteil)			33,44 €
=	**Auszahlungsbetrag**			**2.051,10 €**

Lösung zu Lernjob 5

a) Verkauft der Arbeitgeber Waren oder Dienstleistungen, die er nicht überwiegend für den Bedarf seiner Arbeitnehmer herstellt, vertreibt oder erbringt, vergünstigt an einen Arbeitnehmer, ist der geldwerte Vorteil als Sachbezug in der Entgeltabrechnung zu berücksichtigen.

b) Berechnungsschema des geldwerten Vorteils aus einem Sachbezug „Ware" (vgl. § 8 Abs. 3 EStG):

	üblicher Verkaufspreis der Ware
-	4 % des Verkaufspreises
=	geminderter Endpreis
-	Zuzahlung Arbeitnehmer
=	geldwerter Vorteil
-	Rabatt-Freibetrag (§ 8 Abs. 3 EStG), 1.080 €/Kj.
=	**steuerpflichtiger Sachbezugswert**

c) Umsatzsteuerlich ist der Verkauf der Ware an Arbeitnehmer eine steuerbare Lieferung (§ 3 Abs. 1 i. V. m. § 1 Abs. 1 Nr. 1 UStG). Die Bemessungsgrundlage ist das durch den Arbeitnehmer gezahlte Entgelt, das heißt der Nettobetrag der Zahlung an den Arbeitgeber (vgl. § 10 Abs. 1 UStG). Falls der Arbeitnehmer netto weniger bezahlt als die Wiederbeschaffungskosten der Ware, müssen mindestens die Wiederbeschaffungskosten der Berechnung der Umsatzsteuer zu Grunde gelegt werden (vgl. § 10 Abs. 5 i. V. m. Abs. 4 UStG).

d) Berechnung des geldwerten Vorteils im vorliegenden Fall:

	Verkaufspreis der Waren	2.500,00 €
-	4 % des Verkaufspreises	100,00 €
=	geminderter Endpreis	2.400,00 €
-	Zuzahlung Arbeitnehmer	1.000,00 €
=	geldwerter Vorteil	1.400,00 €
-	Rabatt-Freibetrag (§ 8 Abs. 3 EStG)	1.080,00 €
=	**steuerpflichtiger Sachbezugswert**	**320,00 €**

e) **Entgeltabrechnung Rolf Klein**

	Bruttogehalt			3.940,00 €
+	Sachbezug Ware			320,00 €
=	**steuer- und sozialversicherungspflichtiges Entgelt**			4.260,00 €
-	**Steuern**			
	Lohnsteuer		302,50 €	
	Solidaritätszuschlag		0,00 €	
	Kirchensteuer		0,00 €	302,50 €
-	**Sozialversicherungsbeiträge (Arbeitnehmeranteil)**			
	Krankenversicherung	7,30 % von 4.260,00 €	310,98 €	
	Zusatzbeitrag zur KV	0,90 % von 4.260,00 €	38,34 €	
	Pflegeversicherung	1,20 % von 4.260,00 €	51,12 €	
	Rentenversicherung	9,30 % von 4.260,00 €	396,18 €	
	Arbeitslosenversicherung	1,30 % von 4.260,00 €	55,38 €	852,00 €
=	**Nettogehalt**			3.105,50 €
-	Sachbezug Ware			320,00 €
=	**Auszahlungsbetrag**			**2.785,50 €**

Lösung zu Lernjob 6

a) Berechnungsschemata des geldwerten Vorteils zum Sachbezug „Kfz-Gestellung“

Fahrtenbuch-Methode

	tatsächlich entstandene Kosten der privaten Fahrten
-	Zuzahlungen des Arbeitnehmers
=	**geldwerter Vorteil (Sachbezugswert)**

1 %-Methode (Prozentmethode)

	Bruttolistenpreis zum Zeitpunkt der Erstzulassung, abgerundet auf volle 100 € (BLP) • 1 % pro Monat
+	BLP • 0,03 % • Entfernung Wohnung/Arbeitsstätte • Monate
-	Zuzahlungen des Arbeitnehmers
=	**geldwerter Vorteil (Sachbezugswert)**

b) Bei Elektro- und Hybridelektrofahrzeugen sind je nach Anschaffungsdatum, den umwelttechnischen Voraussetzungen (CO^2-Emissionen, Mindestreichweite elektrisch) und der Höhe des Bruttolistenpreises einkommensteuerrechtliche Besonderheiten zu beachten. Zum Beispiel darf dann bei der Anwendung der 1 %-Methode der Bruttolistenpreis des Fahrzeugs mit der Hälfte oder sogar einem Viertel (vgl. § 8 Abs. 2 Satz 2 EStG i. V. m. § 6 Abs. 1 Nr. 4 Satz 2 EStG) angesetzt werden. Bei der Anwendung der Fahrtenbuchmethode entspricht dies der Hälfte oder des Viertels der Anschaffungs- bzw. Leasingkosten (vgl. § 8 Abs. 2 Satz 4 EStG i. V. m. § 6 Abs. 1 Nr. 4 Satz 3 EStG).

c) Umsatzsteuerlich ist die regelmäßige (dauerhafte) Kfz-Gestellung eine steuerbare entgeltliche sonstige Leistung des Arbeitgebers (§ 3 Abs. 9 i. V. m. § 1 Abs. 1 Nr. 1 UStG).

d) Berechnung des geldwerten Vorteils (Prozentmethode) im vorliegenden Fall:

	BLP (abgerundet auf volle 100 €) • 1 % = 30.500 € • 1 % =	305,00 €
+	BLP • 0,03 % • Entfernung Wohnung/Arbeitsstätte = 30.500 € • 0,03 % • 30 km =	274,50 €
-	Zuzahlungen des Arbeitnehmers	0,00 €
=	**geldwerter Vorteil (Sachbezugswert)**	**579,50 €**

e) **Entgeltabrechnung Jessica Krause**

	Bruttogehalt			3.300,00 €
+	Sachbezug Kfz-Gestellung (geldwerter Vorteil)			579,50 €
=	**steuer- und sozialversicherungspflichtiges Entgelt**			3.879,50 €
-	**Steuern**			
	Lohnsteuer		424,50 €	
	Solidaritätszuschlag		0,00 €	
	Kirchensteuer		18,78 €	443,28 €
-	**Sozialversicherungsbeiträge (Arbeitnehmeranteil)**			
	Krankenversicherung	7,30 % von 3.879,50 €	283,20 €	
	Zusatzbeitrag zur KV	0,85 % von 3.879,50 €	32,98 €	
	Pflegeversicherung	1,70 % von 3.879,50 €	65,95 €	
	Rentenversicherung	9,30 % von 3.879,50 €	360,79 €	
	Arbeitslosenversicherung	1,30 % von 3.879,50 €	50,43 €	793,35 €
=	**Nettogehalt**			2.642,87 €
-	Sachbezug Kfz-Gestellung (geldwerter Vorteil)			579,50 €
=	**Auszahlungsbetrag**			**2.063,37 €**

Lösung zu Lernjob 7

Lernjob 3 – Vanessa Hartmann (Sachbezug Wohnung)

SOLL			HABEN			
Konto-Bezeichnung	Konto-Nr. SKR 03 (SKR 04)	Betrag in €	Konto-Bezeichnung	Konto-Nr. SKR 03 (SKR 04)	Auf-wand	Er-trag
Gehälter	4120 (6020)	3.200,00	Lohn-/Gehaltsverr.	1755 (3790)	+	
Gehälter	4120 (6020)	200,00	Lohn-/Gehaltsverr.	1755 (3790)	+	
Lohn-/Gehaltsverr.	1755 (3790)	469,96	Verb. LSt/KiSt	1741 (3730)		
Lohn-/Gehaltsverr.	1755 (3790)	715,70	Verb. soziale Sich.	1742 (3740)		
Gesetzl. soz. Aufw.	4130 (6110)	[1] 695,30	Verb. soziale Sich.	1742 (3740)	+	
Lohn-/Gehaltsverr.	1755 (3790)	200,00	Verrechnete sonstige Sachbezüge ohne Umsatzsteuer	8614 (4949)		+
Lohn-/Gehaltsverr.	1755 (3790)	640,00	Grundstückserträge	2750 (4861)		+
Lohn-/Gehaltsverr.	1755 (3790)	1.374,34	Verb. Lohn/Gehalt	1740 (3720)		

Berechnungen

[Hinweis: Die ersten beiden Buchungssätze können auch zusammengefasst werden.]

[1] Arbeitgeberanteil zur Sozialversicherung = Arbeitnehmeranteil - 0,6 % Beitragszuschlag Kinderlose = 715,70 € - 0,6 % • 3.400,00 € = 715,70 € - 20,40 € = **695,30 €**

Lernjob 4 – Niels Wagner (Sachbezug Verpflegung)

SOLL			HABEN			
Konto-Bezeichnung	Konto-Nr. SKR 03 (SKR 04)	Betrag in €	Konto-Bezeichnung	Konto-Nr. SKR 03 (SKR 04)	Auf-wand	Er-trag
Gehälter	4120 (6020)	3.000,00	Lohn-/Gehaltsverr.	1755 (3790)	+	
Gehälter	4120 (6020)	33,44	Lohn-/Gehaltsverr.	1755 (3790)	+	
Lohn-/Gehaltsverr.	1755 (3790)	330,08	Verb. LSt/KiSt	1741 (3730)		
Lohn-/Gehaltsverr.	1755 (3790)	618,82	Verb. soziale Sich.	1742 (3740)		
Gesetzl. soz. Aufw.	4130 (6110)	[1] 618,82	Verb. soziale Sich.	1742 (3740)	+	
Lohn-/Gehaltsverr.	1755 (3790)	[2] 28,10	Verrechnete sonstige Sachbezüge 19 % USt	8613 (4948)		+
Lohn-/Gehaltsverr.	1755 (3790)	[3] 5,34	USt 19 %	1776 (3806)		
Lohn-/Gehaltsverr.	1755 (3790)	2.051,10	Verb. Lohn/Gehalt	1740 (3720)		

Erläuterungen/Berechnungen

[Hinweis: Die ersten beiden Buchungssätze können auch zusammengefasst werden.]

1) Der Arbeitgeberanteil zur Sozialversicherung entspricht dem Arbeitnehmeranteil.

2) Aus der Sicht des Arbeitgebers handelt es sich bei dem Sachbezug Verpflegung um eine steuerbare sonstige Leistung gem. § 3 Abs. 9 i. V. m. § 1 Abs. 1 Nr. 1 UStG. Deswegen ist der Betrag bei der Buchung in den Netto- und den Umsatzsteuer-Betrag aufzuteilen: 33,44 € : 1,19 = **28,10 €**.

3) Berechnung der Umsatzsteuer des Sachbezugwerts: 28,10 € • 19 % (oder 0,19) = **5,34 €.**

Lernjob 5 – Rolf Klein (Sachbezug Ware)

SOLL		Betrag in €	HABEN		Aufwand	Ertrag
Konto-Bezeichnung	Konto-Nr. SKR 03 (SKR 04)		Konto-Bezeichnung	Konto-Nr. SKR 03 (SKR 04)		
Bank	1200 (1800)	[1] 840,34	Erlöse 19 % USt	8400 (4400)		+
Bank	1200 (1800)	[2] 159,66	USt 19 %	1776 (3806)		
Gehälter	4120 (6020)	3.940,00	Lohn-/Gehaltsverr.	1755 (3790)	+	
Gehälter	4120 (6020)	320,00	Lohn-/Gehaltsverr.	1755 (3790)	+	
Lohn-/Gehaltsverr.	1755 (3790)	302,50	Verb. LSt/KiSt	1741 (3730)		
Lohn-/Gehaltsverr.	1755 (3790)	852,00	Verb. soziale Sich.	1742 (3740)		
Gesetzl. soz. Aufw.	4130 (6110)	[3] 873,30	Verb. soziale Sich.	1742 (3740)	+	
Lohn-/Gehaltsverr.	1755 (3790)	[4] 320,00	Verrechnete sonstige Sachbezüge ohne Umsatzsteuer	8614 (4949)		+
Lohn-/Gehaltsverr.	1755 (3790)	2.785,50	Verb. Lohn/Gehalt	1740 (3720)		

Erläuterungen/Berechnungen

[Hinweis: Die ersten beiden Buchungssätze können auch zusammengefasst werden.]

1) 1.000,00 € (= vereinbarter Kaufpreis) : 1,19 = **840,34 €** Netto-Erlös

2) 840,34 € • 0,19 = **159,66 €** Umsatzsteuer

3) Arbeitgeberanteil zur Sozialversicherung = Arbeitnehmeranteil + 0,5 % Abschlag Kinder = 852,00 € + 0,5 % • 4.260,00 € = 852,00 € + 21,30 € = **873,30 €**

4) Keine USt-Pflicht des Sachbezugs, weil die USt für den Verkauf der Bilder bereits zusammen mit dem Erlös (= entgeltliche Lieferung) erfasst wurde.

Lernjob 6 – Jessica Krause (Sachbezug Kfz-Gestellung)

SOLL			HABEN			
Konto-Bezeichnung	Konto-Nr. SKR 03 (SKR 04)	Betrag in €	Konto-Bezeichnung	Konto-Nr. SKR 03 (SKR 04)	Auf-wand	Er-trag
Gehälter	4120 (6020)	3.300,00	Lohn-/Gehaltsverr.	1755 (3790)	+	
Gehälter	4120 (6020)	579,50	Lohn-/Gehaltsverr.	1755 (3790)	+	
Lohn-/Gehaltsverr.	1755 (3790)	443,28	Verb. LSt/KiSt	1741 (3730)		
Lohn-/Gehaltsverr.	1755 (3790)	793,35	Verb. soziale Sich.	1742 (3740)		
Gesetzl. soz. Aufw.	4130 (6110)	[1] 793,35	Verb. soziale Sich.	1742 (3740)	+	
Lohn-/Gehaltsverr.	1755 (3790)	[2] 486,97	Verrechnete sonstige Sachbezüge aus Fahrzeug-Gestellung 19 % USt	8611 (4947)		+
Lohn-/Gehaltsverr.	1755 (3790)	[3] 92,53	USt 19 %	1776 (3806)		
Lohn-/Gehaltsverr.	1755 (3790)	2.063,37	Verb. Lohn/Gehalt	1740 (3720)		

Erläuterungen/Berechnungen

[Hinweis: Die ersten beiden Buchungssätze können auch zusammengefasst werden.]

[1] Der Arbeitgeberanteil zur Sozialversicherung entspricht dem Arbeitnehmeranteil.

[2] Aus der Sicht des Arbeitgebers handelt es sich bei dem Sachbezug Kfz-Gestellung um eine steuerbare sonstige Leistung gem. § 3 Abs. 9 i. V. m. § 1 Abs. 1 Nr. 1 UStG. Deswegen ist der Betrag bei der Buchung in den Netto- und den Umsatzsteuer-Betrag aufzuteilen: 579,50 € : 1,19 = **486,97 €.**

[3] Berechnung der Umsatzsteuer des Sachbezugwerts: 486,97 € • 19 % (oder 0,19) = **92,53 €.**

Ergänzende Übungsaufgaben

Lösung zu Übungsaufgabe 1

Berechnung des geldwerten Vorteils

	Mietwert inkl. Nebenkosten	1.200,00 €
-	Bewertungsabschlag (⅓)	400,00 €
-	Zuzahlung Arbeitnehmer	400,00 €
=	**geldwerter Vorteil (Sachbezugswert)**	**400,00 €**

Entgeltabrechnung Christoph Berens

	Bruttogehalt			4.000,00 €
+	Sachbezug Wohnung (geldwerter Vorteil)			400,00 €
=	**steuer- und sozialversicherungspflichtiges Entgelt**			4.400,00 €
-	**Steuern**			
	Lohnsteuer		659,58 €	
	Solidaritätszuschlag		0,00 €	
	Kirchensteuer		59,36 €	718,94 €
-	**Sozialversicherungsbeiträge (Arbeitnehmeranteil)**			
	Krankenversicherung	7,30 % von 4.400 €	321,20 €	
	Zusatzbeitrag zur KV	0,80 % von 4.400 €	35,20 €	
	Pflegeversicherung	2,30 % von 4.400 €	101,20 €	
	Rentenversicherung	9,30 % von 4.400 €	409,20 €	
	Arbeitslosenversicherung	1,30 % von 4.400 €	57,20 €	924,00 €
=	**Nettogehalt**			2.757,06 €
-	Sachbezug Wohnung (geldwerter Vorteil)			400,00 €
-	Zuzahlung Wohnung			400,00 €
=	**Auszahlungsbetrag**			**1.957,06 €**

SOLL		Betrag in €	HABEN		Auf-wand	Er-trag
Konto-Bezeichnung	Konto-Nr. SKR 03 (SKR 04)		Konto-Bezeichnung	Konto-Nr. SKR 03 (SKR 04)		
Gehälter	4120 (6020)	4.400,00	Lohn-/Gehaltsverr.	1755 (3790)	+	
Lohn-/Gehaltsverr.	1755 (3790)	718,94	Verb. LSt/KiSt	1741 (3730)		
Lohn-/Gehaltsverr.	1755 (3790)	924,00	Verb. soziale Sich.	1742 (3740)		
Gesetzl. soz. Aufw.	4130 (6110)	[1] 897,60	Verb. soziale Sich.	1742 (3740)	+	
Lohn-/Gehaltsverr.	1755 (3790)	400,00	Verrechnete sonstige Sachbezüge ohne Umsatzsteuer	8614 (4949)		+
Lohn-/Gehaltsverr.	1755 (3790)	400,00	Grundstückserträge	2750 (4861)		+
Lohn-/Gehaltsverr.	1755 (3790)	1.957,06	Verb. Lohn/Gehalt	1740 (3720)		

Berechnungen

[1] Arbeitgeberanteil zur Sozialversicherung = Arbeitnehmeranteil - 0,6 % Beitragszuschlag Kinderlose = 924,00 € - 0,6 % • 4.400,00 € = 924,00 € - 26,40 € = **897,60 €**

Lösung zu Übungsaufgabe 2

Berechnung des geldwerten Vorteils (Prozentmethode)

	BLP (abgerundet auf volle 100 €) • 1 % = 44.400 € • 1 % =	444,00 €
+	BLP • 0,03 % • Entfernung Wohnung/Arbeitsstätte = 44.400 € • 0,03 % • 55 km =	732,60 €
=	**geldwerter Vorteil (Sachbezugswert)**	**1.176,60 €**

Entgeltabrechnung Alexandra Angert

	Bruttogehalt			2.925,00 €
+	Sachbezug Kfz-Gestellung (geldwerter Vorteil)			1.176,60 €
=	**steuer- und sozialversicherungspflichtiges Entgelt**			4.101,60 €
-	**Steuern**			
	Lohnsteuer		592,41 €	
	Solidaritätszuschlag		0,00 €	
	Kirchensteuer		0,00 €	592,41 €
-	**Sozialversicherungsbeiträge (Arbeitnehmeranteil)**			
	Krankenversicherung	7,30 % von 4.101,60 €	299,42 €	
	Zusatzbeitrag zur KV	0,85 % von 4.101,60 €	34,86 €	
	Pflegeversicherung	1,45 % von 4.101,60 €	59,48 €	
	Rentenversicherung	9,30 % von 4.101,60 €	381,45 €	
	Arbeitslosenversicherung	1,30 % von 4.101,60 €	53,32 €	828,53 €
=	**Nettogehalt**			2.680,66 €
-	Sachbezug Kfz-Gestellung (geldwerter Vorteil)			1.176,60 €
=	**Auszahlungsbetrag**			**1.504,06 €**

SOLL			HABEN			
Konto-Bezeichnung	**Konto-Nr. SKR 03 (SKR 04)**	**Betrag in €**	**Konto-Bezeichnung**	**Konto-Nr. SKR 03 (SKR 04)**	**Auf-wand**	**Er-trag**
Gehälter	4120 (6020)	4.101,60	Lohn-/Gehaltsverr.	1755 (3790)	+	
Lohn-/Gehaltsverr.	1755 (3790)	592,41	Verb. LSt/KiSt	1741 (3730)		
Lohn-/Gehaltsverr.	1755 (3790)	828,53	Verb. soziale Sich.	1742 (3740)		
Gesetzl. soz. Aufw.	4130 (6110)	[1] 838,78	Verb. soziale Sich.	1742 (3740)	+	
Lohn-/Gehaltsverr.	1755 (3790)	[2] 988,74	Verr. Sachb. Kfz 19 %	8611 (4947)		+
Lohn-/Gehaltsverr.	1755 (3790)	[3] 187,86	USt 19 %	1776 (3806)		
Lohn-/Gehaltsverr.	1755 (3790)	1.504,06	Verb. Lohn/Gehalt	1740 (3720)		

Berechnungen

[1] Arbeitgeberanteil zur Sozialversicherung = Arbeitnehmeranteil + 0,25 % Abschlag Kinder = 828,53 € + 0,25 % • 4.101,60 € = 828,53 € + 10,25 € = **838,78 €**

[2] 1.176,60 € : 1,19 = **988,74 €**

[3] 988,74 € • 0,19 = **187,86 €**

Lösung zu Übungsaufgabe 3

Berechnung des geldwerten Vorteils

	Verkaufspreis der Waren	7.140,00 €
-	4 % des Verkaufspreises	285,60 €
=	geminderter Endpreis	6.854,40 €
-	Zuzahlung Arbeitnehmer	4.760,00 €
=	geldwerter Vorteil	2.094,40 €
-	Rabatt-Freibetrag (§ 8 Abs. 3 EStG)	1.080,00 €
=	**steuerpflichtiger Sachbezugswert**	**1.014,40 €**

Entgeltabrechnung Patricia Kraft

	Bruttogehalt			3.550,00 €
+	Sachbezug Waren			1.014,40 €
=	**steuer- und sozialversicherungspflichtiges Entgelt**			4.564,40 €
-	**Steuern**			
	Lohnsteuer		720,91 €	
	Solidaritätszuschlag		0,00 €	
	Kirchensteuer		5,25 €	726,16 €
-	**Sozialversicherungsbeiträge (Arbeitnehmeranteil)**			
	Krankenversicherung	7,30 % von 4.564,40 €	333,20 €	
	Zusatzbeitrag zur KV	0,75 % von 4.564,40 €	34,23 €	
	Pflegeversicherung	1,20 % von 4.564,40 €	54,77 €	
	Rentenversicherung	9,30 % von 4.564,40 €	424,49 €	
	Arbeitslosenversicherung	1,30 % von 4.564,40 €	59,34 €	906,03 €
=	**Nettogehalt**			2.932,21 €
-	Sachbezug Waren			1.014,40 €
=	**Auszahlungsbetrag**			**1.917,81 €**

SOLL		Betrag in €	HABEN		Auf-wand	Er-trag
Konto-Bezeichnung	**Konto-Nr. SKR 03 (SKR 04)**		**Konto-Bezeichnung**	**Konto-Nr. SKR 03 (SKR 04)**		
Bank	1200 (1800)	4.000,00	Erlöse 19 % USt	8400 (4400)		+
Bank	1200 (1800)	760,00	USt 19 %	1776 (3806)		
Gehälter	4120 (6020)	4.564,40	Lohn-/Gehaltsverr.	1755 (3790)	+	
Lohn-/Gehaltsverr.	1755 (3790)	726,16	Verb. LSt/KiSt	1741 (3730)		
Lohn-/Gehaltsverr.	1755 (3790)	906,03	Verb. soziale Sich.	1742 (3740)		
Gesetzl. soz. Aufw.	4130 (6110)	1) 928,85	Verb. soziale Sich.	1742 (3740)	+	
Lohn-/Gehaltsverr.	1755 (3790)	1.014,40	Verr. Sachbez. o. USt	8614 (4949)		+
Lohn-/Gehaltsverr.	1755 (3790)	1.917,81	Verb. Lohn/Gehalt	1740 (3720)		

Berechnungen

1) Arbeitgeberanteil zur Sozialversicherung = Arbeitnehmeranteil + 0,5 % Abschlag Kinder = 906,03 € + 0,5 % • 4.564,40 € = 906,03 € + 22,82 € = **928,85 €**

Lösung zu Übungsaufgabe 4

Berechnung des geldwerten Vorteils

	Wert der Sachbezugsverordnung 2024, pro Mittagessen	4,13 €
-	Zuzahlung des Arbeitnehmers	2,00 €
=	geldwerter Vorteil pro Arbeitstag	2,13 €
•	Anzahl der Arbeitstage	18 Tage
=	**geldwerter Vorteil (Sachbezugswert)**	**38,34 €**

Entgeltabrechnung Kevin Fritz

	Bruttogehalt			4.000,00 €
+	Sachbezug Verpflegung (geldwerter Vorteil)			38,34 €
=	**steuer- und sozialversicherungspflichtiges Entgelt**			4.038,34 €
-	**Steuern**			
	Lohnsteuer		567,16 €	
	Solidaritätszuschlag		0,00 €	
	Kirchensteuer		0,00 €	567,16 €
-	**Sozialversicherungsbeiträge (Arbeitnehmeranteil)**			
	Krankenversicherung	7,30 % von 4.038,34 €	294,80 €	
	Zusatzbeitrag zur KV	0,70 % von 4.038,34 €	28,27 €	
	Pflegeversicherung	2,30 % von 4.038,34 €	92,88 €	
	Rentenversicherung	9,30 % von 4.038,34 €	375,57 €	
	Arbeitslosenversicherung	1,30 % von 4.038,34 €	52,50 €	844,02 €
=	**Nettogehalt**			2.627,16 €
-	Sachbezug Verpflegung (geldwerter Vorteil)			38,34 €
=	**Auszahlungsbetrag**			**2.588,82 €**

SOLL		**Betrag in €**	**HABEN**		**Aufwand**	**Ertrag**
Konto-Bezeichnung	**Konto-Nr. SKR 03 (SKR 04)**		**Konto-Bezeichnung**	**Konto-Nr. SKR 03 (SKR 04)**		
Gehälter	4120 (6020)	4.038,34	Lohn-/Gehaltsverr.	1755 (3790)	+	
Lohn-/Gehaltsverr.	1755 (3790)	567,16	Verb. LSt/KiSt	1741 (3730)		
Lohn-/Gehaltsverr.	1755 (3790)	844,02	Verb. soziale Sich.	1742 (3740)		
Gesetzl. soz. Aufw.	4130 (6110)	1) 819,79	Verb. soziale Sich.	1742 (3740)	+	
Lohn-/Gehaltsverr.	1755 (3790)	2) 32,22	Verrechnete sonstige Sachbezüge 19 % USt	8613 (4948)		+
Lohn-/Gehaltsverr.	1755 (3790)	3) 6,12	USt 19 %	1776 (3806)		
Lohn-/Gehaltsverr.	1755 (3790)	2.588,82	Verb. Lohn/Gehalt	1740 (3720)		

Berechnungen

1) Arbeitgeberanteil zur Sozialversicherung = Arbeitnehmeranteil - 0,6 % Beitragszuschlag Kinderlose = 844,02 € - 0,6 % • 4.038,34 € = 844,02 € - 24,23 € = **819,79 €**

2) 38,34 € : 1,19 = **32,22 €**

3) 32,22 € • 0,19 = **6,12 €**

Lösung zu Übungsaufgabe 5

Berechnung des geldwerten Vorteils (Fahrtenbuchmethode)

privater Nutzungsanteil = 883 km : (4.587 km + 883 km) • 100 = 16,14 %

tatsächliche entstandene Kosten der Privatfahrten = 16,14 % • 3.082,00 € = **497,43 €**

Entgeltabrechnung Lars Hebedink

	Bruttogehalt			4.250,00 €
+	Sachbezug Kfz-Gestellung (geldwerter Vorteil)			497,43 €
=	**steuer- und sozialversicherungspflichtiges Entgelt**			4.747,43 €
-	**Steuern**			
	Lohnsteuer		411,00 €	
	Solidaritätszuschlag		0,00 €	
	Kirchensteuer		0,00 €	411,00 €
-	**Sozialversicherungsbeiträge (Arbeitnehmeranteil)**			
	Krankenversicherung	7,30 % von 4.747,43 €	346,56 €	
	Zusatzbeitrag zur KV	0,60 % von 4.747,43 €	28,48 €	
	Pflegeversicherung	0,95 % von 4.747,43 €	45,10 €	
	Rentenversicherung	9,30 % von 4.747,43 €	441,51 €	
	Arbeitslosenversicherung	1,30 % von 4.747,43 €	61,72 €	923,37 €
=	**Nettogehalt**			3.413,06 €
-	Sachbezug Kfz-Gestellung (geldwerter Vorteil)			497,43 €
=	**Auszahlungsbetrag**			**2.915,63 €**

SOLL		Betrag in €	HABEN		Aufwand	Ertrag
Konto-Bezeichnung	**Konto-Nr. SKR 03 (SKR 04)**		**Konto-Bezeichnung**	**Konto-Nr. SKR 03 (SKR 04)**		
Gehälter	4120 (6020)	4.747,43	Lohn-/Gehaltsverr.	1755 (3790)	+	
Lohn-/Gehaltsverr.	1755 (3790)	411,00	Verb. LSt/KiSt	1741 (3730)		
Lohn-/Gehaltsverr.	1755 (3790)	923,37	Verb. soziale Sich.	1742 (3740)		
Gesetzl. soz. Aufw.	4130 (6110)	[1] 958,98	Verb. soziale Sich.	1742 (3740)	+	
Lohn-/Gehaltsverr.	1755 (3790)	[2] 418,01	Verr. Sachb. Kfz 19 %	8611 (4947)		+
Lohn-/Gehaltsverr.	1755 (3790)	[3] 79,42	USt 19 %	1776 (3806)		
Lohn-/Gehaltsverr.	1755 (3790)	2.915,63	Verb. Lohn/Gehalt	1740 (3720)		

Berechnungen

[1] Arbeitgeberanteil zur Sozialversicherung = Arbeitnehmeranteil + 0,75 % Abschlag Kinder = 923,37 € + 0,75 % • 4.747,43 € = 923,37 € + 35,61 € = **958,98 €**

[2] 497,43 € : 1,19 = **418,01 €**

[3] 418,01 € • 0,19 = **79,42 €**

Lösung zu Übungsaufgabe 6

Rechtliche Grundlage

Das Elektroauto wurde nach dem 31.12.2018 und vor dem 01.01.2031 angeschafft, hat keine CO_2-Emissionen und der Bruttolistenpreis lag bei weniger als 60.000 €. Deswegen ist gem. § 8 Abs. 2 Satz 2 EStG i. V. m. § 6 Abs. 1 Nr. 4 Satz 2 Nr. 3 EStG bei der Berechnung des geldwerten Vorteils nur ein Viertel des Bruttolistenpreises anzusetzen.

Achtung! Diese Vorschrift gilt nur für die Einkommensteuer. Bei der Berechnung der Umsatzsteuer ist der volle Wert als Bemessungsgrundlage anzusetzen.

Berechnung des geldwerten Vorteils (Prozentmethode, Elektrofahrzeug)

	Bruttolistenpreis	55.000,00 €
	davon ein Viertel (siehe oben)	13.750,00 €
	abgerundet auf volle 100 € = BLP	13.700,00 €
	BLP • 1 % = 13.700,00 € • 1 % =	137,00 €
+	BLP • 0,03 % • Entfernung Wohnung/Arbeitsstätte = 13.700 € • 0,03 % • 30 km =	123,30 €
=	**geldwerter Vorteil (Sachbezugswert)**	**260,30 €**

Entgeltabrechnung Ina Uhrmacher

	Bruttogehalt			6.390,00 €
+	Sachbezug Kfz-Gestellung (geldwerter Vorteil)			260,30 €
=	**steuer- und sozialversicherungspflichtiges Entgelt**			6.650,30 €
-	**Steuern**			
	Lohnsteuer		1.387,58 €	
	Solidaritätszuschlag		0,00 €	
	Kirchensteuer		0,00 €	1.387,58 €
-	**Sozialversicherungsbeiträge (Arbeitnehmeranteil)**			
	Krankenversicherung	7,30 % von 5.175,00 €	377,78 €	
	Zusatzbeitrag zur KV	0,75 % von 5.175,00 €	38,81 €	
	Pflegeversicherung	2,30 % von 5.175,00 €	119,03 €	
	Rentenversicherung	9,30 % von 6.650,30 €	618,48 €	
	Arbeitslosenversicherung	1,30 % von 6.650,30 €	86,45 €	1.240,55 €
=	**Nettogehalt**			4.022,17 €
-	Sachbezug Kfz-Gestellung (geldwerter Vorteil)			260,30 €
=	**Auszahlungsbetrag**			**3.761,87 €**

SOLL		Betrag in €	HABEN		Auf-wand	Er-trag
Konto-Bezeichnung	Konto-Nr. SKR 03 (SKR 04)		Konto-Bezeichnung	Konto-Nr. SKR 03 (SKR 04)		
Gehälter	4120 (6020)	6.650,30	Lohn-/Gehaltsverr.	1755 (3790)	+	
Lohn-/Gehaltsverr.	1755 (3790)	1.387,58	Verb. LSt/KiSt	1741 (3730)		
Lohn-/Gehaltsverr.	1755 (3790)	1.240,55	Verb. soziale Sich.	1742 (3740)		
Gesetzl. soz. Aufw.	4130 (6110)	1) 1.209,50	Verb. soziale Sich.	1742 (3740)	+	
Lohn-/Gehaltsverr.	1755 (3790)	2) 218,74	Verr. Sachb. Kfz 19 %	8611 (4947)		+
Lohn-/Gehaltsverr.	1755 (3790)	3) 41,56	USt 19 %	1776 (3806)		
Verr. so. Sachbez.	8610 (4946)	4) 659,41	Verr. Sachb. Kfz 19 %	8611 (4947)		+
Verr. so. Sachbez.	8610 (4946)	4) 125,29	USt 19 %	1776 (3806)		
Gehälter	4120 (6020)	4) 125,29	Verr. so. Sachbez.	8610 (4946)	+	
Lohn-/Gehaltsverr.	1755 (3790)	3.761,87	Verb. Lohn/Gehalt	1740 (3720)		

Berechnungen

1) Arbeitgeberanteil zur Sozialversicherung = Arbeitnehmeranteil - 0,6 % Beitragszuschlag Kinderlose = 1.240,55 € - 0,6 % • 5.175 € = 1.240,55 € - 31,05 € = **1.209,50 €**

2) 260,30 € : 1,19 = **218,74 €**

3) 218,74 € • 0,19 = **41,56 €**

4) Für die korrekte Abbildung der Umsatzsteuer in der Buchhaltung des Arbeitgebers muss die Differenz zwischen gekürztem und ungekürztem Sachbezugswert berechnet und gebucht werden:

	BLP • 1 % = 55.000,00 € • 1 % =	550,00 €
+	BLP • 0,03 % • Entfernung Wohnung/Arbeitsstätte = 55.000 € • 0,03 % • 30 km =	495,00 €
=	Sachbezugswert ungekürzt	1.045,00 €
-	Sachbezugswert Viertel-Regelung	260,30 €
=	**Differenz brutto**	784,70 €
-	Differenz netto (= 784,70 € : 1,19)	659,41 €
=	**Differenz in der Umsatzsteuer** (= 659,41 € • 19 %)	**125,29 €**

MEDIEN

Das hier gewählte Vorgehen entspricht dem durch die Datev eG vorgeschlagenen Vorgehen unter https://www.datev.de/dnlexom/client/app/index.html#/document/5301036.

G. Besondere Beschäftigungsverhältnisse

Lösung zu Lernjob 1

Geringfügig entlohnte Beschäftigungen bezeichnet man auch als „Minijobs". Sie liegen dann vor, wenn das regelmäßige, durchschnittliche, Arbeitsentgelt 2024 nicht mehr als 538 € pro Monat beträgt.

Diese Art der Beschäftigung ist in der Kranken-, Pflege- und Arbeitslosenversicherung versicherungsfrei. Nur in der Rentenversicherung besteht grundsätzlich eine Versicherungspflicht (Arbeitnehmerbeitrag: 3,6 % des Arbeitsentgelts). Minijobber können sich aber durch einen schriftlichen Antrag von der Rentenversicherungspflicht befreien lassen. Der Antrag ist beim Arbeitgeber zu stellen.

Der Arbeitgeber muss die folgenden pauschalen Abgaben an die Minijob-Zentrale abführen (Arbeitgeberanteil):

- Rentenversicherung — 15,00 % des Arbeitsentgelts
- Krankenversicherung (bei gesetzlich versicherten Personen) — 13,00 % des Arbeitsentgelts
- Lohnsteuer/Kirchensteuer/SolZ — 2,00 % des Arbeitsentgelts
- Umlage U1 — 1,10 % des Arbeitsentgelts
- Umlage U2 — 0,24 % des Arbeitsentgelts
- Insolvenzgeldumlage — 0,06 % des Arbeitsentgelts

INFO

Für den Arbeitgeber besteht die Möglichkeit, die pauschale Lohnsteuer vom Lohn des Arbeitnehmers abzuziehen. Alternativ kann der Arbeitgeber auf die Pauschalbesteuerung verzichten und den Arbeitslohn nach den Lohnsteuerabzugsmerkmalen des Arbeitnehmers besteuern.

Werden mehrere geringfügige Beschäftigungen nebeneinander ausgeübt, müssen diese zusammengerechnet werden und unterliegen zusammen der 538 €-Grenze.

Neben einer Hauptbeschäftigung darf nur ein Minijob bis 538 € zusätzlich versicherungsfrei ausgeübt werden. Weitere Nebenbeschäftigungen müssen darüber hinaus mit der Hauptbeschäftigung zusammengerechnet werden und unterliegen dann der Kranken-, Pflege- und Rentenversicherungspflicht.

Lösung zu Lernjob 2

a)

	Bruttolohn (= 38 Stunden • 14 €)		532,00 €
-	**Sozialversicherungsbeiträge (Arbeitnehmeranteil)**		
	Rentenversicherung	3,60 % • 532 €	19,15 €
=	**Nettolohn (= Auszahlungsbetrag)**		**512,85 €**

b)

Rentenversicherung	15,00 % • 532 €	79,80 €
Krankenversicherung	13,00 % • 532 €	69,16 €
Lohnsteuer	2,00 % • 532 €	10,64 €
Umlage U1	1,10 % • 532 €	5,85 €
Umlage U2	0,24 % • 532 €	1,28 €
Insolvenzgeldumlage	0,06 % • 532 €	0,32 €
		167,05 €

c)

SOLL		Betrag in €	HABEN		Aufwand	Ertrag
Konto-Bezeichnung	Konto-Nr. SKR 03 (SKR 04)		Konto-Bezeichnung	Konto-Nr. SKR 03 (SKR 04)		
Löhne für Minijobs	4195 (6035)	532,00	Lohn-/Gehalts-verr.	1755 (3790)	+	
Lohn-/Gehalts-verr.	1755 (3790)	19,15	Verb. soziale Sich.	1742 (3740)		
Lohn-/Gehalts-verr.	1755 (3790)	512,85	Bank	1200 (1800)		
Pauschale Steuer für Minijobber	4194 (6036)	10,64	Bank	1200 (1800)	+	
Soziale Abgaben für Minijobber	4144 (6171)	175,56	Bank	1200 (1800)	+	

Erläuterungen

Bei den ersten drei Buchungssätzen könnte alternativ ohne das Lohn- und Gehaltsverrechnungskonto und stattdessen als zusammengesetzter Buchungssatz gebucht werden (einfach das Konto 1755 (3790) weglassen).

Berechnung der sozialen Abgaben

	pauschale Abgaben Arbeitgeber	167,05 €
-	pauschale Lohnsteuer	10,64 €
=	pauschale soziale Abgaben Arbeitgeber	156,41 €
+	Rentenversicherungsbeitrag Arbeitnehmer	19,15 €
=	Soziale Abgaben für Minijobber	**175,56 €**

Lösung zu Lernjob 3

Der Praktikant ist ein sogenannter „Geringverdiener", da die Entlohnung die Grenze von 325 € pro Monat nicht übersteigt. Somit zahlt der Arbeitgeber die Beiträge zur Sozialversicherung allein. In dieser Höhe fällt zudem keine Lohnsteuer an. In diesem Fall gilt: Bruttolohn = Nettolohn.

Berechnung der Arbeitgeber-Beiträge zur Sozialversicherung

Krankenversicherung	16,3 % • 300 €	48,90 €
Pflegeversicherung	3,4 % • 300 €	10,20 €
Rentenversicherung	18,6 % • 300 €	55,80 €
Arbeitslosenversicherung	2,6 % • 300 €	7,80 €
		122,70 €

Lösung zu Lernjob 4

a) In diesem Fall bietet sich die Anstellung im Rahmen einer sogenannten „kurzfristigen Beschäftigung" an, da Herr Kugel von vorneherein nur für drei Monate und maximal 70 Arbeitstage eingestellt wird und er diese Tätigkeit nicht berufsmäßig ausübt.

INFO

Die kurzfristige Beschäftigung ist sozialversicherungsfrei, auch wenn sie neben einer versicherungspflichtigen Hauptbeschäftigung ausgeübt wird (die Umlagen U1, U2 und die Insolvenzgeldumlage müssen vom Arbeitgeber dennoch abgeführt werden).

b) Für die Erfassung von kurzfristigen Beschäftigungen in der Buchhaltung werden die folgenden Konten genutzt:

Aushilfslöhne	4190 (6030)	
Pauschale Steuer für Aushilfen	4199 (6040)	[falls die Pauschalbesteuerung gewählt wird]

c) Die Besteuerung der kurzfristigen Beschäftigung kann entweder regulär nach den Lohnsteuerabzugsmerkmalen des Arbeitnehmers oder pauschal nach § 40a EStG erfolgen.

Die Pauschalbesteuerung mit 25 % des Bruttolohns, 5, 6 oder 7 % pauschaler Kirchensteuer (je nach Bundesland) und 5,5 % Solidaritätszuschlag ist nur zulässig, wenn die Beschäftigung nur gelegentlich erfolgt, die Beschäftigungsdauer maximal 18 zusammenhängende Arbeitstage, der Arbeitslohn maximal 150 € je Arbeitstag und der durchschnittliche Stundenlohn maximal 19 € beträgt.

Ergänzende Übungsaufgaben

Lösung zu Übungsaufgabe 1

► Rentenversicherung	15,00 % • 504 €	75,60 €
► Krankenversicherung	13,00 % • 504 €	65,52 €
► Lohnsteuer	2,00 % • 504 €	10,08 €
► Umlage U1	1,10 % • 504 €	5,54 €
► Umlage U2	0,24 % • 504 €	1,21 €
► Insolvenzgeldumlage	0,06 % • 504 €	0,30 €
		158,25 €

Lösung zu Übungsaufgabe 2

SOLL		Betrag in €	HABEN		Aufwand	Ertrag
Konto-Bezeichnung	Konto-Nr. SKR 03 (SKR 04)		Konto-Bezeichnung	Konto-Nr. SKR 03 (SKR 04)		
Löhne für Minijobs	4195 (6035)	504,00	Bank	1200 (1800)	+	
Pausch. St. f. Minij.	4194 (6036)	10,08	Bank	1200 (1800)	+	
Soz. Abg. f. Minij.	4144 (6171)	148,17	Bank	1200 (1800)	+	

Berechnung der sozialen Abgaben

	Pauschale Abgaben Arbeitgeber	158,25 €
-	pauschale Lohnsteuer	10,08 €
=	Soziale Abgaben für Minijobber	**148,17 €**

Lösung zu Übungsaufgabe 3

► Rentenversicherung	15,00 % • 480 €	72,00 €
► Lohnsteuer	2,00 % • 480 €	9,60 €
► Umlage U1	1,10 % • 480 €	5,28 €
► Umlage U2	0,24 % • 480 €	1,15 €
► Insolvenzgeldumlage	0,06 % • 480 €	0,29 €
		88,32 €

Lösung zu Übungsaufgabe 4

SOLL		Betrag in €	HABEN		Auf-wand	Er-trag
Konto-Bezeichnung	Konto-Nr. SKR 03 (SKR 04)		Konto-Bezeichnung	Konto-Nr. SKR 03 (SKR 04)		
Löhne für Minijobs	4195 (6035)	480,00	Bank	1200 (1800)	+	
Pausch. St. f. Minij.	4194 (6036)	9,60	Bank	1200 (1800)	+	
Soz. Abg. f. Minij.	4144 (6171)	78,72	Bank	1200 (1800)	+	

Berechnung der sozialen Abgaben

	Pauschale Abgaben Arbeitgeber	88,32 €
-	pauschale Lohnsteuer	9,60 €
=	Soziale Abgaben für Minijobber	**78,72 €**

Lösung zu Übungsaufgabe 5

1. Es handelt sich um einen Minijob, da die regelmäßige durchschnittliche Arbeitsentgeltgrenze von 538 € pro Monat nicht überschritten wird.
2. Es handelt sich um eine kurzfristige Beschäftigung, da die Schülerin dort nur 6 Wochen und nur 32 Tage arbeitet (Grenze: maximal 3 Monate oder 70 Tage). Bei Schülern ist außerdem eine Berufsmäßigkeit generell nicht anzunehmen.
3. Der Praktikant ist ein sog. „Geringverdiener", weil er weniger als 325 € in dem Monat verdient. Der Rechtsanwalt trägt deswegen die Sozialversicherungsbeiträge allein.
4. Es handelt sich hierbei um keine besondere Beschäftigungsform. Für eine kurzfristige Beschäftigung arbeitet Frau Ingridson an zu vielen Tagen (74 anstatt max. 70) und für einen Minijob verdient sie im Durchschnitt zu viel (74 Tage • 3 Stunden • 15 € = 3.330 € : 3 Monate = 1.110 €).
5. Es handelt sich bei beiden Jobs um einen Minijob. Da Frau Genovese mehrere geringfügige Beschäftigungen nebeneinander ausübt, müssen die beiden Jobs zusammengerechnet werden. Zusammengerechnet überschreitet sie die Minijob-Grenze von 538 € nicht:

Beschäftigung beim Versicherungsunternehmen:18 Stunden • 13,50 € =	243,00 €
Beschäftigung bei der Immobilienverwaltung:20 Stunden • 14,00 € =	280,00 €
	523,00 €

6. Herr Pfalters Nebentätigkeiten sind unterschiedlich zu behandeln, da er neben seiner Hauptbeschäftigung als Lehrer nur einen Minijob (bis max. 538 € pro Monat) versicherungsfrei ausüben darf. Eine Nebentätigkeit darf also als Minijob behandelt werden und ist dann, solange er die 538 € pro Monat durchschnittlich nicht überschreitet, versicherungsfrei. Der andere Nebenjob ist mit der Hauptbeschäftigung zusammenzurechnen und versicherungspflichtig in der Kranken-, Pflege- und Rentenversicherung.

H. Reisekosten

Lösung zu Lernjob 1

Reisekosten sind Aufwendungen, die im Zusammenhang mit **betrieblich veranlassten** Auswärtstätigkeiten des Unternehmers oder Arbeitnehmers anfallen.

Als **betrieblich veranlasst** gilt eine Auswärtstätigkeit, wenn der Unternehmer oder Arbeitnehmer **vorübergehend** aus betrieblichen Gründen auswärtig tätig wird, das heißt außerhalb seiner **Wohnung** und außerhalb seiner **ersten Tätigkeitsstätte** (Arbeitnehmer) bzw. außerhalb des **Mittelpunktes** seiner **dauerhaft angelegten** betrieblichen Tätigkeit (Unternehmer).

Als Reisekosten können die folgenden Aufwandsarten anfallen (vgl. R 9.4 Abs. 1 LStR):

1. **Fahrtkosten**
2. **Verpflegungsmehraufwendungen**
3. **Übernachtungskosten**
4. **Reisenebenkosten**

Fahrtkosten sind Aufwendungen, die durch Fahrten anlässlich betrieblich veranlasster Auswärtstätigkeiten entstehen. Sie können vom Unternehmer **abgesetzt** und dem Arbeitnehmer **steuerfrei** ersetzt werden. Es können entweder **tatsächliche** Kosten (Fahrkarten öffentlicher Verkehrsmittel, Benzinbelege, Rechnungen von Mietfahrzeugen o. ä.) oder **pauschale** Fahrtkosten mithilfe der Kilometerpauschale (0,30 € pro gefahrenem Kilometer bei Pkws) angesetzt und steuerfrei erstattet werden.

Bei einem Nachweis durch **Einzelbelege** ist ein Vorsteuerabzug grundsätzlich möglich (Voraussetzungen des § 15 UStG). Bei den pauschal ermittelten Reisekosten ist ein Vorsteuerabzug nicht möglich.

Für die Verpflegung während einer Auswärtstätigkeit sind die Pauschalen für **Verpflegungsmehraufwendungen** gem. § 9 Abs. 4a EStG steuerlich abzugsfähig. Nach der Rechtslage 2024 sind das die folgenden Pauschalen:

Abwesenheit pro Kalendertag		Verpflegungspauschale
eintägige Abwesenheit	bis zu 8 Stunden	**0 €**
	länger als 8 Stunden	**14 €**
mehrtägige Abwesenheit mit Übernachtung	Anreisetag	**14 €**
	Abreisetag	**14 €**
24 Stunden Abwesenheit		**28 €**

INFO

Mehrere Auswärtstätigkeiten an einem Tag dürfen für die Abwesenheitszeiten zusammengerechnet werden (vgl. BMF-Schreiben vom 24.10.2014, Rz. 46).

Erstreckt sich die Auswärtstätigkeit über zwei Tage ohne Übernachtung (z. B. von 20 Uhr an Tag 1 bis 5 Uhr an Tag 2), werden die Abwesenheitszeiten beider Tage zusammengerechnet. Die Verpflegungspauschale von 14 € wird dann für den Tag gewährt, an dem der Unternehmer oder Arbeitnehmer länger abwesend war (im vorherigen Beispiel wäre das Tag 2 mit 5 Stunden). (Vgl. § 9 Abs. 4a EStG)

Aufwendungen, die die Pauschalen übersteigen, sind, trotz ordnungsgemäßem Nachweis, **nicht abzugsfähige** Betriebsausgaben (handelsrechtlich abziehbar, steuerrechtlich nicht abziehbar) und in der Buchführung auf **gesonderten** Konten zu erfassen. Vorsteuerbeträge aus Bewirtungsbelegen sind unabhängig davon gem. § 15 UStG **abziehbar**.

Übernachtungskosten, die durch eine betrieblich veranlasste Übernachtung entstehen, stellen abziehbare Aufwendungen dar und können dem Arbeitnehmer **steuerfrei** erstattet werden.

Kosten für ein **Frühstück** sind aus der Rechnung herauszurechnen, weil dies nicht abzugsfähige Verpflegungsmehraufwendungen sind. Ist der Wert des **Frühstücks** nicht gesondert aufgelistet, werden pauschal **5,60** € abgezogen (vgl. BMF-Schreiben vom 24.10.2014, Rz. 113).

Ein Vorsteuerabzug ist gem. § 15 UStG zulässig, wenn Belege vorliegen, die auf den **Unternehmer**/das **Unternehmen** lauten.

Als **Reisenebenkosten** gelten Aufwendungen, die durch eine betrieblich veranlasste Auswärtstätigkeit anfallen und keine Fahrtkosten, Verpflegungskosten oder Übernachtungskosten sind. Sie sind in allen Bereichen **unbeschränkt** abzugsfähig. Dazu zählen zum Beispiel **Parkplatzgebühren, Messeeintrittsgelder, Aufwendungen für Gepäck (Beförderung, Aufbewahrung, Versicherung) und Kosten für Telefonate oder Schriftverkehr.**

Lösung zu Lernjob 2

Leena Walters

- **Verpflegungskosten** = 14 €, da eintägige Abwesenheit länger als 8 Stunden
- **Fahrtkosten mit dem Zug**

  63 € brutto : 1,07 = 58,88 € netto → 4,12 € USt

SOLL		Betrag in €	HABEN		Auf-wand	Er-trag
Konto-Bezeichnung	Konto-Nr. SKR 03 (SKR 04)		Konto-Bezeichnung	Konto-Nr. SKR 03 (SKR 04)		
Reisekosten Arbeitnehmer Verpflegung	4664 (6664)	14,00	Bank	1200 (1800)	+	
Reisekosten Arbeitnehmer Fahrtkosten	4663 (6663)	58,88	Bank	1200 (1800)	+	
Abz. Vorsteuer 7 %	1571 (1401)	4,12	Bank	1200 (1800)		

Zacharias Inkhern

- **Verpflegungskosten** = 0 €, da eintägige Abwesenheit kürzer als 8 Stunden
- **Fahrtkosten mit dem privaten Pkw**

  120 km • 0,30 € = 36,00 €

SOLL		Betrag in €	HABEN		Auf-wand	Er-trag
Konto-Bezeichnung	Konto-Nr. SKR 03 (SKR 04)		Konto-Bezeichnung	Konto-Nr. SKR 03 (SKR 04)		
Kilometergeld-erstattung Arbeitnehmer	4668 (6668)	36,00	Bank	1200 (1800)	+	

Marcella Müller

► **Verpflegungskosten**

Abziehbare Pauschbeträge:	Anreisetag	14,00 €
	Abreisetag	14,00 €
		28,00 €

► **Fahrtkosten durch Mietfahrzeug**

240 € brutto : 1,19 = 201,68 € netto -> 38,32 € USt

► **Übernachtungskosten**

	Hotelrechnung, brutto	69,55 €
-	Umsatzsteuer (7 %)	4,55 €
=	Hotelrechnung, netto	65,00 €

SOLL		Betrag in €	HABEN		Auf-wand	Er-trag
Konto-Bezeichnung	Konto-Nr. SKR 03 (SKR 04)		Konto-Bezeichnung	Konto-Nr. SKR 03 (SKR 04)		
Reiseko. Arbeitn. Verpfl.mehraufw.	4664 (6664)	28,00	Bank	1200 (1800)	+	
Reiseko. Arbeitn. Fahrtkosten	4663 (6663)	201,68	Bank	1200 (1800)	+	
Abz. Vorsteuer 19 %	1576 (1406)	38,32	Bank	1200 (1800)		
Reisekosten Arbeit-nehmer Übernach-tungsaufwand	4666 (6660)	65,00	Bank	1200 (1800)	+	
Abz. Vorsteuer 7 %	1571 (1401)	4,55	Bank	1200 (1800)		

Lösung zu Lernjob 3

► **Verpflegungskosten**

Nur in Höhe der Pauschbeträge gem. § 9 Abs. 4a EStG abziehbar; übersteigende Aufwendungen sind nicht abzugsfähige Betriebsausgaben (§ 4 Abs. 5 Nr. 5 EStG).

Abziehbare Pauschbeträge:		Anreisetag	14,00 €
		24 Stunden Abwesenheit	28,00 €
		Abreisetag	14,00 €
			56,00 €
Nicht abziehbare Verpflegungsaufwendungen:		160,00 € : 1,19 =	134,45 €
	-	davon abziehbar (s. o.)	56,00 €
	=	nicht abziehbar	**78,45 €**
Die Vorsteuerbeträge aus den ordnungsgemäßen Verpflegungsbelegen sind abziehbar (weil unternehmerisch veranlasst):		160,00 € : 1,19 • 0,19 =	**25,55 €**

- **Fahrtkosten mit dem privaten Pkw**

276 km • 0,30 € = **82,80 €**

- **Übernachtungskosten**

	Hotelrechnung, brutto	189,39 €
-	Umsatzsteuer (7 %)	12,39 €
=	Hotelrechnung, netto	177,00 €
-	Frühstück (2 • 5,60 € pauschal)	11,20 €
=	Übernachtungskosten	**165,80 €**

SOLL			HABEN			
Konto-Bezeichnung	**Konto-Nr. SKR 03 (SKR 04)**	**Betrag in €**	**Konto-Bezeichnung**	**Konto-Nr. SKR 03 (SKR 04)**	**Auf-wand**	**Er-trag**
Reiseko. Untern. Verpflegung	4664 (6664)	56,00	Bank	1200 (1800)	+	
Abz. Vorsteuer 19 %	1576 (1406)	25,55	Bank	1200 (1800)		
Reisekosten Unternehmer (nicht abziehbarer Anteil)	4672 (6672)	78,45	Bank	1200 (1800)	+	
Reiseko. Untern. Fahrtkosten	4673 (6673)	82,80	Bank	1200 (1800)	+	
Reiseko. Untern. Übernachtung	4676 (6680)	165,80	Bank	1200 (1800)	+	
Abz. Vorsteuer 7 %	1571 (1401)	12,39	Bank	1200 (1800)		
Reiseko. Untern. (nicht abz. Anteil)	4672 (6672)	11,20	Bank	1200 (1800)	+	

Ergänzende Übungsaufgaben

Lösung zu Übungsaufgabe 1

- **Fahrtkosten mit dem öffentlichen Nahverkehr**

11,77 € brutto : 1,07 = 11,00 € netto und 0,77 € USt

- **Verpflegungskosten**

Abziehbare Pauschbeträge: eintägige Abwesenheit länger als 8 Stunden = 14,00 €

SOLL		Betrag in €	HABEN		Auf-wand	Er-trag
Konto-Bezeichnung	Konto-Nr. SKR 03 (SKR 04)		Konto-Bezeichnung	Konto-Nr. SKR 03 (SKR 04)		
Reiseko. Arbeitn. Fahrtkosten	4663 (6663)	11,00	Kasse	1000 (1600)	+	
Abz. Vorsteuer 7 %	1571 (1401)	0,77	Kasse	1000 (1600)		
Reiseko. Arbeitn. Verpflegung	4664 (6664)	14,00	Kasse	1000 (1600)	+	

Lösung zu Übungsaufgabe 2

- **Fahrtkosten mit dem privaten Pkw**

360 km • 0,30 € = **108,00 €**

- **Übernachtungskosten**

	Hotelrechnung, brutto	128,40 €
-	Umsatzsteuer (7 %)	8,40 €
=	Hotelrechnung, netto	120,00 €
-	Frühstück, pauschale Kürzung	5,60 €
=	Übernachtungsaufwendungen	**114,40 €**

- **Verpflegungskosten**

	Anreisetag	14,00 €
+	Abreisetag	14,00 €
=	abziehbare Pauschbeträge	**28,00 €**
-	Frühstück, pauschal	5,60 €
=	Auszahlung an Arbeitnehmer	**22,40 €**

SOLL		Betrag in €	HABEN		Auf-wand	Er-trag
Konto-Bezeichnung	Konto-Nr. SKR 03 (SKR 04)		Konto-Bezeichnung	Konto-Nr. SKR 03 (SKR 04)		
Km.gelderst. AN	4668 (6668)	108,00	Bank	1200 (1800)	+	
Reiseko. Arbeitn. Übernachtung	4666 (6660)	114,40	Bank	1200 (1800)	+	
Reiseko. Arbeitn. Verpflegung	4664 (6664)	5,60	Bank	1200 (1800)	+	
Abz. Vorsteuer 7 %	1571 (1401)	8,40	Bank	1200 (1800)		
Reiseko. Arbeitn. Verpflegung	4664 (6664)	22,40	Bank	1200 (1800)	+	

Lösung zu Übungsaufgabe 3

- **Fahrtkosten mit dem privaten Pkw**

  150 km • 2 • 0,30 € = **90,00 €**

- **Übernachtungskosten**

	Hotelrechnung, brutto	235,40 €
-	Umsatzsteuer (7 %)	15,40 €
=	Hotelrechnung, netto	**220,00 €**

(voll abziehbar, da kein Frühstück enthalten ist)

- **Verpflegungskosten**

Nur in Höhe der Pauschbeträge gem. § 9 Abs. 4a EStG abziehbar; übersteigende Aufwendungen sind nichtabzugsfähige Betriebsausgaben (§ 4 Abs. 5 Nr. 5 EStG).

Abziehbare Pauschbeträge:

Anreisetag	14,00 €
24 Stunden Abwesenheit	28,00 €
Abreisetag	14,00 €
	56,00 €

Nicht abziehbare Verpflegungsaufwendungen:

	183,26 € : 1,19 =	154,00 €
-	davon abziehbar (s. o.)	56,00 €
=	nicht abziehbar	**98,00 €**

Die Vorsteuerbeträge aus den ordnungsgemäßen Verpflegungsbelegen sind abziehbar (weil unternehmerisch veranlasst): 183,26 € : 1,19 • 0,19 = **29,26 €**

SOLL		Betrag in €	HABEN		Aufwand	Ertrag
Konto-Bezeichnung	Konto-Nr. SKR 03 (SKR 04)		Konto-Bezeichnung	Konto-Nr. SKR 03 (SKR 04)		
Reiseko. Untern. Fahrtkosten	4673 (6673)	90,00	Privateinlage	1890 (2180)	+	
Reiseko. Untern. Übernachtung	4676 (6680)	220,00	Bank	1200 (1800)	+	
Abz. Vorsteuer 7 %	1571 (1401)	15,40	Bank	1200 (1800)		
Reiseko. Untern. Verpflegung	4674 (6674)	56,00	Kasse	1000 (1600)	+	
Reiseko. Untern. (nicht abz. Anteil)	4672 (6672)	98,00	Kasse	1000 (1600)	+	
Abz. Vorsteuer 19 %	1576 (1406)	29,26	Kasse	1000 (1600)		

Lernfeld 6: Grenzüberschreitende Sachverhalte und Sonderfälle umsatzsteuerrechtlich bearbeiten und erfassen

A. Territoriale Abgrenzungen

Lösung zu Lernjob 1

Gesetzesgrundlage: § 1 Abs. 1 Nr. 1 UStG

Lösung zu Lernjob 2

a) in § 1 Abs. 2 Satz 1 UStG

b) Führen Sie drei Gebiete auf, die das Umsatzsteuerrecht vom Inland ausnimmt:

   wahlweise:

   1. Gemeinde Büsingen
   2. Insel Helgoland
   3. Freihäfen in Bremerhaven und Cuxhaven
   4. 12-Seemeilengebiet zwischen Strandlinie und Hoheitsgrenze
   5. deutsche Schiffe und Luftfahrzeuge, die zu keinem Zollgebiet gehören

c) Wozu gehören diese aufgezählten Gebiete?

   ☐ zum übrigen Gemeinschaftsgebiet ☒ zum Drittlandsgebiet

Lösung zu Lernjob 3

Ausland ist das Gebiet, welches nicht Inland ist.
Gesetzesgrundlage: § 1 Abs. 2 Satz 2 UStG

Lösung zu Lernjob 4

Gemeinschaftsgebiet umfasst das Inland und die übrigen Mitgliedstaaten der Europäischen Union (= übriges Gemeinschaftsgebiet).

Grenzen Sie „Ausland“ und „übriges Gemeinschaftsgebiet“ voneinander ab:

Ausland = übriges Gemeinschaftsgebiet + Drittland

Gesetzesgrundlage: § 1 Abs. 2a UStG

Lösung zu Lernjob 5

27 Staaten

Lösung zu Lernjob 6

Bulgarien
Dänemark
Polen
Rumänien
Schweden
Tschechien
Ungarn

Lösung zu Lernjob 7

z. B.: Norwegen, Vereinigtes Königreich, Schweiz, Liechtenstein, Island

Lösung zu Übungsaufgabe 1

Ort/Gebiet	Inland	Gemeinschafts-gebiet	Drittland
Berlin	X	X	
Insel Helgoland			X
Insel Norderney	X	X	
Insel Madeira		X	
Kanarische Inseln			X
Autofähre zwischen Bonn und Königs-winter	X	X	
Sylt	X	X	
Oslo			X
Genf			X
Wien		X	
Paris		X	
London			X
New York			X
Reykjavik			X
Flugzeug der Lufthansa, unterwegs auf der Strecke Berlin - München	X	X	

B. Grenzüberschreitender Warenverkehr mit dem Drittlandsgebiet

Lernsituation 1

Lösung zu Lernjob 1

Es liegt eine **Lieferung** vor, da die Firma „Schneider e. K." der Fa. „Haakon AS" die Verfügungsmacht über die Ersatzteile verschafft.

Bei der Fa. „Schneider e. K." handelt es sich um **einen Unternehmer**.

Die Fa. „Schneider e. K." verkauft **im Rahmen ihres Unternehmens**.

Es liegt ein **Entgelt** vor (Verkauf).

Es liegt eine **Beförderungslieferung** vor.

Ort der Lieferung ist dort, wo die Beförderung beginnt. Also in **Hamburg**.

Demnach liegt **eine steuerbare Lieferung für die Fa. „Schneider e. K."** vor.

Gesetzesgrundlagen: § 1 Abs. 1 Nr. 1 UStG, § 2 UStG, § 3 Abs. 1 und Abs. 6 UStG, § 10 UStG

Lösung zu Lernjob 2

Norwegen ist nicht EU-Mitgliedstaat, daher erfolgt die Lieferung in das Drittlandsgebiet.

Lösung zu Lernjob 3

Da die Firma „Schneider e. K." die Gegenstände in ein Drittlandsgebiet befördert, liegt eine steuerfreie Ausfuhrlieferung vor.

Gesetzesgrundlage(n): § 4 Nr. 1 Buchst. a) i. V. m. § 6 Abs. 1 Satz 1 Nr. 1 UStG

Lösung zu Lernjob 4

Auch bei einer Versendungslieferung in ein Drittland läge eine steuerbare und steuerfreie Ausfuhrlieferung vor.

Gesetzesgrundlage(n):
§ 1 Abs. 1 Nr. 1 UStG, § 3 Abs. 6 UStG, § 4 Nr. 1 Buchst. a) i. V. m. § 6 Abs. 1 Satz 1 Nr. 1 UStG

Lösung zu Lernjob 5

Bei der Fa. „Harkon AS" handelt es sich um einen ausländischen Abnehmer, da der Sitz der Firma sich im Drittlandsgebiet befindet. Auch in diesem Fall läge eine steuerbare und steuerfreie Ausfuhrlieferung vor.

Gesetzesgrundlage(n): § 4 Nr. 1 Buchst. a) i. V. m. § 6 Abs. 1 Satz 1 Nr. 2 und Abs. 2 Satz 1 Nr. 1 UStG

Lösung zu Lernjob 6

1. Für die Fa. „Schneider e. K." liegt eine steuerfreie Ausfuhrlieferung vor. Insofern ist keine USt in Rechnung zu stellen.
2. Die Fa. „Schneider e. K." weist nur den Rechnungsbetrag über netto 10.000 € in ihrer Rechnung aus und weist auf die Steuerfreiheit der Lieferung hin.
3. Gesetzesgrundlage: § 14 Abs. 4 Nr. 8 UStG

Lösung zu Lernjob 7

Die Fa. „Schneider e. K." muss konkret nachweisen, dass der Gegenstand in das Ausland gelangt ist. Man spricht von dem Ausfuhrnachweis (sog. Buch- und Belegnachweis).

Gesetzesgrundlage(n): § 6 Abs. 4 UStG, §§ 8 bis 10 UStDV

Lösung zu Lernjob 8

Ein Vorsteuerabzug ist trotz der Steuerbefreiung der Ausfuhrlieferungen möglich.

Gesetzesgrundlage(n): § 15 Abs. 2 Satz 1 Nr. 1 i. V. m. Abs. 3 Nr. 1 Buchst. a) UStG

Lernsituation 2

Lösung zu Lernjob 1

	chin. Lieferant Fa. Succuu: **Lieferkondition „unverzollt und unversteuert"**	chin. Lieferant Fa. Zhen: **Lieferkondition „verzollt und versteuert"**
	Sichtweise der Fa. Schneider e. K.	**Sichtweise der Fa. Zhen**
Umsatzart mit Begründung **Ort des Umsatzes / steuerbarer Umsatz? Gesetzl. Grundlagen**	**Einfuhr von Gegenständen in das Inland** **Inland** **Ja** **§ 1 Abs. 1 Nr. 4 UStG**	**Lieferung (Versendung) von Gegenständen aus dem Drittlandsgebiet in das Inland. Der Lieferer (die Fa. Zhen) ist Schuldner der Einfuhrumsatzsteuer.** **Inland** **Ja** **§ 3 Abs. 8 i. V. m. § 1 Abs. 1 Nr. 1 UStG**
Steuerpflicht (Ja/nein)	**ja**	**ja**
Ausweis von deutscher Umsatzsteuer durch den chin. Verkäufer?	**Fa. Succuu weist keine deutsche Umsatzsteuer in ihrer Rechnung aus, da die Fa. „Schneider e. K." die Zollformalitäten zu erledigen hat und damit auch Schuldner der Einfuhrumsatzsteuer ist.**	**Fa. Zhen bewirkt eine im Inland steuerbare Lieferung. Zhen muss daher in ihrer Rechnung die deutsche Umsatzsteuer (und keine EUSt) ausweisen.**

	chin. Lieferant Fa. Succuu: **Lieferkondition „unverzollt und unversteuert“**	chin. Lieferant Fa. Zhen: **Lieferkondition „verzollt und versteuert“**
	Sichtweise der Fa. Schneider e. K.	**Sichtweise der Fa. Zhen**
Vorsteuerabzug bei der Fa. „Schneider e. K.“ und Gesetzesgrundlage	**Fa. „Schneider e. K.“ kann die von ihr entrichtete Einfuhrumsatzsteuer als Vorsteuer abziehen. § 15 Abs. 1 Satz 1 Nr. 2 UStG**	**Fa. „Schneider e. K.“ kann die ihr von der Fa. Zehn in Rechnung gestellte Umsatzsteuer als Vorsteuer abziehen. § 15 Abs. 1 Satz 1 Nr. 1 UStG**

Lösung zu Lernjob 2

Da die Vase nicht für das Unternehmen der Fa. „Schneider e. K.“ eingeführt wurde, ist kein Vorsteuerabzug möglich.

Gesetzesgrundlage: § 15 Abs. 1 Satz 1 Nr. 2 UStG

Lösung zu Lernjob 3

Bemessungsgrundlage ist der Wert des eingeführten Gegenstandes einschließlich Beförderungskosten bis zur Grenze und aller Einfuhrabgaben, die im Ausland geschuldet sind.

Gesetzesgrundlage: § 11 Abs. 1 und Abs. 3 UStG

Ergänzende Übungsaufgaben

Lösung zu Übungsaufgabe 1

1.

Sachverhalt	Lösung: a, b oder c?
U ist Facharzt für Allgemeinmedizin. Im vergangenen Quartal erzielte er Umsätze i. H. v. 125.873 €.	a
U verkaufte im letzten Monat Industrieanlagen i. H. v. 632.000 € in das Vereinigte Königreich.	c
U vermietet das Erdgeschoss seines Mehrfamilienhauses an einen Gastronomen zu einer Monatsmiete von 3.800 €.	b

2. **Einfuhr:**

   Der in Deutschland ansässige Unternehmer U erwirbt Ware aus dem Drittland. Diese wird unverzollt und unversteuert geliefert.

   Ausfuhrlieferung:

   Der in Deutschland ansässige Unternehmer U liefert (Beförderung oder Versendung) Ware in ein Drittland.

3. a) Es gelangt ein Gegenstand vom Drittland in das Inland. Demnach liegt eine steuerbare Einfuhr vor (auch wenn Pothaas kein Unternehmer ist).

   b) Die Bemessungsgrundlage bestimmt sich nach dem Wert des eingeführten Gegenstandes. Hier also 5.800 €.

Lösung zu Übungsaufgabe 2

1. Es handelt sich um eine steuerfreie Ausfuhrlieferungen, da der Unternehmer Markus Shroth Gegenstände in das Drittland versendet hat.
2. Es handelt sich um **keine** steuerfreie Ausfuhrlieferungen (sondern um eine i. g. Lieferung), da der Unternehmer Markus Shroth Gegenstände in ein EU-Land versendet hat.
3. Es handelt sich um eine steuerfreie Ausfuhrlieferung, da die Fa. Ekte Mat als Abnehmerin die Gegenstände in das Drittland (Norwegen) versendet hat und es sich bei Ekte Mat um einen ausländischen Abnehmer handelt.
4. Es handelt sich um eine steuerfreie Ausfuhrlieferungen, da der Unternehmer Markus Shroth Gegenstände in das Drittland versendet hat. Es spielt keine Rolle, ob es sich bei den Empfängern der Ware um Unternehmer oder Privatpersonen handelt.

Lösung zu Übungsaufgabe 3

1. Für die **Schreinerei aus Basel** handelt es sich um eine steuerbare Lieferung gem. § 3 Abs. 8 UStG:

   Die Gegenstände (Ladenregale) gelangen aus dem Drittlandsgebiet in das Inland. Es handelt sich aus Sicht der schweiz. Schreinerei um eine steuerbare Beförderungslieferung nach Deutschland. Die Schreinerei ist aufgrund der vereinbarten Lieferkondition „verzollt und versteuert“ Schuldnerin der Einfuhrumsatzsteuer in Deutschland.
2. Für den **Bio-Müsli Hersteller aus Norderstedt (D), Markus Schroth** liegt eine steuerbare Einfuhr vor:

   Er erwirbt Gegenstände aus dem Drittland und ist aufgrund der vereinbarten Lieferkondition „unverzollt und unversteuert“ Schuldner der Einfuhrumsatzsteuer.
3. Für die **Schreinerei aus Basel** handelt es sich um eine steuerbare Lieferung gem. § 3 Abs. 8 UStG:

   Die Gegenstände (Ladenregale) gelangen aus dem Drittlandsgebiet in das Inland. Es handelt sich für die **Schreinerei aus Basel** um eine steuerbare Beförderungslieferung nach Deutschland. Aufgrund der vereinbarten Lieferkondition „verzollt und versteuert“ ist die Schreinerei Schuldnerin der Einfuhrumsatzsteuer.

Lösung zu Übungsaufgabe 4

1.

Art der Leistung	Lieferung
Ort der Leistung mit gesetzlicher Grundlage	Inland (D) § 3 Abs. 8 UStG
Steuerbarkeit (ja/nein) mit gesetzlicher Grundlage	Ja § 1 Abs. 1 Nr. 1 UStG
Steuerpflicht (ja/nein) Steuerschuldner mit gesetzlicher Grundlage	Ja Simron Shangh § 13 Abs. 1 Nr. 1 UStG

2.

Art der Leistung	Einfuhr
Ort der Leistung mit gesetzlicher Grundlage	Inland § 1 Abs. 1 Nr. 4 UStG
Steuerbarkeit (ja/nein) mit gesetzlicher Grundlage	Ja § 1 Abs. 1 Nr. 4 UStG
Steuerpflicht (ja/nein) Steuerschuldner mit gesetzlicher Grundlage	Ja Martin Götz § 21 Abs. 4 Satz 4 UStG

Lösung zu Übungsaufgabe 5

1.

Art der Leistung	Lieferung
Ort der Leistung mit gesetzlicher Grundlage	Inland (D) § 3 Abs. 8 UStG
Steuerbarkeit (ja/nein) mit gesetzlicher Grundlage	Ja § 1 Abs. 1 Nr. 1 UStG
Steuerpflicht (ja/nein) Besteuerungsverfahren mit gesetzlicher Grundlage	Ja Regelbesteuerungsverfahren § 18 Abs. 1 UStG

2.

Art der Leistung	Lieferung[1] (Fernverkauf)
Ort der Leistung mit gesetzlicher Grundlage	Bamberg (Inland) § 3c Abs. 3 UStG
Steuerbarkeit (ja/nein) mit gesetzlicher Grundlage	Ja § 1 Abs. 1 Nr. 1 UStG
Steuerpflicht (ja/nein) Besteuerungsverfahren mit gesetzlicher Grundlage	ja Besonderes Besteuerungsverfahren (IOSS-Verfahren)[2] § 18k UStG

[1] Neben der steuerbaren und steuerpflichtigen Lieferung liegt zudem eine steuerbare Einfuhr vor, die gem. § 5 Abs. 1 Nr. 7 UStG steuerfrei ist.

[2] Bei dem IOSS-Verfahren (IOSS = Import-One-Stop-Shop) handelt es sich um eine Sonderregelung auf dem Gebiet der Umsatzsteuer und richtet sich an Unternehmer, die Umsätze aus dem Drittlandsgebiet in EU-Länder (= Fernverkäufe) mit einem Wert von max. 150 € je Sendung tätigen. Sämtliche Fernverkäufe gem. § 18k UStG müssen in einer besonderen Steuererklärung zentral auf elektronischem Weg einer einzigen Anlaufstelle in der EU übermittelt werden. Die Anlaufstelle kann die Fa. Shangh innerhalb der Mitgliedstaaten auswählen. Würde die deutsche Anlaufstelle gewählt, dann wäre zuständig das Bundeszentralamt für Steuern. Ferner sind die auf die Fernverkäufe entfallenden Umsatzsteuerbeträge der zentral gewählten Anlaufstelle zu übermitteln und werden von dort dann den einzelnen EU-Ländern, mit denen Fernverkäufe erbracht wurden, weitergeleitet.

Die Anwendung des § 18k UStG hat den Vorteil, dass sich der Unternehmer nicht in allen Mitgliedstaaten, in denen er Fernverkäufe von aus dem Drittlandsgebiet eingeführten Gegenständen mit einem Wert von bis 150 € erbringt, steuerlich erfassen lassen und dort seinen Melde- und Erklärungspflichten nachkommen muss, sondern in einer Meldung einer zentralen Anlaufstelle alle im Gemeinschaftsgebiet unter die Sonderregelung fallenden Umsätze erklären kann.

C. Warenverkehr mit dem Gemeinschaftsgebiet

Lernsituation 1

Lösung zu Lernjob 1

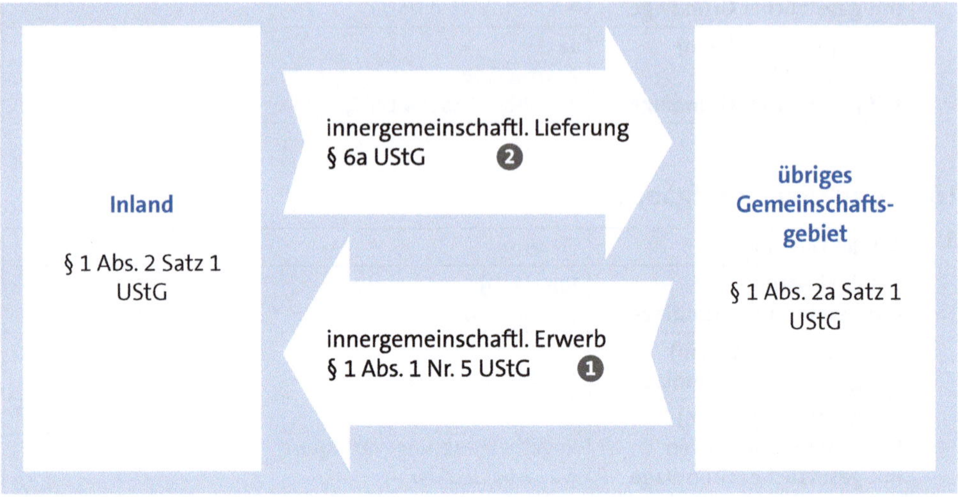

Lösung zu Lernjob 2

Umsatzart? **Gesetzliche Grundlage?**	**Lieferung, da es sich um Gegenstände handelt.** **§ 3 Abs. 1 UStG**
Ort des Umsatzes? **Gesetzliche Grundlage?**	**Münster, da Versendungslieferung** **§ 3 Abs. 6 Sätze 3 und 4 UStG**
Steuerbarkeit (ja/nein) **Gesetzliche Grundlage**	**ja** **§ 1 Abs. 1 Nr. 1 UStG**
Steuerpflicht/Steuerfreiheit? **Gesetzliche Grundlage**	**steuerfrei** **Es handelt sich um eine innergemeinschaftliche (ig.) Lieferung, die nach** **§ 4 Nr. 1 Buchst. b) i. V. m. § 6a UStG steuerfrei ist.**
Einhaltung bestimmter Formalitäten? **(§ 14 und § 14a UStG)**	**In der Rechnung ist ein Hinweis auf die zugrundeliegende Steuerfreiheit zu vermerken, § 14 Abs. 4 Nr. 8 UStG.** **Es sind die USt-ID-Nummern des Unternehmers und des Leistungsempfängers anzugeben, § 14a Abs. 3 UStG.**

Lösung zu Lernjob 3

1. Der Unternehmer oder der Abnehmer befördert den Gegenstand der Lieferung in das übrige Gemeinschaftsgebiet.
2. Der Abnehmer/Käufer erwirbt die Ware für sein Unternehmen; nicht für den privaten Gebrauch.

3. Der Abnehmer/Käufer ist ein Unternehmer oder eine juristische Person.
4. Der Abnehmer/Käufer unterliegt den Vorschriften der Umsatzbesteuerung in einem anderen Mitgliedsstaat (= Erwerbsbesteuerung).
5. Der Abnehmer/Käufer verwendet gegenüber dem Unternehmer eine gültige USt-ID Nummer von einem anderen Mitgliedsstaat.

Lösung zu Lernjob 4

Die „Möbel Recycle von Rosen GmbH" muss dem Bundeszentralamt für Steuern eine Meldung, die sog. **„Zusammenfassende Meldung"** (ZM), nach einem amtlich vorgeschriebenen Datensatz elektronisch übermitteln.

Diese Meldung hat das Unternehmen bis zum **25. Tag nach Ablauf des Kalendermonats**, in dem die ig. Warenlieferungen ausgeführt wurden, vorzunehmen. (= 25. März 202x)

Liegt die Summe der Bemessungsgrundlagen hierbei **unter 50.000 € kann die Meldung bis zum 25. Tag nach Ablauf des Kalendervierteljahres** erfolgen.

Zu melden hat der Unternehmer nach § 18a Abs. 7 Satz 1 Nr. 1 i. V. m. Abs. 6 Nr. 1 UStG neben seiner eigenen USt-IdNr., die **Umsatzsteuer-Identifikationsnummer des Erwerbers und die Summe der Bemessungsgrundlagen für jeden Erwerber**.

Lösung zu Lernjob 5

Umsatzart? **Gesetzl. Grundlage?**	**Innergemeinschaftlicher Erwerb** **§ 1a UStG**
Ort des Umsatzes? **Gesetzl. Grundlage?**	**Ort des ig. Erwerbs: Gebiet des Mitgliedsstaates, wo sich der Gegenstand am Ende der Beförderung/Versendung befindet. (=Bestimmungslandprinzip) = Münster.** **§ 3d Satz 1 UStG**
Steuerbarkeit (ja/nein) **Gesetzl. Grundlage**	**Ja** **§ 1 Abs. 1 Nr. 5 UStG**
Steuerpflicht/Steuerfreiheit? **Gesetzl. Grundlage**	**mangels Umsatzsteuerbefreiung steuerpflichtig** **entfällt**
Steuerschuldner? **Gesetzl. Grundlage**	**Der Erwerber, hier: Fa. „Möbel Recycle von Rosen GmbH"** **§ 13a Abs. 1 Nr. 2 UStG**
Bemessungsgrundlage mit Begründung **Gesetzl. Grundlage**	**Entgelt ist alles, was den Wert der Gegenleistung bildet, die der leistende Unternehmer vom Leistungsempfänger für die Leistung erhält. Hier: Kaufpreis (netto) und Fracht-/Verpackungspauschale = 7.320 €** **§ 10 Abs. 1 Satz 2ff UStG**
Vorsteuerabzug? **Gesetzl. Grundlage**	**Ja, für den Erwerber.** **§ 15 Abs. 1 Satz 1 Nr. 3 UStG**

Lernsituation 2

Lösung zu Lernjob 1

1 (in Nr. 1)	**Lieferung** nach § 3 Abs. 1 UStG
2 (in Nr. 1)	**aus dem Gebiet eines Mitgliedstaates**
3 (in Nr. 1)	**in das Inland** bzw. in eines der in § 1 Abs. 3 UStG genannten Gebiete
4 (in Nr. 3)	erfolgt durch **einen Unternehmer** oder einer juristischen Person **gegen Entgelt im Rahmen seines Unternehmens.**
5 (in Nr. 2)	**Erwerber ist ein Unternehmer**, der den **Gegenstand für sein Unternehmen** erwirbt.

Lösung zu Lernjob 2

Siehe die Voraussetzungen zur ig. Lieferung in Lernsituation 1, Lernjob 3.

Ein steuerbarer und steuerpflichtiger innergemeinschaftlicher (ig.) Erwerb in Deutschland setzt immer eine steuerbare und steuerfreie ig. Lieferung aus einem anderen Mitgliedstaat voraus.

Lösung zu Lernjob 3

1.

a)	**Unternehmer, die nur steuerfreie Umsätze ausführen, die den Vorsteuerabzug ausschließen.**
b)	**Kleinunternehmer nach § 19 UStG**
c)	**Land- und forstwirtschaftliche Unternehmer, die den Gegenstand zur Ausführung von Umsätzen verwenden, für die die Steuer nach Durchschnittssätzen festgelegt ist.**
d)	**Juristische Personen, die nicht Unternehmer sind und die den Gegenstand nicht für ihr Unternehmen erwerben.**

2. Schwellenerwerber oder Halbunternehmer
3. Die **Erwerbsschwelle** liegt bei **12.500 €**.
4. Die Lieferung aus einem Mitgliedsstaat an einen der Abnehmer nach § 1a Abs. 3 Nr. 1 UStG ist dann für den ausführenden Unternehmer keine ig. Lieferung, somit nicht umsatzsteuerfrei, sondern umsatzsteuerpflichtig. Das leistende Unternehmen/der Lieferer hat im Ausgangsmitgliedstaat (Ursprungsland) die Besteuerung vorzunehmen.

Lösung zu Lernjob 4

Der Erwerber muss nach § 1a Abs. 4 UStG seine USt-IdNr. gegenüber dem Lieferer verwenden.

Somit versteuern die Schwellenerwerber/Halbunternehmer den ig. Erwerb im Bestimmungsland. Die Lieferung im Ausgangsmitgliedsstaat ist bei Vorlage der USt-IdNr. des Käufers/Erwerbers umsatzsteuerfrei für den Lieferer.

Aufgrund der unterschiedlichen Umsatzsteuersätze in den einzelnen EU-Mitgliedsstaaten könnte es für Schwellenerwerber wirtschaftlich vorteilhaft sein, zu optieren, um so den niedrigeren Umsatzsteuersatz des eigenen Mitgliedsstaates (Bestimmungsland) zu entrichten. Die Schwellenunternehmer sind nicht zum Vorsteuerabzug berechtigt, daher wäre die Umsatzsteuer ein Kostenbestandteil für diese Unternehmer.

In Belgien ist der Steuersatz 21 % und in Deutschland nur 19 %. Würde ein deutscher Schwellenerwerber, der Ware von einem belgischen Unternehmer bezieht, optieren, erspart er sich 2 % auf den Warenwert.

Lernsituation 3

Lösung zu Lernjob 1

Gesetzl. Grundlage: **§ 3c UStG**

Fachbegriff: **Fernverkauf oder ig. Fernverkauf**

Voraussetzungen:

1. **Lieferung eines Gegenstandes, der durch den Lieferer aus einem Gebiet des Mitgliedstaates in das Gebiet eines anderen Mitgliedstaats befördert oder versendet wird.**
2. **Erwerber, der die maßgebende Erwerbsschwelle nicht überschreitet und auch nicht auf die Anwendung verzichtet (Option).**

Lösung zu Lernjob 2

Ort der Lieferung (allgemein): **= Der Ort, an dem sich der Gegenstand bei Beendigung der Beförderung oder Versendung an den Erwerber befindet.**

Ort der Lieferung (fallbezogen): **= Kolding/Dänemark**

Lösung zu Lernjob 3

1. kein Unternehmer 2. keine ausschließlich nicht unternehmerisch tätige jurist. Person 3. keine juristische Person	Siehe § 3a Abs. 5 Satz 1 UStG
4. Unternehmer mit nur steuerfreien Umsätzen 5. Kleinunternehmer 6. juristische Personen, die nicht Unternehmer sind oder die den Gegenstand nicht für ihr Unternehmen erwerben.	Siehe § 1a Abs. 3 UStG (Sog. Schwellenunternehmer/Halbunternehmer, die die Erwerbsschwelle von 12.500 € nicht übersteigen und auch nicht zur Erwerbsbesteuerung optiert haben.)

Lösung zu Lernjob 4

Ja, es müsste zum einen die Umsatzhöhe aller ig. Fernverkäufe des Vorjahres und lfd. Jahres der Fa. „Möbel Recycle von Rosen GmbH“ erfragt werden, denn § 3c Abs. 1 UStG ist nicht anzuwenden, wenn die Umsatzhöhe von jeweils 10.000 € nicht überschritten ist. Zudem müsste das leistende Unternehmen gefragt werden, ob es, wenn es die 10.000 € nicht überschritten hat, auf die Anwendung des Satz 1 in Abs. 4 verzichten will. In diesem Fall würde sich der Ort des Umsatzes nach § 3c Abs. 1 UStG bestimmen.

Lösung zu Lernjob 5

1. § 3c Abs. 1 UStG ist für die „Möbel Recycle von Rosen GmbH“ anzuwenden. Ort des ig. Fernverkaufs ist im Bestimmungsland in Kolding/Dänemark. Das Unternehmen von Rosen hat die dänische Umsatzsteuer in der Ausgangsrechnung auszuweisen.
2. § 3c Abs. 1 UStG ist nicht anzuwenden. Somit ist der Ort der Lieferung Münster, § 3 Abs. 6 UStG. Es liegt ein in Deutschland steuerbarer (§ 1 Abs. 1 Nr. 1 UStG) und steuerpflichtiger Umsatz vor. Die Ausgangsrechnung ist mit der deutschen Umsatzsteuer auszuweisen.
3. Lösung wie in 1.

Lösung zu Lernjob 6

Die Abkürzung OSS steht für One-Stop-Shop. Da beim ig. Fernverkauf deutsche Unternehmen im Ausland umsatzsteuerpflichtig werden können, bietet dieses OSS-Verfahren den Unternehmen, die ihren Sitz in Deutschland haben, an, die Meldung und Bezahlung der Umsatzsteuern für die Verkäufe in alle EU-Staaten zentral im **Herkunftsland** abzuwickeln. Das heißt **für in Deutschland ansässige Unternehmer wickelt das Bundesamt für Steuern** dieses Verfahren ab. Über diese Plattform (OSS) können Umsatzsteuererklärungen bei Steuerpflicht im Ausland gemacht werden. Das Bundesamt für Steuern verteilt dann die Meldungen sowie die Umsatzsteuer an die jeweiligen EU-Mitgliedsstaaten.
Die Teilnahme am OSS-Verfahren ist freiwillig.

Ergänzende Übungsaufgaben

Lösung zu Übungsaufgabe 1

Fall 1

Für die „PC-Spezialist Schröder GmbH“ liegt eine steuerbare Lieferung nach § 1 Abs. 1 Nr. 1 i. V. m. § 3 Abs. 1 UStG vor. Ort der Lieferung ist Aachen, dort wo die Lieferung beginnt, § 3 Abs. 6 UStG. Geliefert wird an einen Unternehmer in ein anderes Land innerhalb des Gemeinschaftsgebietes, somit liegt eine steuerfreie ig. Lieferung vor, § 4 Nr. 1 Buchst. b) i. V. m. § 6a UStG.

Für den poln. Unternehmer liegt ein ig. Erwerb in Polen (= Bestimmungsland) mit der dortigen USt vor. Steuerschuldner ist die Fa. „Wójcik Sp. z o. o.“.

Fall 2

Für die „PC-Spezialist Schröder GmbH“ liegt eine steuerbare Lieferung nach § 1 Abs. 1 Nr. 1 i. V. m. § 3 Abs. 1 UStG vor. Ort der Lieferung ist Aachen, dort wo die Lieferung beginnt, § 3 Abs. 6 UStG.

Geliefert wird nicht an ein Unternehmen mit USt-IdNr., sondern an eine Privatperson. Es liegt daher für die Schröder GmbH keine steuerfreie ig. Lieferung, sondern eine in Deutschland **steuerpflichtige Lieferung** vor, wenn die Schröder GmbH die Umsatzschwelle von 10.000 € noch nicht überschritten hat.

Fall 3

Für die „PC-Spezialist Schröder GmbH“ liegt eine steuerbare Lieferung nach § 1 Abs. 1 Nr. 1 i. V. m. § 3 Abs. 1 UStG vor. Ort der Lieferung ist Aachen, wo die Lieferung beginnt, § 3 Abs. 6 UStG. Die Stadt Maastricht ist Halbunternehmer/ Schwellenerwerber und hat die Erwerbsschwelle bereits überschritten, damit wird die Stadt Maastricht wie ein „normaler“ Unternehmer behandelt. Daher muss sich „PC-Spezialist Schröder GmbH“ von der Stadt Maastricht deren USt-IdNr. (btw-id) geben lassen, damit die Lieferung als ig. Lieferung in Deutschland steuerfrei wird. Für die Stadt Maastricht liegt somit ein steuerbarer und steuerpflichtiger ig. Erwerb in den Niederlanden mit der dortigen USt vor (= Bestimmungslandprinzip).

Lösung zu Übungsaufgabe 2

Fall 1

Es liegt ein steuerbarer und steuerpflichtiger ig. Erwerb für die „Import-Export Aachen GmbH“ vor, § 1 Abs. 1 Nr. 5 i. V. m. § 1a UStG. Ort des ig. Erwerbs ist Aachen, § 3d Satz 1 UStG, weil dort die Beförderung endet.

Besteuern muss der Aachener Unternehmer in Deutschland (= Bestimmungsland) mit der dt. USt.

Fall 2

Für Frau Konner liegt kein ig. Erwerb vor, da sie als Schwellenerwerberin/Halbunternehmerin nicht den Vorschriften der Erwerbsbesteuerung unterliegt, § 1a Abs. 3 und 4 UStG. Die Erwerbsschwelle von 12.500 € wird nicht überschritten und Frau Konner hat auch nicht zur Erwerbsbesteuerung optiert.

Der Ort der Lieferung befindet sich in Schweden, daher muss der Lieferant in Schweden (= Ursprungsland) die Ware mit der dortigen USt besteuern.

Fall 3

a) Es liegt kein steuerbarer ig. Erwerb vor, weil Frau Konner die Jacke in Ihrer Eigenschaft als Privatperson erwirbt, § 1a Abs. 1 Nr. 2 UStG.

Besteuert wird dieser Vorgang in Frankreich vom dortigen Einzelhandelsgeschäft mit der dortigen Umsatzsteuer. Ort der Lieferung ist Straßburg/F., dort wo die Beförderung beginnt (= Ursprungslandprinzip).

§ 3c UStG spielt hier keine Rolle, da die Jacke vom Verkäufer nicht befördert oder versendet wurde.

b) Der Fall ist genauso zu beurteilen wie unter a), da Frau Konner als Privatperson gekauft hat und dies daher keinen ig. Erwerb darstellt.

Da davon auszugehen ist, dass das Modegeschäft in Frankreich die Umsatzschwelle von 10.000 € nicht überschreiten wird, stellt die Versendung der Skijacke durch den franz. Händler keinen ig. Fernverkauf dar.

Somit hat das franz. Modegeschäft den Umsatz in Frankreich mit der franz. USt zu besteuern.

Fall 4

a) Bei Verwendung der deutschen USt-IdNr. liegt für den Unternehmer Celik ein steuerbarer ig. Erwerb in Deutschland vor, § 1 Abs. 1 Nr. 5 i. V. m. § 1a UStG. Ort des ig. Erwerbs ist Aurich, weil dort die Beförderung endet, § 3d UStG. Der Bauunternehmer H. Celik hat den Erwerb der Materialien in Deutschland der USt zu unterwerfen (= Bestimmungsland).

b) Bei Verwendung der belgischen USt-IdNr. liegt in Deutschland kein steuerpflichtiger ig. Erwerb vor. In Belgien liegt jedoch ein steuerpflichtiger ig. Erwerb vor, weil Herr Celik seine belgische USt-IdNr. verwendet hat, § 3d S. 2 UStG.

Herr Celik hat den Erwerb in Belgien zu besteuern.

Fall 5

a) Da die Stadt Hannover (hier: sog. Schwellenerwerber gem. § 1a Abs. 3 Nr. 1 Buchst. d) UStG) die Erwerbsschwelle von 12.500 € im vergangenen Kalenderjahr überschritten hat und auch im laufenden Kalenderjahr überschreitet, liegt ein steuerbarer ig. Erwerb vor, § 1 Abs. 1 Nr. 5 i. V. m. § 1a Abs. 3 UStG. Ort des ig. Erwerbs ist Hannover, § 3d UStG (= Bestimmungsland).

Die Stadt Hannover hat den ig. Erwerb in Deutschland der deutschen USt zu unterwerfen.

b) Da die Stadt Hannover die Erwerbsschwelle im vorangegangenen Kalenderjahr nicht überschritten hat und auch im laufenden Kalenderjahr nicht überschreiten wird, liegt in Deutschland kein ig. Erwerb vor, § 1a Abs. 3 UStG. Die Versteuerung muss der Lieferant in Dänemark vornehmen. Da dieser die Umsatzschwelle aufgrund der großen Nachfrage aus Deutschland überschritten haben wird, muss der dänische Unternehmer die deutsche Umsatzsteuer in der Rechnung ausweisen.

Fall 6

Der Arzt Rich gehört zu den Schwellenerwerbern (§ 1a Abs. 3 Nr. 1 Buchst. a) UStG) und hat die Erwerbsschwelle i. H. v. 12.500 € im laufenden Kalenderjahr nicht überschritten und hat auch nicht zur Erwerbsbesteuerung optiert (§ 1a Abs. 4 UStG). Somit liegt für ihn kein steuerpflichtiger ig. Erwerb vor.

Für die „Pro-Diagnosis S. L." liegt ein ig. Fernverkauf vor. Sie hat die Lieferung der Geräte in Deutschland der deutschen USt zu unterwerfen.

Fall 7

Für die „Gewürzhandel Exotika GmbH" ist § 3c Abs. 1 UStG nicht anzuwenden. Daher ist der Ort der Lieferung in Magdeburg, dort wo die Versendung beginnt, § 3 Abs. 6 UStG. In der Rechnung ist die deutsche USt auszuweisen.

D. Besonderheiten im grenzüberschreitenden Warenverkehr innerhalb des Gemeinschaftsgebietes

Lernsituation 1

Lösung zu Lernjob 1

a) Die Lieferung an die Filiale Nürnberg erfolgt innerhalb Deutschlands, die Lieferung an die Filiale Salzburg ist eine Lieferung von Deutschland (Ausgangsmitgliedstaat) nach Österreich, also in ein anderes Mitgliedsland der Gemeinschaft.

b) Bei der Mitteilung 1 handelt es sich um eine Lieferung von einer inländischen Betriebsstätte zu einer anderen inländischen Betriebsstätte des gleichen Unternehmers. Der leistende und der empfangende Unternehmer sind identisch, somit findet **kein Leistungsaustausch** statt. Es handelt sich um einen **nicht steuerbaren Innenumsatz**.

   Gesetzesgrundlage: § 2 Abs. 1 Satz 2 UStG

c) Bei der Mitteilung 2 handelt es sich um einen grenzüberschreitenden Innenumsatz. Diese werden im UStG als **steuerbare fiktive Lieferungen** den Lieferungen gegen Entgelt gleichgesetzt. Sie werden definiert als das **innergemeinschaftliche Verbringen eines Gegenstandes** des Unternehmens aus dem Inland (Lieferer ist die Betriebsstätte in Münster) in das übrige Gemeinschaftsgebiet durch einen Unternehmer zu seiner Verfügung (gleichzeitig auch Erwerber in Österreich).

   Gesetzesgrundlage: § 3 Abs. 1a UStG

d) Nach § 3 Abs. 1a UStG liegt eine fiktive Lieferung im Ausgangsmitgliedstaat vor. Somit ist dieser Vorgang nach § 1 Abs. 1 Nr. 1 UStG in Deutschland **steuerbar**. Der Gegenstand gelangt in ein anderes Mitgliedsland; somit handelt es sich bei diesem Umsatz nach § 4 Nr. 1 Buchst. b) i. V. m. § 6a Abs. 2 UStG um eine **steuerfreie ig. Lieferung** (= Verbringen eines Gegenstandes) nach Deutschland.

e) Durch das Verbringen eines Gegenstandes entstehen für den Unternehmer immer zwei selbstständige umsatzrechtliche Vorgänge in zwei verschiedenen Mitgliedstaaten der Gemeinschaft. Die Lieferung von Deutschland nach Österreich ist, wie bereits oben erarbeitet, eine steuerfreie ig. Lieferung. Der Erwerb der Waren in der österreichischen Filiale wird als fiktiver ig. Erwerb erfasst und ist in Österreich (= Bestimmungsland) der dortigen Umsatzsteuer zu unterwerfen.

f) Nein, es muss ein Gelangensnachweis nach § 17b UStDV i. V. m. § 17d Abs. 3 UStDV bei Verbringungsfällen ausgestellt werden.

g) Voraussetzungen.

   1. Der Gegenstand seines Unternehmens gelangt (befördert oder versendet) aus dem Gebiet eines EU-Mitgliedstaates (Ausgangsmitgliedstaat) zu seiner Verfügung in das Gebiet eines anderen EU-Mitgliedstaates (Bestimmungsmitgliedstaat)

      und

   2. der Gegenstand wird im Bestimmungsmitgliedstaat nicht nur vorübergehend verwendet.

Lernsituation 2

Lösung zu Lernjob 1

1. Angebot

Herr Klever kauft den Pkw in der Eigenschaft als Privatperson. Er gehört nicht zu den Erwerbern, die in § 1a Abs. 1 Nr. 2 UStG genannt werden.

Somit ist der Erwerb eines **neuen** Fahrzeugs für den Privatmann H. Klever ein ig. Erwerb gem. § 1b Abs. 1, Abs. 2 Nr. 1 und Abs. 3 Nr. 1 UStG. Es liegt ein steuerbarer Umsatz nach § 1 Abs. 1 Nr. 5 UStG vor. Herr Klever erhält von dem Autohändler in Reims/F eine Rechnung ohne Umsatzsteuerausweis, und muss die Umsatzsteuer auf den Pkw - wie ein Unternehmer - in Deutschland anmelden und entrichten (= Bestimmungslandprinzip).

2. Angebot

Bewertung wie bei dem 1. Angebot.

Die bisherige Fahrleistung des Pkw ist unter 6.000 km, daher handelt es sich nach § 1b Abs. 3 Nr. 1 UStG um ein neues Fahrzeug. Der Zeitpunkt der Zulassung spielt keine Rolle, da **eine der beiden** Alternativen des Abs. 3 Nr. 1 UStG erfüllt ist.

3. Angebot

Bewertung wie bei dem 1. Angebot.

Die bisherige Fahrleistung des Pkw ist über 6.000 km, daher ist die 2. Alternative in § 1b Abs. 3 Nr. 1 UStG zu prüfen. Die Erstzulassung im Zeitpunkt des Erwerbs liegt nicht mehr als 6 Monate zurück. Daher handelt es sich nach § 1b Abs. 3 Nr. 1 UStG um ein neues Fahrzeug.

Lösung zu Lernjob 2

Fall 1:

Es macht umsatzsteuerlich keinen Unterschied, ob eine Privatperson aus Deutschland ein neues Fahrzeug von einem Unternehmer oder einer Privatperson in einem anderen Mitgliedstaat der Gemeinschaft kauft und nach Deutschland einführt.

Der Pkw hat seit seiner Erstzulassung erst 4.000 km gelaufen. Somit handelt es sich um ein neues Fahrzeug gem. § 1b Abs. 3 Nr. 1 UStG. Damit liegt für Herrn Klever ein steuerbarer und steuerpflichtiger ig. Erwerb gem. § 1b Abs. 3 Nr. 1 UStG i. V. m. § 1 Abs. 1 Nr. 5 UStG vor.

Herr Klever muss die Umsatzsteuer in Deutschland entrichten (= Bestimmungslandprinzip).

Fall 2:

Nach der Definition eines neuen Fahrzeuges fällt dieser Wagen nicht unter den § 1b UStG, somit ist in diesem Sachverhalt der Kauf von Privat zu Privat von einem Mitgliedstaat in einen anderen Mitgliedstaat nicht steuerbar.

Lösung zu Lernjob 3

Steuerschuldner beim Kauf eines neuen Fahrzeugs gem. § 1b UStG ist der Erwerber, § 13a Abs. 1 Nr. 2 UStG. Nach § 18 Abs. 5a UStG hat der Erwerber (= Herr Klever) spätestens bis zum 10. Tag nach Ablauf des Tages, an dem die Steuer gem. § 13 Abs. 1 Nr. 7 UStG entstanden ist, eine Steuererklärung, in der er die zu entrichtende Steuer selbst zu berechnen hat, an das Finanzamt zu übermitteln (= Steuervoranmeldung: Vordruck USt 1 B – Fahrzeugeinzelbesteuerung; den Vordruck erhält Herr Klever bei der Anmeldung des Fahrzeugs beim Straßenverkehrsamt/KFZ-Zulassungsstelle).

Lösung zu Lernjob 4

Für die „Möbel Recycle von Rosen GmbH" stellt die Lieferung eines Unternehmers aus einem anderen Mitgliedstaat der Gemeinschaft in das Inland einen steuerbaren und steuerpflichtigen ig. Erwerb gem. § 1 Abs. 1 Nr. 1 i. V. m. § 1a UStG dar. „Möbel Recycle von Rosen GmbH" hat den Kauf des Pkw und Anhängers in Deutschland der deutschen Umsatzsteuer zu unterwerfen.

Lernsituation 3

Lösung zu Lernjob 1

Vorgang 1:

Spirituosen und Tabakwaren gehören zu den verbrauchsteuerpflichtigen Waren gem. § 1a Abs. 5 UStG. Ein Verkauf an Kleinunternehmer im übrigen Gemeinschaftsgebiet wird wie ein Verkauf an (Voll-)Unternehmer behandelt.

Für den dt. Großhändler liegt eine steuerbare und steuerfreie ig. Lieferung vor.

Der Kioskbesitzer „rode hoek" hat die Spirituosen in den Niederlanden unabhängig von einer Erwerbsschwelle der dortigen Umsatzsteuer zu unterwerfen.

Vorgang 2:

Erfolgt die Lieferung von Spirituosen an Privatpersonen in Dänemark, ist diese vom deutschen Unternehmer unabhängig von einer Umsatzschwelle stets im Bestimmungsland steuerbar und steuerpflichtig und somit der dortigen Umsatzbesteuerung zu unterwerfen, § 3c Abs. 5 Satz 2 UStG.

Lösung zu Lernjob 2

Für den deutschen Großhändler liegt eine steuerbare und steuerbefreite ig. Lieferung vor. Der jeweilige Erwerber auf Mallorca hat die Lieferung als steuerbaren und steuerpflichtigen ig. Erwerb mit der spanischen Umsatzsteuer zu besteuern.

Ergänzende Übungsaufgaben

Lösung zu Übungsaufgabe 1

Fall 1

Sachverhalt 1:
Für die deutsche Betriebsstätte des H. Celik in Aurich liegt ein steuerbarer und steuerpflichtiger ig. Erwerb vor, da der Betonmischer nicht nur vorübergehend im Inland (Aurich) verwendet wird (= endgültiges Verbringen). Besteuert wird der Vorgang im Bestimmungsland = Deutschland.

Gesetzesgrundlagen: § 1 a Abs. 2 i. V. m. § 1 Abs. 1 Nr. 5 UStG

Sachverhalt 2:
Es liegt kein steuerbarer und somit auch kein steuerpflichtiger ig. Erwerb nach § 1a Abs. 2 UStG vor, da der Betonmischer nur vorübergehend im Inland verwendet wird.

Das vorübergehende Verbringen wird wie ein echter Innenumsatz im Inland behandelt.

Fall 2

Es liegt für Herrn Celik in Deutschland eine steuerbare und steuerfreie ig. Lieferung nach § 3 Abs. 1a und § 4 Nr. 1 Buchst. b) i. V. m. § 6a Abs. 2 UStG vor. Die Baumaterialien werden nicht nur vorübergehend in Belgien verwendet, denn sie werden dort verbraucht (= endgültiges Verbringen).

Lösung zu Übungsaufgabe 2

Fall 1

Bei einem Wohnwagen handelt es sich nicht um ein Fahrzeug i. S. d. § 1b Abs. 2 UStG, siehe auch Abschn. 1b.1 UStAE. Somit liegt für Fam. Freund auch kein ig. Erwerb vor.

Für den Verkäufer in Österreich greift der § 3c UStG, d. h. es liegt ein Fernverkauf vor. Der österreichische Lieferant überschreitet schon mit diesem Verkauf die Umsatzschwelle von 10.000 €, somit hat der österr. Lieferant den Wohnwagen in Deutschland mit der dt. USt zu besteuern (= Bestimmungslandprinzip).

Fall 2

Ein Motorroller gehört entsprechend Abschn. 1b.1 UStAE zu den Landfahrzeugen nach § 1b Abs. 2 Satz 1 Nr. 1 UStG. Der Roller gilt noch als neu, da er noch keine 6.000 km seit seiner ersten Inbetriebnahme zurückgelegt hat. Es liegt für Frau Liesel ein steuerbarer und steuerpflichtiger ig. Erwerb nach § 1 Abs. 1 Nr. 5 i. V. m. § 1b UStG vor, den sie in Deutschland der USt zu unterwerfen hat.

Fall 3

Das Wohnmobil gehört zu den motorbetriebenen Landfahrzeugen nach § 1b Abs. 2 Nr. 1 UStG. Obwohl die erste Inbetriebnahme schon mehr als 6 Monate zurückliegt, hat das Wohnmobil noch keine 6.000 km zurückgelegt. Somit ist das Wohnmobil umsatzsteuerrechtlich nach § 1b Abs. 3 Nr. 1 UStG als neu anzusehen. Für Fam. Schick liegt ein in Deutschland steuerbarer und steuerpflichtiger ig. Erwerb nach § 1 Abs. 1 Nr. 5 i. V. m. § 1b UStG vor, den sie in Deutschland der USt zu unterwerfen haben.

Fall 4

Die Segelyacht gehört nach § 1b Abs. 2 Satz 1 Nr. 2 UStG zu den Fahrzeugen i. S. d. UStG. Die erste Inbetriebnahme liegt zwar mehr als 3 Monate zurück, aber die Yacht hat noch keine 100 Betriebsstunden auf dem Wasser zurückgelegt, gem. § 1b Abs. 3 Nr. 2 UStG. Daher gilt die Yacht umsatzsteuerrechtlich als neues Fahrzeug. Für Fam. Schick liegt ein in Deutschland steuerbarer und steuerpflichtiger ig. Erwerb nach § 1 Abs. 1 Nr. 5 i. V. m. § 1b UStG vor, den sie in Deutschland der USt zu unterwerfen haben.

E. Sonstige Leistungen im Zusammenhang mit Auslandsbeziehungen

Lernsituation 1

Lösung zu Lernjob 1

Art der Leistung	Sonstige Leistung (aus der Tätigkeit als Rechtsanwalt)
Ort der Leistung Gesetzliche Grundlage	Düsseldorf (Sitzort des Leistenden) § 3a Abs. 1 UStG (B2C)
Steuerbarkeit (ja/nein) Gesetzliche Grundlage	ja § 1 Abs. 1 Nr. 1 UStG
Steuerpflicht (ja/nein) auszuweisende deutsche Umsatzsteuer (ja/nein) und Steuersatz	ja ja 19 %

Lösung zu Lernjob 2

Art der Leistung	Sonstige Leistung (aus der Tätigkeit als Rechtsanwalt)
Ort der Leistung **Gesetzliche Grundlage**	Düsseldorf (Sitzort des Leistenden) § 3a Abs. 1 UStG (B2C)
Steuerbarkeit (ja/nein) **Gesetzliche Grundlage**	ja § 1 Abs. 1 Nr. 1 UStG
Steuerpflicht (ja/nein) **auszuweisende deutsche Umsatzsteuer (ja/nein)** **und Steuersatz**	ja ja 19 %

Lösung zu Lernjob 3

Art der Leistung	Sonstige Leistung (aus der Tätigkeit als Rechtsanwalt)
Ort der Leistung **Gesetzliche Grundlage**	New York (Wohnort des Leistungsempfängers) § 3a Abs. 4 Satz 1 und Satz 2 Nr. 3 UStG
Steuerbarkeit (ja/nein) **Gesetzliche Grundlage**	nein § 1 Abs. 1 Nr. 1 UStG
Steuerpflicht (ja/nein) **auszuweisende deutsche Umsatzsteuer (ja/nein)**	nein nein, kein Ausweis von deutscher USt

Lösung zu Lernjob 4

Art der Leistung	Sonstige Leistung (aus der Tätigkeit als Rechtsanwalt)
Ort der Leistung **Gesetzliche Grundlage**	Brüssel (Sitzort des Leistungsempfängers) § 3a Abs. 2 UStG (B2B)
Steuerbarkeit (ja/nein) **Gesetzliche Grundlage**	nein § 1 Abs. 1 Nr. 1 UStG
Steuerpflicht (ja/nein) **auszuweisende deutsche Umsatzsteuer (ja/nein)**	nein nein, kein Ausweis von deutscher USt

Lernsituation 2

Lösung zu Lernjob 1

1. Umsatzart: **Sonstige Leistung (auf elektronischem Weg erbrachte Sonstige Leistung)**

   Gesetzesgrundlage: **§ 3 Abs. 9 UStG**

2.

Ort der Leistung **Gesetzliche Grundlage**	**Düsseldorf (Sitzort des Leistenden)** **§ 3a Abs. 1 UStG (B2C)**
Steuerbarkeit (ja/nein) **Gesetzliche Grundlage**	**ja** **§ 1 Abs. 1 Nr. 1 UStG**
Steuerpflicht (ja/nein) **auszuweisende deutsche Umsatzsteuer (ja/nein) und Steuersatz**	**ja** **ja** **19 %**
Besteuerungsverfahren **Gesetzliche Grundlage**	**Regelbesteuerungsverfahren** **§ 18 UStG**

Lösung zu Lernjob 2

1. In Abhängigkeit der Höhe der geschätzten Umsätze im übrigen Gemeinschaftsgebiet bestimmt sich der Ort des Umsatzes und damit auch die Steuerbarkeit, Steuerpflicht, der anzuwendende Steuersatz und das Besteuerungsverfahren für die auf dem elektronischen Weg erbrachten Dienstleistungen der „Capital-Cloud Düsseldorf".

   Sofern die online erbrachten Umsätze im übrigen Gemeinschaftsgebiet weniger als 10.000 € jährlich betragen, ist die „Capital-Cloud Düsseldorf" nicht zur Teilnahme am OSS-Verfahren verpflichtet.

2.

Ort der Leistung **Gesetzliche Grundlage**	**Düsseldorf (Sitzort des Leistenden)** **§ 3a Abs. 1 UStG (B2C)**
Steuerbarkeit im Inland (ja/nein) **Gesetzliche Grundlage**	**ja** **§ 1 Abs. 1 Nr. 1 UStG**
Steuerpflicht im Inland (ja/nein) **auszuweisende deutsche Umsatzsteuer (ja/nein) und Steuersatz**	**ja** **ja** **19 %** **(Den Kunden im übrigen EU-Gemeinschaftsgebiet wird aufgrund der Bagatellgrenze von Umsätzen von unter 10.000 € je Jahr deutsche USt in Rechnung gestellt)**
Besteuerungsverfahren **Gesetzliche Grundlage**	**Regelbesteuerungsverfahren** **(Keine Verpflichtung zur Teilnahme am OSS-Verfahren)** **§ 18 UStG**

Lösung zu Lernjob 3

Ort der Leistung **Gesetzliche Grundlage**	**Wohnsitz der Leistungsempfänger (Belgien, Luxemburg)** **§ 3a Abs. 5 UStG**
Steuerbarkeit im Inland (ja/nein) **Gesetzliche Grundlage**	**nein** **§ 1 Abs. 1 Nr. 1 UStG**
Steuerpflicht im Inland (ja/nein) **auszuweisende deutsche Umsatzsteuer (ja/nein)**	**nein** **nein, kein Ausweis von deutscher Umsatzsteuer** **(Für die Kunden in Belgien müssen 21 % belgische USt und für die Kunden in Luxemburg 17 % luxemburgische USt in der Rechnung ausgewiesen u. entrichtet werden)**
Besteuerungsverfahren **Gesetzliche Grundlage**	**OSS-Verfahren (verpflichtend)**[1] **§ 18j UStG**

Die Fa. „Capital-Cloud Düsseldorf" kann die getätigten Umsätze mit den im übrigen Gemeinschaftsgebiet ansässigen privaten Abnehmern zentral dem Bundeszentralamt für Steuern übermitteln. In der USt-VA werden die belgischen und luxemburgischen Umsätze angegeben als „Übrige nicht steuerbare Umsätze (Leistungsort nicht im Inland)".

Die fällige belgische und luxemburgische USt wird zentral an die Bundeskasse Trier entrichtet. Das Bundeszentralamt für Steuern leitet die Steuern weiter an die zuständigen Kassen in Luxemburg und Belgien.

Ergänzende Übungsaufgaben

Lösung zu Übungsaufgabe 1

Aussage 1

☐ richtig ☒ falsch

Begründung: **Es handelt sich hierbei um das IOSS-Verfahren**

Gesetzesgrundlage: **§ 18k UStG**

Aussage 2

☐ richtig ☒ falsch

Begründung **Die Steuererklärung ist innerhalb eines Monats nach Ablauf jedes Besteuerungszeitraumes abzugeben.**

Gesetzesgrundlage: **§ 18j Abs. 4 UStG**

[1] OSS = One-Stop-Shop

Aussage 3

☐ richtig ☒ falsch

Begründung: **Besteuerungszeitraum ist das Kalendervierteljahr**

Gesetzesgrundlage: **§ 18j Abs. 4 UStG i. V. m. § 16 Abs. 1d Satz 1 UStG**

Aussage 4

☐ richtig ☒ falsch

Begründung: **Der leistende Unternehmer kann trotz Unterschreiten der Bagatellgrenze sich dennoch für die Anwendung des OSS-Verfahrens entscheiden. Dann würde sich der Leistungsort im EU-Staat des nichtunternehmerischen Leistungsempfängers befinden. Der Unternehmer ist 2 Jahre an die getroffene Entscheidung gebunden.**

Gesetzesgrundlage: **§ 3a Abs. 5 Sätze 1 bis 5 UStG**

Aussage 5

☐ richtig ☒ falsch

Begründung: **Bei Überschreiten der Bagatellgrenze ist zwingend das OSS-Verfahren anzuwenden. In einem solchen Fall erfolgt die Abwicklung über eine Anlaufstelle. Für deutsche elektronische Dienstleister ist als Anlaufstelle das Bundeszentralamt für Steuern sinnvoll.**

Gesetzesgrundlage: **§ 18j Abs. 1 Satz 1 und 2 UStG**

Lösung zu Übungsaufgabe 2

1. Ort der Sonstigen Leistung: **Berlin (Sitzort der Leistenden Frau Keller)**
   Gesetzesgrundlage: **§ 3a Abs. 1 UStG (B2C)**
   Steuerbarkeit im Inland: **ja**
2. Ort der Sonstigen Leistung: **London (Wohnsitz der Leistungsempfängerin Winter)**
   Gesetzesgrundlage: **§ 3a Abs. 4 Satz 1 Nr. 3 UStG**
   Steuerbarkeit im Inland: **nein**
3. Ort der Sonstigen Leistung: **Genf (Sitzort des Leistungsempfängers Zürli)**
   Gesetzesgrundlage: **§ 3a Abs. 2 UStG (B2B)**
   Steuerbarkeit im Inland: **nein**
4. Ort der Sonstigen Leistung: **Berlin (Sitzort der Leistenden Frau Keller)**
   Gesetzesgrundlage: **§ 3a Abs. 1 UStG (B2C)**
   Steuerbarkeit im Inland: **ja**

F. Umkehr der Steuerschuldnerschaft nach § 13b UStG

Lösung zu Lernjob 1

Voraussetzung 1 (Leistungsart):
„Softscilda" erbringt eine Sonstige Leistung nach § 3 Abs. 9 UStG.

Voraussetzung 2 (Wer ist Leistender?):
Bei „Softscilda" handelt es sich um einen im übrigen Gemeinschaftsgebiet ansässigen Unternehmer.

Voraussetzung 3 (Wer ist Leistungsempfänger?):
„Capital-Cloud Düsseldorf" – ein deutsches Unternehmen – ist Leistungsempfänger.

Voraussetzung 4 (Ort des Umsatzes):
Der Ort des Umsatzes muss sich nach § 3a Abs. 2 UStG (B2B) bestimmen. Maßgebend ist hier der Sitzort des Leistungsempfängers, also von Capital-Cloud in Düsseldorf.

Lösung zu Lernjob 2

1. Wenn alle Voraussetzungen nach § 13b Abs. 1 UStG erfüllt sind, kehrt sich die Steuerschuldnerschaft um. In diesem Fall führt nicht derjenige, der die Leistung ausgeführt und in Rechnung gestellt hat, die Umsatzsteuer an das Finanzamt ab, sondern der Unternehmer, der die Leistung erhalten hat (= Leistungsempfänger).

2.

Steuerschuldner **Gesetzliche Grundlage**	**Capital-Cloud Düsseldorf** **§ 13b Abs. 5 Satz 1 i. V. m. Abs. 1 UStG**
Bemessungsgrundlage in € **Gesetzliche Grundlage**	**12.000 €** **§ 10 Abs. 1 UStG**
Steuersatz **Gesetzliche Grundlage** **Umsatzsteuer in €** **Zeitpunkt der Entstehung der Umsatzsteuer**	**19 %** **§ 12 Abs. 1 UStG** **2.280 €** **Mit Ablauf des VZ, in dem die Leistungen ausgeführt worden sind.**
Vorsteuerabzug in € **Zeitpunkt des Vorsteuerabzugs** **Gesetzliche Grundlage**	**2.280 €** **Im gleichen VZ, in dem die Umsatzsteuer nach § 13b Abs. 1 UStG abgeführt wird.** **§ 15 Abs. 1 Satz 1 Nr. 4 UStG**

Lösung zu Lernjob 3

Für die Fa. „Softscilda" gelten grundsätzlich die Rechnungsvorschriften des finnischen Rechts. Es kann allerdings vermutet werden, dass Finnland die Rechnungsregeln ähnlich wie in Deutschland formuliert hat. In diesem Fall muss „Softscilda" in ihrer an „Capital-Cloud Düsseldorf" erstellten Rechnung auf die Steuerschuldnerschaft des Leistungsempfängers hinweisen.

Genaue Gesetzesgrundlage(n): § 14 Abs. 7 UStG und § 14a Abs. 5 UStG (analog dem dt. USt-Recht)

Lösung zu Lernjob 4

1. Auch in diesem Fall ginge die Steuerschuldnerschaft auf „Capital-Cloud Düsseldorf" über. Da es sich bei der Fa. „Infosofts" um ein nicht im Gemeinschaftsgebiet, sondern um ein im Drittland ansässiges Unternehmen handelt, ist in diesem Fall nicht § 13b Abs. 1 UStG, sondern § 13b Abs. 2 Nr. 1 UStG anzuwenden.
2. Die Umsatzsteuer entsteht hier mit Ausstellung der Rechnung, spätestens jedoch mit Ablauf des der Ausführung der Sonstigen Leistung folgenden Kalendermonats.

Ergänzende Übungsaufgaben

Lösung zu Übungsaufgabe 1

1. Steuerschuldner: **Fa. Krause (Leistungsempfänger) § 13b Abs. 1 UStG i. V. m. § 13b Abs. 5 Satz 1 UStG**

   Zeitpunkt Entstehung Umsatzsteuer: **Mit Ablauf des Monats Oktober 2024**
2. Steuerschuldner: **Fa. Bioxx (Leistungsempfänger) § 13b Abs. 2 Nr. 1 UStG i. V. m. § 13b Abs. 5 Satz 1 UStG**

   Zeitpunkt Entstehung Umsatzsteuer: **Mit Ablauf des Monats November 2024**
3. Steuerschuldner: **Fa. Groß (Leistungsempfänger, der selbst auch Bauleistungen nachhaltig erbringt) § 13b Abs. 2 Nr. 4 UStG i. V. m. § 13b Abs. 5 Satz 2 UStG**

   Zeitpunkt Entstehung Umsatzsteuer: **Mit Ablauf des Monats Dezember 2024**

Lösung zu Übungsaufgabe 2

Umsatzart **Gesetzliche Grundlage**	**Werklieferung** **§ 3 Abs. 4 UStG**
Ort des Umsatzes **Gesetzliche Grundlage** **Steuerbarkeit (ja/nein)** **Gesetzliche Grundlage** **Steuerpflicht (ja/nein)**	**Villingen-Schwenningen** **§ 3 Abs. 7 Satz 1 UStG** **ja** **§ 1 Abs. 1 Nr. 1 UStG** **ja**
Steuerschuldner **Gesetzliche Grundlage**	**Becker** **§ 13b Abs. 5 Satz 1 i. V. m. § 13b Abs. 2 Nr. 1 UStG**
Bemessungsgrundlage in € **Gesetzliche Grundlage**	**15.000 €** **§ 10 Abs. 1 UStG**

Steuersatz **Gesetzliche Grundlage** **Umsatzsteuer in €** **Zeitpunkt der Entstehung der Umsatzsteuer** **Fälligkeit der Umsatzsteuer**	**19 %** **§ 12 Abs. 1 UStG** **2.850 €** **Mit Ablauf des Monats August 2024** **10. Oktober 2024**
Vorsteuerabzug (ja/nein) mit Begründung **Gesetzliche Grundlage**	**Nein, da die Leistung nicht für den unternehmerischen Bereich von Becker ausgeführt wurde.** **§ 15 Abs. 1 Satz 1 Nr. 4 UStG**
Muss Herr Becker die Rechnung der Fa. WOMO aufbewahren? (ja/nein) **Gesetzliche Grundlage**	**ja (für die Dauer von 2 Jahren)** **§ 14b Abs. 1 Satz 5 Nr. 2 UStG**

G. Kleinunternehmer

Lernsituation 1

Lösung zu Lernjob 1

Der Mandant Yalcin hat in seiner Rechnung anscheinend vergessen, die Umsatzsteuer auszuweisen.

Lösung zu Lernjob 2

§ 19 UStG; Kleinunternehmer

Lösung zu Lernjob 3

Herr Yalcin muss **Unternehmer im Inland** oder in den in § 1 Abs. 3 UStG benannten Gebieten ansässig sein.

Herr Yalcin darf **im vorangegangenen Jahr** (2023) **nicht mehr als 22.000 € tatsächliche Umsätze** (einschl. der darauf entfallenden Umsatzsteuer) erzielt haben.

Ebenso darf er im laufenden Jahr (2024) die Grenze der **voraussichtlichen Umsätze** (Prognose) von **50.000 € nicht übersteigen**. Die zu erwartenden Umsätze in 2024 hat H. Yalcin zu Beginn des Jahres zu schätzen.

Lösung zu Lernjob 4

Herr Yalcin muss für die Umsätze i. S. d. § 1 Abs. 1 Nr. 1 UStG **keine Umsatzsteuer in seiner Rechnung erheben**/ausweisen. Dies hat den entscheidenden Vorteil, dass er seine Tätigkeiten ohne Umsatzsteuer anbieten kann. Er kann daher die Leistungen billiger als seine Konkurrenten anbieten.

Gegenüber seinen Konkurrenten ist dies ein **Preis- bzw. Wettbewerbsvorteil**, gerade wenn sein Kundenkreis überwiegend Privatpersonen sind. Denn dieser Personenkreis ist bekanntlich nicht zum Vorsteuerabzug berechtigt.

Er **erspart sich die Abgabe von Umsatzsteuervoranmeldungen sowie einer Umsatzsteuererklärung** und hat somit eine geringere Arbeitsbelastung. Dies bedeutet weniger Bürokratieaufwand für Herrn Yalcin.

Er benötigt **keine USt-ID-Nummer.**

Lösung zu Lernjob 5

Ein Kleinunternehmer ist grundsätzlich nicht zum Vorsteuerabzug nach § 15 UStG berechtigt. Beim Verzicht auf Anwendung des § 19 UStG besteht die Möglichkeit des Vorsteuerabzuges.

Gesetzliche Grundlage: § 19 Abs. 1 Satz 4 UStG

Lösung zu Lernjob 6

Der Kleinunternehmer ist in Anlehnung an § 14 Abs. 4 Satz 1 Nr. 7 i. V. m. Nr. 8 UStG verpflichtet, den Grund für die fehlende Umsatzsteuer-Angabe zu nennen.

Der Hinweis könnte lauten:

- Gemäß § 19 UStG enthält der Rechnungsbetrag keine Umsatzsteuer.
- Kein Ausweis von Umsatzsteuer, da Kleinunternehmer gem. § 19 UStG.
- Im ausgewiesenen Rechnungsbetrag ist gem. § 19 UStG keine Umsatzsteuer enthalten.
- Rechnungsstellung erfolgt ohne Ausweis der Umsatzsteuer nach § 19 UStG.
- Als Kleinunternehmer i. S. v. § 19 Abs. 1 UStG wird keine Umsatzsteuer berechnet.
- Kein Umsatzsteuerausweis aufgrund der Anwendung der Kleinunternehmerregelung gem. § 19 UStG.

Lernsituation 2

Lösung zu Lernjob 1

Um den Kleinunternehmerstatus zu erhalten, muss zuerst geprüft werden, ob Frau Janssen die Umsatzgrenze nach § 19 Abs. 1 UStG im Jahr der Unternehmensgründung von 22.000 € nicht übersteigt.

§ 19 Abs. 3 Satz 3 und Satz 4 UStG besagt, dass wenn nur in einem Teil des Kalenderjahres die gewerbliche Tätigkeit ausgeübt wird, der tatsächliche Gesamtumsatz in einen Jahresumsatz umzurechnen ist.

Berechnung der Umsatzgrenze:

Maßgebender Gesamtumsatz nach § 19 Abs. 1 Satz UStG ist der Bruttoumsatz!
5.100,00 € : 3 · 12 = 20.400,00 € · 1,07 = 21.828,00 €
(Für Blumen gilt ein ermäßigter Steuersatz von 7 %.)

Frau Janssen kann die Regelungen des § 19 UStG für sich in Anspruch nehmen, da sie unter der Grenze von 22.000 € liegt.

Lösung zu Lernjob 2

a) Berechnung der Umsatzgrenze:
5.160,00 € : 3 • 12 = 20.640,00 € • 1,07 = 22.084,80 €

Frau Janssen könnte die Regelungen des § 19 UStG für sich **nicht** in Anspruch nehmen, da sie über der Umsatzgrenze von 22.000,00 € läge.

b) § 19 Abs. 3 Satz 4 UStG bietet eine Möglichkeit, den Jahresumsatz durch eine taggenaue Berechnung vorzunehmen.

Berechnung der Umsatzgrenze **nach Tagen**:
5.160,00 € : 92 • 366 = 20.527,83 € • 1,07 = 21.964,78 €

Frau Janssen kann aufgrund dieser Berechnung die Regelungen des § 19 UStG für sich in Anspruch nehmen, da sie unter der Umsatzgrenze von 22.000 € liegt.

Lösung zu Lernjob 3

Voraussichtlicher maßgebender Gesamtumsatz:

	Warenlieferungen von Blumen	2.400,00 € • 12 Monate	28.800,00 €
+	Warenlieferungen an Dekorationsartikeln	1.300,00 € • 12 Monate	15.600,00 €
+	Verkauf des alten Inventars		6.000,00 €
+	Verkauf des Pkw		8.200,00 €
=	Steuerbare Umsätze		58.600,00 €
-	Umsätze aus Verkauf von Anlagevermögen (Regal + Pkw)		14.200,00 €
+	Umsatzsteuer auf die Umsätze 7 % von 28.800,00 € = 19 % von 15.600,00 € =	 2.016,00 € 2.964,00 €	 4.980,00 €
=	**Gesamtumsatz nach § 19 Abs. 1 UStG**		**49.380,00 €**

Frau Janssen kann die Regelungen des § 19 UStG auch in 2025 für sich in Anspruch nehmen, da sie unter der Grenze von 50.000 € liegt.

Lösung zu Lernjob 4

Es handelt sich hierbei um Warenlieferungen aus einem Gemeinschaftsgebiet. Mit ihren Einkäufen in den Niederlanden liegt Frau Janssen über der Erwerbsschwelle von 12.500 €. Somit liegt ein steuerbarer und steuerpflichtiger Umsatz in Form eines ig. Erwerbs nach § 1 Abs. 1 Nr. 5 UStG i. V. m. § 1a und § 3d UStG vor.

Steuerschuldner beim ig. Erwerb ist der Erwerber nach § 13a Abs. 1 Nr. 2 UStG, also Frau Janssen. Sie muss die Steuer für den ig. Erwerb abführen, aber ihr wird der Abzug der Vorsteuer gem. 19 Abs. 1 Satz 4 UStG verwehrt.

Lösung zu Lernjob 5

Frau Janssen hat in 2025 vor, einige größere Investitionen zu tätigen. Beim Kauf des neuen Pkw und der neuen Ladeneinrichtung fallen Vorsteuerbeträge in nicht geringer Höhe an. Behält Sie den Status nach § 19 UStG, hat Frau Janssen keine Möglichkeit, einen Vorsteuerabzug nach § 15 UStG vorzunehmen.

Somit geht ihr auch Liquidität durch die Nichterstattung der Vorsteuerbeträge verloren.

Frau Janssen sollte im Beratungsgespräch auch klar gemacht werden, dass sie ab 2026 sowieso nicht mehr als Kleinunternehmerin behandelt werden kann, weil ihr Vorjahresumsatz (2025) lt. Angaben weit über der Grenze von 22.000 € liegen wird.

Sie sollte für 2025 den Status einer Kleinunternehmerin nach § 19 UStG aufgeben.

Lösung zu Lernjob 6

§ 19 Abs. 2 UStG gibt die Möglichkeit auf die Anwendung der Kleinunternehmerregelung zu verzichten.

Der Verzicht gilt vom Beginn des Kalenderjahres an und bindet für mindestens 5 Jahre.

Für die Erklärung gilt es keine bestimmte Form.

Dies könnte sein, z. B. mit der Abgabe einer Umsatzsteuervoranmeldung, einer Umsatzsteuererklärung oder einer ausdrücklichen Erklärung gegenüber dem Finanzamt in mündlicher oder schriftlicher Form.

INFO

Bereits zur Unternehmensgründung kann im „Fragebogen zur steuerlichen Erfassung" unter Punkt: **Angaben zur Anmeldung und Abführung der Umsatzsteuer** die Entscheidung zur oder gegen die Anwendung des § 19 UStG getroffen werden.

Ergänzende Übungsaufgaben

Lösung zu Übungsaufgabe 1

- Keine Erhebung der Umsatzsteuer auf Umsätze nach § 1 Abs. 1 Nr. 1 UStG
- Kein gesonderter Ausweis der Umsatzsteuer in der Rechnung
- Keine Steuerbefreiung für innergemeinschaftliche Lieferungen
- Keine Optionsmöglichkeit nach § 9 UStG
- Keine Angabe der USt-ID-Nummer in einer Rechnung
- Kein Vorsteuerabzug.

Lösung zu Übungsaufgabe 2

Herr Yalcin hat gem. § 14c Abs. 2 UStG unberechtigter Weise die Umsatzsteuer ausgewiesen, obwohl er als Kleinunternehmer zum Umsatzsteuerausweis nicht berechtigt ist.

Nach § 13a Abs. 1 Nr. 4 UStG ist Herr Yalcin Steuerschuldner und hat gem. § 14c Abs. 2 UStG diesen ausgewiesenen Steuerbetrag an das Finanzamt abzuführen.

Dies bedeutet für Herrn Yalcin, dass er einen geringeren Netto-Umsatz eingenommen hat und somit seinen Gewinn für diesen durchgeführten Auftrag geschmälert hat.

Lösung zu Übungsaufgabe 3

Berechnung des maßgebenden Umsatzes nach § 19 Abs. 1 UStG:

	Getränke		5.700,00 €	19 %
+	Speisenverzehr vor Ort 70 % von 9.200,00 €		6.440,00 €	19 %
+	Speisenverzehr außer Haus 30 % von 9.200,00 €		2.760,00 €	7 %
=	Steuerbare Umsätze		14.900,00 €	
+	Umsatzsteuer auf die Umsätze 7 % von 2.760,00 € = 19 % von 12.140,00 € =	 193,20 € 2.306,60 €	2.499,80 €	
=	**maßgebender Umsatz nach § 19 Abs. 1 UStG**		**17.399,80 €**	

Umrechnung auf einen Jahresumsatz nach § 19 Abs. 3 Satz 3 UStG:

17.399,80 € : 9 • 12 = 23.199,73 €

Der Gastwirt kann in 2024 die Regelungen des Kleinunternehmers nach § 19 UStG **nicht** anwenden.

Lösung zu Übungsaufgabe 4

Berechnung des Umsatzes nach § 19 Abs. 1 UStG:

	Warenverkauf am Kiosk Süßigkeiten Büroartikel	 2.500,00 € 20.230,00 €	 7 % 19 %
+	Verkauf seines betriebl. Pkw	5.399,00 €	19 %
+	Einnahmen aus Wohnungsvermietungen	22.560,00 €	steuerfrei § 4 Nr. 12
+	Verkauf des betriebl. Grundstücks in Burbach	130.000,00 €	steuerfrei § 4 Nr. 9a
=	Steuerbare Umsätze	180.689,00 €	
-	Steuerfreie Vermietung	22.560,00 €	
-	Steuerfreier Verkauf des Betriebsgrundstücks	130.000,00 €	
=	**Gesamtumsatz nach § 9 Abs. 3 UStG**	**28.129,00 €**	
-	Umsatz aus Anlagenverkauf	5.399,00 €	
+	Umsatzsteuer auf die Umsätze 19 % von 20.230,00 € 7 % von 2.500,00 €	 3.843,70 € 175,00 €	
=	**Gesamtumsatz nach § 19 Abs. 1 UStG**	**26.748,70 €**	

Herr Bremer hat sich ganz gut eingeschätzt.

Der voraussichtliche Umsatz nach § 19 Abs. 1 UStG ist mit 26.748,70 € berechnet. Damit liegt er weit unter der Grenze von 50.000 € und kann somit seinen Kleinunternehmerstatus in 2024 beibehalten.

H. Belegorientierter Gesamtfall

Lernsituation

Lösung zu Lernjob 1

Anlage 1: Lösungstabelle zu den 10 Belegen und Informationen 1 und 2

Beleg	Art des Umsatzes/der Leistung	Ort des Umsatzes/der Leistung und gesetzliche Grundlage	Steuerbarkeit ja/nein bei ja: genaue gesetzliche Grundlage	Steuerfreiheit ja/nein bei ja: genaue gesetzliche Grundlage	Steuerpflicht ja/nein	Bemessungsgrundlage in Euro	Vorsteuerabzug in Euro
1	Lieferung (Werklieferung)	Rheinbach § 3 Abs. 7 UStG	ja § 1 Abs. 1 Nr. 1 UStG	nein	ja	2.283,00 €	
2	(ig.) Lieferung	Meckenheim § 3 Abs. 6 UStG	ja § 1 Abs. 1 Nr. 1 UStG	ja § 4 Nr. 1 Bst. b i. V. m. § 6a UStG	nein	3.785,00 €	
3	Lieferung/ Ig. Fernverkauf	Dijon/Frankreich § 3c Abs. 1 UStG	nein	XXX	XXX (Frankreich) OSS-Verfahren	XXX	
4	Lieferung	Meckenheim § 3 Abs. 6 UStG	ja § 1 Abs. 1 Nr. 1 UStG	nein	ja	764,15 €	
5	Lieferung	Meckenheim § 3 Abs. 6 UStG	ja § 1 Abs. 1 Nr. 1 UStG	ja § 4 Nr. 1 Bst. a i. V. m. § 6 UStG	nein	3.614,05 €	
6	Lieferung	Meckenheim § 3 Abs. 6 UStG	ja § 1 Abs. 1 Nr. 1 UStG	nein	ja	1.898,00 €	
7							3.972,71 €
8	ig. Erwerb	Meckenheim § 3d UStG	ja § 1 Abs. 1 Nr. 5 UStG	nein	ja	32.050,00 €	6.089,50 €
9	Einfuhr	Inland	ja § 1 Abs. 1 Nr. 4 UStG	nein	ja	7.650,00 € EUSt + 612,00 € Zoll 8.262,00 €	1.569,78 €
10	Sonstige Leistung	Meckenheim § 3a Abs. 2 UStG	ja § 13b Abs. 1 UStG	nein	ja	1.800,00 €	342,00 €
Info 1	Lieferung	Meckenheim § 3 Abs. 6 UStG	ja § 1 Abs. 1 Nr. 1 UStG	nein	ja	80.000,00 €	
Info 2							2.850,00 €

Lösung zu Lernjob 2

Anlage 2: Buchungsraster

Beleg 1:

Nr.	SOLL		Betrag in €	HABEN		Auf-wand	Er-trag
	Konto-Bezeichnung	Konto-Nr. SKR 03 (SKR 04)		Konto-Bezeichnung	Konto-Nr. SKR 03 (SKR 04)		
1.	Forderungen a LuL (19 %)	1400 (1200)	2.283,00	Erlöse 19 % USt	8400 (4400)		x
2.	Forderungen a LuL (19 %)	1400 (1200)	433,77	Umsatzsteuer 19 %	1776 (3806)		

Beleg 2:

Nr.	SOLL		Betrag in €	HABEN		Auf-wand	Er-trag
	Konto-Bezeichnung	Konto-Nr. SKR 03 (SKR 04)		Konto-Bezeichnung	Konto-Nr. SKR 03 (SKR 04)		
1.	Forderungen a LuL (19 %)	1400 (1200)	3.785,00	Steuerfreie i. g. Lieferung § 4 Nr. 1b UStG	8125 (4125)		x

Beleg 3:

Nr.	SOLL		Betrag in €	HABEN		Auf-wand	Er-trag
	Konto-Bezeichnung	Konto-Nr. SKR 03 (SKR 04)		Konto-Bezeichnung	Konto-Nr. SKR 03 (SKR 04)		
1.	Forderungen a LuL (19 %)	1400 (1200)	524,62	Erlöse aus im anderen EU-Land stpfl. Lieferungen, im Inland nicht steuerbar	8320 (4320)		x
2.	Forderungen a LuL (19 %)	1400 (1200)	104,92	Umsatzsteuer aus im anderen EU-Land stpfl. Lieferungen	1767 (3817)		

Beleg 4:

Nr.	SOLL		Betrag in €	HABEN		Auf-wand	Er-trag
	Konto-Bezeichnung	Konto-Nr. SKR 03 (SKR 04)		Konto-Bezeichnung	Konto-Nr. SKR 03 (SKR 04)		
1.	Forderungen a LuL (19 %)	1400 (1200)	764,15	Erlöse 19 % USt	8400 (4400)		x
2.	Forderungen a LuL (19 %)	1400 (1200)	145,19	Umsatzsteuer 19 %	1776 (3806)		

Beleg 5:

Nr.	SOLL		Betrag in €	HABEN		Auf-wand	Er-trag
	Konto-Bezeichnung	Konto-Nr. SKR 03 (SKR 04)		Konto-Bezeichnung	Konto-Nr. SKR 03 (SKR 04)		
1.	Forderungen a LuL (19 %)	1400 (1200)	3.614,05	Steuerfreie Umsätze nach § 4 Nr. 1a UStG	8120 (4120)		x

Beleg 6:

Nr.	SOLL		Betrag in €	HABEN		Auf-wand	Er-trag
	Konto-Bezeichnung	Konto-Nr. SKR 03 (SKR 04)		Konto-Bezeichnung	Konto-Nr. SKR 03 (SKR 04)		
1.	Forderungen a LuL (19 %)	1400 (1200)	1.898,00	Erlöse 19 % USt	8400 (4400)		x
2.	Forderungen a LuL (19 %)	1400 (1200)	360,62	Umsatzsteuer 19 %	1776 (3806)		

Beleg 7:

Nr.	SOLL		Betrag in €	HABEN		Auf-wand	Er-trag
	Konto-Bezeichnung	Konto-Nr. SKR 03 (SKR 04)		Konto-Bezeichnung	Konto-Nr. SKR 03 (SKR 04)		
1.	Wareneingang (19 %)	3200 (5200)	20.909,00	Verb. a LuL	1600 (3300)	x	
2.	Vorsteuer (19 %)	1576 (1406)	3.972,71	Verb. a LuL	1600 (3300)		

Beleg 8:

Nr.	SOLL		Betrag in €	HABEN		Auf-wand	Er-trag
	Konto-Bezeichnung	Konto-Nr. SKR 03 (SKR 04)		Konto-Bezeichnung	Konto-Nr. SKR 03 (SKR 04)		
1.	Ig. Erwerb (19 %)	3425 (5425)	32.050,00	Verb. a LuL	1600 (3300)	x	
2.	Abz. Vost aus i. g. Erwerb (19 %)	1574 (1404)	6.089,50	USt aus. i. g. Erwerb (19 %)	1774 (3804)		

Beleg 9:

Nr.	SOLL		Betrag in €	HABEN		Auf-wand	Er-trag
	Konto-Bezeichnung	Konto-Nr. SKR 03 (SKR 04)		Konto-Bezeichnung	Konto-Nr. SKR 03 (SKR 04)		
1.	Wareneingang (19 %)	3200 (5200)	7.650,00	Verb. a LuL	1600 (3300)	x	
2.	Zölle u. Einfuhr-abgaben	3850 (5840)	612,00	Bank	1200 (1800)	x	
3.	EUSt	1588 (1433)	1.569,78	Bank	1200 (1800)		

Beleg 10:

Nr.	SOLL		Betrag in €	HABEN		Auf-wand	Er-trag
	Konto-Bezeichnung	Konto-Nr. SKR 03 (SKR 04)		Konto-Bezeichnung	Konto-Nr. SKR 03 (SKR 04)		
1.	Sonstige Leistungen eines im anderen EU-Land ansässigen Unternehmers (19 % VoSt/ 19 % USt)	3123 (5923)	1.800,00	Verb. a LuL	1600 (3300)	x	
2.	Abz. VoSt § 13b UStG (19 %)	1577 (1407)	342,00	USt § 13b UStG (19 %)	1787 (3837)		

Information 1:

Nr.	SOLL		Betrag in €	HABEN		Auf-wand	Er-trag
	Konto-Bezeichnung	Konto-Nr. SKR 03 (SKR 04)		Konto-Bezeichnung	Konto-Nr. SKR 03 (SKR 04)		
1.	Forderungen a LuL (19 %)	1400 (1200)	80.000,00	Erlöse 19 % USt	8400 (4400)		x
2.	Forderungen a LuL (19 %)	1400 (1200)	15.200,00	Umsatzsteuer 19 %	1776 (3806)		

Information 2:

Nr.	SOLL		Betrag in €	HABEN		Auf-wand	Er-trag
	Konto-Bezeichnung	Konto-Nr. SKR 03 (SKR 04)		Konto-Bezeichnung	Konto-Nr. SKR 03 (SKR 04)		
1.	Wareneingang (19 %)	3200 (5200)	15.000,00	Verb. a LuL	1600 (3300)	x	
2.	Vorsteuer (19 %)	1576 (1406)	2.850,00	Verb. a LuL	1600 (3300)		

Lösung zu Lernjob 3

Anlage 3: Ermittlung der deutschen USt-Zahllast

	Umsatzsteuer in €	Vorsteuer in €
Beleg 1	433,77	
Beleg 2		
Beleg 3		
Beleg 4	145,19	
Beleg 5		
Beleg 6	360,62	
Beleg 7		3.972,71
Beleg 8	6.089,50	6.089,50
Beleg 9		1.569,78
Beleg 10	342,00	342,00
Information 1	15.200,00	
Information 2		2.850,00
Summen	22.571,08	14.823,99

Berechnung der USt-Zahllast:

Umsatzsteuer-Traglast	22.571,08 €
- Vorsteuer	- 14.823,99 €
= USt-Zahllast	7.747,09 €

Lernfeld 7: Beschaffung und Verkauf von Anlagevermögen erfassen

A. Anschaffung von Anlagegegenständen

Lösung zu Lernjob 1

Ermittlung AK:

		Euro	Euro
	Anschaffungspreis, netto		22.000,00
+	Anschaffungsnebenkosten		
	Fracht, netto	1.440,00	
	Installation, netto	1.200,00	1.640,00
-	Anschaffungspreisminderungen		
	Skontoabzug, netto (22.000 € · 2 % =)		- 440,00
=	**AK**		**23.200,00**

Lösung zu Lernjob 2

Definition AK:

AK sind alle Aufwendungen, die geleistet werden, um einen Vermögensgegenstand zu erwerben und in einen betriebsbereiten Zustand zu versetzen, soweit sie dem Vermögensgegenstand einzeln zugeordnet werden können. Zu den AK gehören auch die Nebenkosten sowie die nachträglichen AK. Anschaffungspreisminderungen, die dem Vermögensgegenstand einzeln zugeordnet werden können, sind davon abzuziehen.

Lösung zu Lernjob 3

a) **Anzahlungen aus der Sicht des Leistenden:**

Aus der Sicht des Bestellers sind geleistete Anzahlungen Vorleistungen für die vom Lieferanten noch zu erbringende Leistung. Würde der Lieferant seine Leistung nicht erbringen, hätte der Besteller ein Recht auf Rückforderung der Anzahlung. Somit hat eine Anzahlung für den Besteller den Charakter einer Forderung. Geleistete Anzahlungen auf Anlagegegenstände werden im Anlagevermögen auf gesonderten Anzahlungskonten erfasst. Bei der Bezahlung des Anlagegegenstandes werden die Anzahlungen verrechnet und auf das Anlagekonto umgebucht.

b) **Buchungssätze:**

Nr.	SOLL		Betrag in €	HABEN		Auf-wand	Er-trag
	Konto-Bezeichnung	Konto-Nr. SKR 03 (SKR 04)		Konto-Bezeichnung	Konto-Nr. SKR 03 (SKR 04)		
	Anzahlungen auf Maschinen	0299 (0780)	5.000,00	Bank	1200 (1800)		
	Vorsteuer 19 %	1576 (1406)	950,00	Bank	1200 (1800)		

Lösung zu Lernjob 4

Auswirkung der Finanzierungskosten auf die Höhe der AK:
Finanzierungskosten (Geldbeschaffungskosten, Kreditgebühren, Zinsen etc.) gehören nicht zu den AK. Sie sind in der Regel direkt abziehbare Aufwendungen. Anschaffung und Finanzierung sind getrennte Vorgänge.

Lösung zu Lernjob 5

Erfassung der AK, Verrechnung der Anzahlung und der Bezahlung der Maschine:

Nr.	SOLL		Betrag in €	HABEN		Auf-wand	Er-trag
	Konto-Bezeichnung	Konto-Nr. SKR 03 (SKR 04)		Konto-Bezeichnung	Konto-Nr. SKR 03 (SKR 04)		
1	Maschinen	0210 (0440)	5.000,00	Anzahlungen auf Maschinen	0299 (0780)		
	Maschinen	0210 (0440)	17.000,00	Verb. a LuL	1600 (3300)		
	Vorsteuer 19 %	1576 (1406)	3.230,00	Verb. a LuL	1600 (3300)		
2	Maschinen	0210 (0440)	1.440,00	Verb. a LuL	1600 (3300)		
	Vorsteuer 19 %	1576 (1406)	273,60	Verb. a LuL	1600 (3300)		
3	Maschinen	0210 (0440)	1.200,00	Verb. a LuL	1600 (3300)		
	Vorsteuer 19 %	1576 (1406)	228,00	Verb. a LuL	1600 (3300)		
4	Verb. a LuL	1600 (3300)	19.706,40	Bank	1200 (1800)		
	Verb. a LuL	1600 (3300)	440,00	Maschinen	0210 (0440)		
	Verb. a LuL	1600 (3300)	83,60	Vorsteuer 19 %	1576 (1406)		

Nebenrechnungen

Bezahlung:

	Kaufpreis brutto	26.180,00 €
-	Anzahlung brutto	5.950,00 €
		20.230,00 €
-	2 % Skonto von 26.180 €	523,60 €
=	Überweisungsbetrag	**19.706,40 €**

Skontoabzug:

2 % von 26.180 € (brutto)	523,60 €	
: 1,19 = Nettobetrag	440,00 €	(Anschaffungspreisminderung)
440 € • 19 % =	83,60 €	(Vorsteuerkorrektur § 17 Abs. 1 Satz 2 UStG)

Lösung zu Lernjob 6

Ermittlung der AK gesamt:

		Euro	Euro
	Anschaffungspreis, netto		285.000,00
+	Anschaffungsnebenkosten		
	▸ Beurkundung Kaufvertrag und Grundbucheintragung, netto	2.000,00	
	▸ Eintragung Eigentümerwechsel im Grundbuch	800,00	
	▸ Grunderwerbsteuer	14.250,00	17.050,00
-	Anschaffungspreisminderungen		0,00
=	**AK**		**302.050,00**

Hinweis: Die Gebühr des Notars für die Bestellung der Grundschuld (1.000 € netto) und Grundbuchgebühr für die Eintragung der Grundschuld (500 €) gehören nicht zu den AK. Es handelt sich um Finanzierungsnebenkosten.

Ermittlung der AK des Grund und Bodens:

Anteil GruBo: 199.500 € : 285.000 € • 100 = **70 %** → 302.050 € • 70 % = **211.435 €**

Ermittlung der AK der Lagerhalle:

Anteil Lagerhalle: 85.500 € : 285.000 € • 100 = **30 %** → 302.050 € • 30 % = **90.615 €**

302.050 €

Lösung zu Lernjob 7

Erfassung der AK und der Nebenkosten aus Lernjob 5:

Nr.	SOLL		Betrag in €	HABEN		Auf-wand	Er-trag
	Konto-Bezeichnung	Konto-Nr. SKR 03 (SKR 04)		Konto-Bezeichnung	Konto-Nr. SKR 03 (SKR 04)		
1	Bebaute Grundstücke	0085 (0235)	199.500,00	Bank	1200 (1800)		
	Andere Bauten	0115 (0260)	85.500,00	Bank	1200 (1800)		
2	Bebaute Grundstücke	0085 (0235)	1.400,00	Bank	1200 (1800)		
	Andere Bauten	0115 (0260)	600,00	Bank	1200 (1800)		
	Vorsteuer 19 %	1576 (1406)	380,00	Bank	1200 (1800)		
3	Nebenk. Geldverkehrs	4970 (6855)	1.000,00	Bank	1200 (1800)	X	
	Vorsteuer 19 %	1576 (1406)	190,00	Bank	1200 (1800)		
4	Bebaute Grundstücke	0085 (0235)	560,00	Sonstige Verbindlichkeiten	1701 (3501)		
	Andere Bauten	0115 (0260)	240,00	Sonstige Verbindlichkeiten	1701 (3501)		

Nr.	SOLL		Betrag in €	HABEN		Auf-wand	Er-trag
	Konto-Bezeichnung	Konto-Nr. SKR 03 (SKR 04)		Konto-Bezeichnung	Konto-Nr. SKR 03 (SKR 04)		
	Nebenk. Geld-verkehrs	4970 (6855)	500,00	Sonstige Ver-bindlichkeiten	1701 (3501)	X	
5	Bebaute Grund-stücke	0085 (0235)	9.975,00	Sonstige Ver-bindlichkeiten	1701 (3501)		
	Andere Bauten	0115 (0260)	4.275,00	Sonstige Ver-bindlichkeiten	1701 (3501)		

Ergänzende Übungsaufgaben

Lösung zu Übungsaufgabe 1

Ermittlung der AK:

		Euro	Euro
	Anschaffungspreis, netto		26.000,00
+	Anschaffungsnebenkosten		
	Werbelackierung, netto	1.500,00	
	Zulassungskosten	50,00	1.550,00
-	Anschaffungspreisminderungen		
	Rabatt, netto (26.000 € · 4 % =)	1.040,00	
	Preisnachlass Lackierung, netto	500,00	- 1.540,00
=	**AK**		**26.010,00**

Buchungen:

Nr.	SOLL		Betrag in €	HABEN		Auf-wand	Er-trag
	Konto-Bezeichnung	Konto-Nr. SKR 03 (SKR 04)		Konto-Bezeichnung	Konto-Nr. SKR 03 (SKR 04)		
1	Pkw	0320 (0520)	25.960,00	Verb. a LuL	1600 (3300)		
	Vorsteuer 19 %	1576 (1406)	4.932,40	Verb. a LuL	1600 (3300)		
2	Pkw	0320 (0520)	50,00	Bank	1200 (1800)		
3	Verb. a LuL	1600 (3300)	30.892,40	Bank	1200 (1800)		

Nebenrechnung Bezahlung:

	Euro	
Pkw	26.000,00	
4 % Rabatt	-1.040,00	
Werbelackierung	1.500,00	
Mängelrüge, Preisnachlass	-500,00	
Rechnung Autohaus, netto	**25.960,00**	
19 % USt zu 25.960 € =	4.932,40	
Rechnung Autohaus, brutto	**30.892,40**	(= Banküberweisung)

Lösung zu Übungsaufgabe 2

Nr.	SOLL		Betrag in €	HABEN		Auf-wand	Er-trag
	Konto-Bezeichnung	Konto-Nr. SKR 03 (SKR 04)		Konto-Bezeichnung	Konto-Nr. SKR 03 (SKR 04)		
1	Andere Bauten	0115 (0260)	164.000,00	Bebaute Grund-stücke	0085 (0235)		
2	Bebaute Grund-stücke	0085 (0235)	540,00	Verbindl. a LuL	1600 (3300)		
	Andere Bauten	0115 (0260)	2.460,00	Verbindl. a LuL	1600 (3300)		
	Vorsteuer 19 %	1576 (1406)	570,00	Verbindl. a LuL	1600 (3300)		
3	Bebaute Grund-stücke	0085 (0235)	90,00	Sonstige Ver-bindlichkeiten	1701 (3501)		
	Andere Bauten	0115 (0260)	410,00	Sonstige Ver-bindlichkeiten	1701 (3501)		
4	Bebaute Grund-stücke	0085 (0235)	1.800,00	Sonstige Ver-bindlichkeiten	1701 (3501)		
	Andere Bauten	0115 (0260)	8.200,00	Sonstige Ver-bindlichkeiten	1701 (3501)		

Nebenrechnung:

Anteil GruBo: 36.000 € : 200.000 € • 100 = **18 %**
Anteil Lagerhalle: 164.000 € : 200.000 € • 100 = **82 %**

B. Herstellung von Anlagegegenständen

Lösung zu Lernjob 1

Ermittlung der HK:

		Euro	Euro
	Materialeinzelkosten (MEK)	5.560,00	
+	Materialgemeinkosten (MGK): 20 % der MEK =	1.112,00	
=	Materialkosten	6.672,00	6.672,00
	Fertigungseinzelkosten (FEK): Fertigungslöhne	2.750,00	
+	Fertigungsgemeinkosten (FGK):		
	Lohnnebenkosten: 60 % der FEK =	1.650,00	
	andere Fertigungsnebenkosten: 10 % der FEK =	275,00	
=	Fertigungskosten	4.675,00	4.675,00
	Sondereinzelkosten der Fertigung (SEK): techn. Zeichnung		1.000,00
	Herstellungskosten		**12.347,00**

Lösung zu Lernjob 2

Buchungssätze:

Nr.	SOLL		Betrag in €	HABEN		Auf-wand	Er-trag
	Konto-Bezeichnung	Konto-Nr. SKR 03 (SKR 04)		Konto-Bezeichnung	Konto-Nr. SKR 03 (SKR 04)		
1	Büroeinrichtung	0420 (0650)	1.000,00	Bank	1200 (1800)		
	Vorsteuer 19 %	1576 (1406)	190,00	Bank	1200 (1800)		
2	Büroeinrichtung	0420 (0650)	11.347,00	Andere aktivierte Eigenleistungen	8990 (4820)		X

Ergänzende Übungsaufgaben

Lösung zu Übungsaufgabe 1

Ermittlung der HK:

		Euro	Euro
	Materialeinzelkosten (MEK): 3.500 € + 4.000 € =	7.500,00	
+	Materialgemeinkosten (MGK): 20 % der MEK =	1.500,00	
=	Materialkosten	9.000,00	9.000,00
	Fertigungseinzelkosten (FEK):		
	Fertigungslöhne: 120 Std. · 24 €/Std. =	2.880,00	
+	Fertigungsgemeinkosten (FGK):		
	Lohnnebenkosten: 60 % der FEK =	1.728,00	
=	Fertigungskosten	4.608,00	4.608,00
	Sondereinzelkosten der Fertigung (SEK): Garagentor		2.000,00
	Herstellungskosten		**15.608,00**

Buchung:

Nr.	SOLL		Betrag in €	HABEN		Auf-wand	Er-trag
	Konto-Bezeichnung	Konto-Nr. SKR 03 (SKR 04)		Konto-Bezeichnung	Konto-Nr. SKR 03 (SKR 04)		
1	Garagen	0110 (0305)	15.608,00	Andere aktivierte Eigenleistungen	8990 (4820)		X

Lösung zu Übungsaufgabe 2

Ermittlung der HK:

		Euro	Euro
	Materialeinzelkosten (MEK):	13.550,00	
+	Materialgemeinkosten (MGK): 10 % der MEK =	1.355,00	
=	Materialkosten	14.905,00	14.905,00
	Fertigungseinzelkosten (FEK):		
	Fertigungslöhne:	4.800,00	
+	Fertigungsgemeinkosten (FGK):		
	Lohnnebenkosten: 60 % der FEK =	2.880,00	
	andere Fertigungsnebenkosten: 5 % der FEK =	240,00	
=	Fertigungskosten	7.920,00	7.920,00
	Sondereinzelkosten der Fertigung (SEK): Zaun und Tor		4.000,00
	Herstellungskosten		**26.825,00**

Buchungssätze:

Nr.	SOLL		Betrag in €	HABEN		Auf-wand	Er-trag
	Konto-Bezeichnung	Konto-Nr. SKR 03 (SKR 04)		Konto-Bezeichnung	Konto-Nr. SKR 03 (SKR 04)		
1	Hof- und Wegbefestigungen	0147 (0285)	4.000,00	Bank	1200 (1800)		
	Vorsteuer 19 %	1576 (1406)	760,00	Bank	1200 (1800)		
2	Hof- und Wegbefestigungen	0147 (0285)	22.825,00	Andere aktivierte Eigenleistungen	8990 (4820)		X

C. Planmäßige Abschreibung von beweglichen Anlagegegenständen

Lösung zu Lernjob 1

Die meisten Gegenstände des Anlagevermögens verlieren ab dem Tag ihrer Anschaffung oder Herstellung an Wert.

Gegenstande, die dem Betrieb längerfristig dienen sollen und im Zeitablauf regelmäßig an Wert verlieren, gehören zum sogenannten **abnutzbaren Anlagevermögen** (z. B. Fahrzeuge, Maschinen, Büroeinrichtung usw.).

Der Wertverlust der Gegenstände des Anlagevermögens hat verschiedene Ursachen. Die wichtigsten sind:

- **technische Ursachen**
  Gebrauchsverschleiß, Ruheverschleiß (z. B. Verrosten) etc.
- **wirtschaftliche Ursachen**
  Marktveränderungen, technischer Fortschritt etc.

Der Wertverlust bei Gegenständen des abnutzbaren Anlagevermögens wird durch **Abschreibungen** erfasst. Sie sollen die **Wertminderungen im Zeitablauf abbilden**.

Lösung zu Lernjob 2

Bei Vermögensgegenständen des Anlagevermögens, deren Nutzung zeitlich begrenzt ist, sind die Anschaffungs-/Herstellungskosten HK um **planmäßigen Abschreibungen** zu vermindern.

Der **Abschreibungsplan** muss im ersten Nutzungsjahr festgelegt werden. Seine Eckdaten sind

- die **Anschaffungs-/Herstellungskosten**
- die **geplante Nutzungsdauer (ND)** des Gegenstandes sowie
- die **Art der Abschreibung**.

Lösung zu Lernjob 3

Die voraussichtliche Nutzungsdauer ist der Zeitraum, in dem der Vermögensgegenstand vermutlich genutzt werden kann (vgl. § 253 Abs. 3 Satz 2 HGB).

Weil die tatsächliche Nutzungsdauer zu Beginn der Nutzung noch nicht bekannt ist, muss sie unter Berücksichtigung der jeweiligen betrieblichen Gegebenheiten **realistisch geschätzt** werden. Sie kann dabei aus den **Erfahrungen der Vergangenheit** abgeleitet werden (**betriebsgewöhnliche Nutzungsdauer**), sofern keine besonderen Umstände vorliegen.

Wenn keine betrieblichen Erfahrungswerte aus der Vergangenheit vorliegen, wird die gewöhnliche Nutzungsdauer eines abnutzbaren Anlagegegenstands den **amtlichen AfA-Tabellen** des Bundesministeriums der Finanzen entnommen.

INFO

Die AfA-Tabellen des Bundesministeriums der Finanzen enthalten Erfahrungswerte, die aus den bundesweiten Ergebnissen der durchgeführten Betriebsprüfungen gewonnen wurden. Für betriebliche Pkw enthält die AfA-Tabelle für allgemein verwendbare Anlagegüter beispielsweise eine ND von sechs Jahren.

Lösung zu Lernjob 4

Anlagegegenstand	voraussichtliche ND (Jahre)
Firmen-Pkw	6
Firmen-Fahrrad (E-Bike)	7
Verkaufstheke	10
Stahlschrank	14
Registrierkasse	6

Lösung zu Lernjob 5

Abschreibungsmethode (Begriff)	Kurzbeschreibung
lineare Abschreibung	gleichmäßige Verteilung der AK/HK auf die Nutzungsdauer (jährlich gleichbleibende Abschreibungsbeträge)
degressive Abschreibung	Abschreibung nach einem feststehenden Prozentsatz (z. B. 25 %), der im ersten Abschreibungsjahr auf die AK/HK und in den Folgejahren jeweils auf den Restbuchwert angewendet wird (jährlich fallende Abschreibungsbeträge)
Leistungsabschreibung	Abschreibung proportional zur Leistung (z. B. bei Maschinen mit Zählwerk)

Formeln:

zu berechnen	Formel
linearer Abschreibungssatz =	100 : ND
linearer Abschreibungsbetrag (Jahresbetrag) =	AK/HK : ND
degressiver Abschreibungssatz =	100 : ND · 2,5 , höchstens 25 % [2021, 2022, 2023] [2024: 100 : ND · 2 , höchstens 20 %]
degressiver Abschreibungsbetrag (Jahresbetrag) =	Buchwert · Abschreibungssatz
Leistungs-Abschreibungsbetrag =	AK/HK : Gesamtleistung · Jahresleistung

Lösung zu Lernjob 6

a) Ein Anlagegegenstand befindet sich in der Regel in folgenden Fällen nicht das ganze Jahr im Anlagevermögen des Unternehmens:

- im Jahr des Anlagenzugangs (Anschaffungs-/Herstellungsjahr)
- m Jahr des Anlagenabgangs (Verkauf, Entnahme, Verschrottung o. ä.).

b) Wenn sich ein Anlagegegenstand nicht das ganze Jahr (365 bzw. 366 Tage) im Anlagevermögen des Unternehmens befindet, muss der Abschreibungsbetrag deshalb grundsätzlich zeitanteilig („pro rata temporis“) ermittelt werden. Streng genommen müsste hierbei Tag genau gerechnet werden.

Aus Vereinfachungsgründen ist es zulässig, die Abschreibung monatsgenau zu berechnen (vgl. § 7 Abs. 1 Satz 4, Abs. 2 Satz 3 EStG).

Im Zugangsjahr wird der Monat des Anlagenzugangs unabhängig vom konkreten Datum des Zugangs als voller Monat mitgerechnet. [Erfolgt der Anlagenzugang beispielweise am 15.02., dann wird die Abschreibung im Zugangsjahr mit $^{11}/_{12}$ (für Februar bis einschließlich Dezember) der planmäßigen Jahres-Abschreibung angesetzt.]

Im Abgangsjahr wird der Abgangsmonat unabhängig von dem konkreten Abgangstag nicht mitgerechnet. [Erfolgt der Anlagenabgang beispielsweise am 16.07., dann wird die Abschreibung im Abgangsjahr mit $^{6}/_{12}$ (für Januar bis einschließlich Juni) der planmäßigen Jahres-Abschreibung angesetzt.]

Lösung zu Lernjob 7

a) 35.550 € : 6 Jahre ND = 5.925 €, davon $^{8}/_{12}$ für 2024 = **3.950 €**

b) 35.550 € • 20 % (max. AfA-Satz 2024 für die degr. AfA) = 7.110 €, davon $^{8}/_{12}$ für 2024 = **4.740 €**

c) 35.550 € : 250.000 km • 55.000 km = **7.821 €**

Lösung zu Lernjob 8

Nr.	SOLL		Betrag in €	HABEN		Auf-wand	Er-trag
	Konto-Bezeichnung	Konto-Nr. SKR 03 (SKR 04)		Konto-Bezeichnung	Konto-Nr. SKR 03 (SKR 04)		
	Abschreibungen auf Fahrzeuge	4832 (6222)	7.821,00	Pkw	0320 (0520)	X	

Durch die Sollbuchung auf dem Aufwandskonto „Abschreibungen auf Fahrzeuge“ erhöhen sich die betrieblichen Aufwendungen um den gebuchten Betrag. Der Gewinn des Unternehmens vermindert sich somit in Höhe dieses Betrages.

Durch die Habenbuchung auf dem Bestandskonto „Pkw“ vermindert sich der Buchwert dieses Pkw und somit das Vermögen des Unternehmen in Höhe dieses Betrages.

Ergänzende Übungsaufgaben

Lösung zu Übungsaufgabe 1

Anlage-gegenstand	AK (Euro)	Anschaf-fungs-datum	Nut-zungs-dauer (Jahre)	Abschrei-bungsart (vorgegeben)	Buchwert zum 01.01.2024 (Euro)	Abschrei-bungs-betrag 2024 (Euro)
Pkw	43.860,00	31.01.2024	**6**	lineare Abschreibung	0,00	**7.310,00**
Büro-schreibtisch	1.300,00	15.06.2024	**13**	degressive Abschreibung	0,00	**117,00**
Tresor	8.050,00	01.07.2020	**23**	lineare Abschreibung	**6.825,00**	**350,00**
Fotokopier-gerät	8.680,00	01.12.2023	7	lineare Abschreibung	**8.576,00**	**1.240,00**

Nebenrechnungen

Pkw: 43.860 € : 6 Jahre ND = **7.310 €** (volle Jahresabschreibung, weil der Zugangsmonat Januar mitgerechnet wird)

Büroschreibtisch: ND = 13 Jahre; AfA-Satz: höchstens das Zweifache des linearen AfA-Satzes und max. 20 % → 100 : 13 Jahre = 7,69 % → 7,69 % • 2 = 15,38 % → 1.300 € • 15,38 % = 199,94 € → davon 7⁄12 (Juni-Dezember) = 116,63 €, gerundet **117 €**

Tresor: Jahresabschreibung: 8.050 € : 23 Jahre = 350 €
AK 8.050 € - 175 € (AfA 2020) - 350 € (AfA 2021) - 350 € (AfA 2022) - 350 € (AfA 2023) = **6.825** € (Buchwert 01.01.2024); AfA 2024: **350** €

Fotokopiergerät: Jahresabschreibung: 8.680 € : 7 Jahre = 1.240 €
AK 8.680 € - 104 € (AfA 2023: 1⁄12 von 1.240 €) = **8.576 €** (Buchwert 01.01.2024); AfA 2024: **1.240 €**

Lösung zu Übungsaufgabe 2

► **Ermittlung der AK:**

	Listenpreis, netto	1.200,00 €
-	3 % Rabatt	36,00 €
		1.164,00 €
-	2 % Skonto von 1.164 € =	23,28 €
=	AK	**1.140,72 €**

- **Ermittlung des Überweisungsbetrags:**

	Listenpreis, netto	1.200,00 €
-	3 % Rabatt	36,00 €
		1.164,00 €
+	19 % USt	221,16 €
=	Rechnungsendbetrag	1.385,16 €
-	2 % Skonto von 1.385,16 € =	27,70 €
=	Überweisungsbetrag	**1.357,46 €**

- **Ermittlung des Abschreibungsbetrags:**

Jahresabschreibung = 1.140,72 : 13 Jahre = 87,75 €
davon im Anschaffungsjahr $^{10}/_{12}$ = 73,13 €, gerundet = **74 €**

Nr.	SOLL		Betrag in €	HABEN		Auf-wand	Er-trag
	Konto-Bezeichnung	Konto-Nr. SKR 03 (SKR 04)		Konto-Bezeichnung	Konto-Nr. SKR 03 (SKR 04)		
1	Büroeinrichtung	0420 (0650)	1.164,00	Verbindl. a LuL	1600 (3300)		
	Vorsteuer 19 %	1576 (1406)	221,16	Verbindl. a LuL	1600 (3300)		
2	Verbindl. a LuL	1600 (3300)	1.357,46	Bank	1200 (1800)		
	Verbindl. a LuL	1600 (3300)	23,28	Büroeinrichtung	0420 (0650)		
	Verbindl. a LuL	1600 (3300)	4,42	Vorsteuer 19 %	1576 (1406)		
2	Abschreibung Sachanl.	4830 (6220)	74,00	Büroeinrichtung	0420 (0650)	X	

D. Planmäßige Abschreibung von Gebäuden

Lösung zu Lernjob 1

Infoblatt zur Abschreibung von betrieblichen Gebäuden:

1. Unterscheidung betrieblicher Gebäudearten

- Wirtschaftsgebäude

  Merkmale:
  - Betriebsvermögen
  - Bauantrag nach dem 31.03.1985
  - keine Wohnzwecke

  } hier:
  die neu zu errichtende Lagerhalle
  (alle Merkmale erfüllt)

- andere Betriebsvermögensgebäude
  - Betriebsvermögen
  - kein Wirtschaftsgebäude

  } hier:
  die zu erwerbende Lagerhalle
  (weil Bauantrag vor dem 31.03.1985)

2. Zur Wahl stehende AfA-Alternativen und AfA-Prozentsätze

Für Gebäude, die 2024 angeschafft oder hergestellt werden, gilt:

Gebäudeart	AfA-Arten	AfA-Sätze
Wirtschaftsgebäude	lineare AfA	3 %
	degressive AfA nicht möglich	-----
Betriebsvermögensgebäude, die keine Wirtschaftsgebäude sind („andere Betriebsvermögensgebäude“)	lineare AfA, sofern nach dem 31.12.2022 fertiggestellt	3 %
	lineare AfA, sofern vor dem 01.01.2023 und nach dem 31.12.1024 fertiggestellt	2 %
	degressive AfA nur möglich, wenn das Gebäude Wohnzwecken dient (hier nicht der Fall)	-----

3. AfA im Zugangsjahr

Im Jahr der Anschaffung (Kauf) bzw. Fertigstellung (eigene Herstellung) ist die AfA **zeitanteilig (monatsgenau)** vorzunehmen, d. h. der Jahresbetrag der Abschreibung wird anteilig für diejenigen Monate berücksichtigt, in denen das Gebäude sich im Anlagevermögen des Betriebes befindet. Angefangene Monate werden hierbei als volle Monate berücksichtigt (Beispiel: Fertigstellung am 25.05.2024 → Berücksichtigung für Mai bis Dezember 2024 = 8 Monate, also $^8/_{12}$ des Jahresbetrags der Abschreibung).

4. AfA in Folgejahren

In den Jahren nach dem Zugangsjahr wird die Abschreibung des Gebäudes wie folgt mit dem vollen AfA-Betrag berücksichtigt, sofern sich das Gebäude das gesamte Jahr im Betriebsvermögen des Betriebes befindet:

AK/HK • AfA-Satz (hier 3 %) = AfA-Betrag, z. B. 250.000 € • 3 % = **7.500 €**

INFO

Für **Wirtschaftsgebäude**, die **vor 2001** angeschafft oder selbst hergestellt wurden, gilt ein AfA-Satz von **4 %**.

Für **„andere Betriebsvermögensgebäude“**, die **vor 2023** angeschafft oder selbst hergestellt wurden, gilt ein **linearer AfA-Satz** von

- **2,5 %** (wenn das Gebäude **vor 1925 fertiggestellt** wurde) bzw.
- **2 %** (wenn das Gebäude **nach dem 31.12.1924 fertiggestellt** wurde).

Lösung zu Lernjob 2

			Euro
a) **Ermittlung der AK:**		Kaufpreis	260.000,00
	+	ANK	
		2 % Notar- und Grundbuchgebühren	5.200,00
		5 % Grunderwerbsteuer	13.000,00
	=	AK	**278.200,00**

davon entfällt auf die Lagerhalle:
278.200 € : 260.000 € · 182.000 €
oder: 260.000 € • 70 % (Anteil der Lagerhalle am Kaufpreis) = **194.740,00**

b) **AfA 2024:** 194.740 € • 2 % • $\frac{5}{12}$ (August - Dezember) = 1.622,83
gerundet **1.623,00**
[Hinweis: AfA-Satz 2 %, weil Bauantrag der Halle vor 1985]

c) und d):

Nr.	SOLL		Betrag in €	HABEN		Auf-wand	Er-trag
	Konto-Bezeichnung	Konto-Nr. SKR 03 (SKR 04)		Konto-Bezeichnung	Konto-Nr. SKR 03 (SKR 04)		
1	Andere Bauten (Lagerhalle)	0115 (0260)	194.740,00	Bebaute Grundstücke	0085 (0235)		
2	Abschreibungen auf Gebäude	4831 (6221)	1.623,00	Andere Bauten (Lagerhalle)	0115 (0260)	X	

Ergänzende Übungsaufgaben

Lösung zu Übungsaufgabe 1

- **Berechnung der Abschreibung:**

  AfA linear 3 % gem. § 7 Abs. 4 Satz 1 Nr. 1 EStG, für das Zugangsjahr mit $\frac{7}{12}$ (Juni - Dezember)

  495.800 € • 3 % • $\frac{7}{12}$ = 8.676,50 €, gerundet **8.677 €**

- **Buchungssatz zur Erfassung der Abschreibung:**

Nr.	SOLL		Betrag in €	HABEN		Auf-wand	Er-trag
	Konto-Bezeichnung	Konto-Nr. SKR 03 (SKR 04)		Konto-Bezeichnung	Konto-Nr. SKR 03 (SKR 04)		
	Abschreibungen auf Gebäude	4831 (6221)	8.677,00	Geschäftsbauten	0090 (0240)	X	

Lösung zu Übungsaufgabe 2

► **Berechnung der Anschaffungskosten:**

Kaufpreis	300.000,00 €
Grunderwerbsteuer 5 % von 300.000 € =	15.000,00 €
Notarrechnung für den Kaufvertrag, netto	2.000,00 €
Grundbucheintragungsgebühr	1.850,00 €
AK Grundstück gesamt	**318.850,00 €**
davon 80 % (Gebäudeanteil) =	**255.080,00 €**

► **Berechnung der Abschreibung:**

AfA linear 2 % gem. § 7 Abs. 4 Satz 1 Nr. 2b EStG,
für das Zugangsjahr mit $\frac{8}{12}$ (Mai - Dezember)

255.080 € • 2 % • $\frac{8}{12}$ = 3.401,06 €, gerundet **3.402 €**

► **Buchungssatz zur Erfassung der Abschreibung:**

Nr.	SOLL		Betrag in €	HABEN		Auf-wand	Er-trag
	Konto-Bezeichnung	Konto-Nr. SKR 03 (SKR 04)		Konto-Bezeichnung	Konto-Nr. SKR 03 (SKR 04)		
	Abschreibungen auf Gebäude	4831 (6221)	3.402,00	Geschäftsbauten	0090 (0240)	X	

E. Finanzierung von Anlagenanschaffungen

Lösung zu Lernjob 1

Finanzierungsalternativen:

- Privateinlage(n) des Unternehmers
- Bankkredit
- Privatkredit von Familienangehörigen oder Freunden
- Aufnahme eines oder mehrerer Mitunternehmer/s
- Einbehaltung von erzielten Gewinnen im Unternehmen
- Leasing

Lösung zu Lernjob 2

- **Eigenfinanzierung:** Finanzierung mit **Eigenkapital**
  - Privateinlage(n) des Unternehmers
  - Aufnahme eines oder mehrerer Mitunternehmer/s
  - Einbehaltung von erzielten Gewinnen im Unternehmen

- **Fremdfinanzierung:** Finanzierung mit **Fremdkapital**
  - Bankkredit
  - Privatkredit von Familienangehörigen oder Freunden
  - (Leasing)
- **Innenfinanzierung:** Finanzierung innerhalb des Unternehmens (mit Mitteln des Unternehmens)
  - Einbehaltung von erzielten Gewinnen im Unternehmen
- **Außenfinanzierung:** Finanzierung von außerhalb des Unternehmens (Zuführung von Finanzmitteln von„außen")
  - Aufnahme eines oder mehrerer Mitunternehmer/s
  - Einbehaltung von erzielten Gewinnen im Unternehmen
  - Bankkredit
  - Privatkredit von Familienangehörigen oder Freunden
  - (Leasing)

Lösung zu Lernjob 3

	Eigenfinanzierung	Fremdfinanzierung
Vorteile	► das Kapital steht dem Betrieb grundsätzlich **unbefristet** zur Verfügung ► **keine** (festen) Zinszahlungen ► **hohe Eigenkapitalquote** erhöht die Kreditwürdigkeit des Unternehmens	► Kapitalgeber hat grundsätzlich **keinen** Einfluss auf die Unternehmensentscheidungen ► nach der Tilgung keine Abhängigkeit von dem Kapitalgeber
Nachteile	► Kapitalgeber (Teilhaber) **haben Mitspracherechte** bei Entscheidungen ► mehr Personen, die **Gewinnanteilsansprüche** haben	► das Kapital steht dem Betrieb nur **zeitlich befristet** zur Verfügung ► feste **Zinszahlungen** (fixe Kosten) ► **Tilgungen** führen zu Liquiditäts**entzug**

Lösung zu Lernjob 4

Die Lösung ist je nach Argumentation offen, z. B.

- Empfehlung der Aufnahme von Herrn Böhm als Mitunternehmer (Bildung einer Gesellschaft; hier z. B. einer OHG), der eine Einlage in die Werbeagentur mindestens in Höhe der Investitionssumme leistet.

  Vorteile dieser Entscheidung wären z. B.:
  - das Kapital steht dem Betrieb grundsätzlich **unbefristet** zur Verfügung
  - **keine** (festen) Zinszahlungen an eine Bank
  - **die erhöhte Eigenkapitalquote** erhöht die Kreditwürdigkeit des Unternehmens.

Nachteile dieser Entscheidung wären z. B.:

- Herr Böhm **hat Mitspracherechte** bei Entscheidungen (Herr Jarmusch kann nicht mehr allein entscheiden)
- Herr Böhm erhält **Anteile vom Gewinn der Werbeagentur.**

oder

► Empfehlung der Aufnahme eines Bankkredits in Höhe der Investitionssumme.

Vorteile dieser Entscheidung wären z. B.:

- nach der Rückzahlung des Kredits keine Abhängigkeit von der Bank
- Herr Jarmusch bleibt weiter **„alleiniger Chef"** (**keiner hat Mitspracherechte**, Herr Jarmusch hat **alleinige Gewinnansprüche**).

Nachteile dieser Entscheidung wären z. B.:

- das Kapital steht dem Betrieb nur **zeitlich befristet** zur Verfügung
- feste **Zinszahlungen** (fixe Kosten für die Werbeagentur)
- **Zinszahlungen** und **Tilgungen** führen zu Liquiditäts**entzug.**

Ergänzende Übungsaufgaben

Lösung zu Übungsaufgabe 1

Sachverhalt	Eigen-finan-zierung	Fremd-finan-zierung	Innen-finan-zierung	Außen-finan-zierung
Kredit von einer Bank		X		X
Privateinlage des Unternehmers	X			X
Gewinne des Unternehmens werden für Finanzierungszwecke verwendet	X		X	
Aufnahme eines Mitunternehmers in das Unternehmen gegen Geldeinlage	X			X
Aufnahme eines echten stillen Gesellschafters		X		X
Privatdarlehen von den Eltern des Unternehmers		X		X

Lösung zu Übungsaufgabe 2

Die Lösung ist je nach Argumentation offen, z. B. wie bei der Lösung zu Lernjob 4:

- **Aufnahme eines Mitunternehmers**, der eine entsprechende Einlage leistet oder
- Finanzierung der neuen Druckmaschine mithilfe eines **Bank- oder Privatkredits** (sofern die entsprechende Kreditwürdigkeit von Herrn Ünal gegeben ist).

Die Abwägung (**Vor- und Nachteile**) erfolgt wir bei der **Lösung zu Lernjob 4** (siehe dort).

Weitere Vorschläge wären (falls schon bekannt):

- **Aufnahme eines echten stillen Gesellschafters**

  Vorteile dieser Entscheidung wären z. B.:
  - das Kapital steht dem Betrieb grundsätzlich **langfristig** zur Verfügung
  - **der „Mitgesellschafter" tritt nach außen nicht in Erscheinung** („kein Außenstehender weiß davon")
  - Herr Ünal bleibt weiter **„alleiniger Chef" (keine Mitspracherechte des stillen Gesellschafters**, nur vertraglich vereinbarte Anteile am Gewinn)
  - nach der Rückzahlung der Einlage des stillen Gesellschafters keine Abhängigkeit mehr von ihm
  - keine festen **Zinszahlungen** und **Tilgungen**, sondern gewinnabhängige Verzinsung (betriebswirtschaftlich sinnvoll).

  Nachteile dieser Entscheidung wären z. B.:
  - das Kapital steht dem Betrieb nur **zeitlich befristet** zur Verfügung (so lang der Vertrag mit dem stillen Gesellschafter läuft)
  - der stille Gesellschafter hat Ansprüche auf Gewinnanteile
  - ggf. kann der stille Gesellschafter „indirekt" Einfluss auf die unternehmerischen Entscheidungen nehmen
  - Rechnungslegungspflicht gegenüber dem stillen Gesellschafter (§ 233 HGB).
- Leasing (Vertiefung und Abwägung erfolgt im Kapitel C – siehe dort)

F. Kreditarten und Kreditsicherungen

Lösung zu Lernjob 1

Darlehensart	Merkmale
Fälligkeits-darlehen	► Rückzahlung der gesamten Darlehenssumme zu einem vereinbarten bestimmten Termin (z. B. nach 5 Jahren Darlehenslauzeit) ► in der Zeit zwischen der Darlehensauszahlung und -rückzahlung bezahlt der Schuldner nur Zinsen an die Bank, die monatlich, vierteljährlich oder jährlich berechnet werden.
Raten-darlehen	► Rückzahlung (Tilgung) mit feststehenden Raten (z. B. monatlich 1.000 €) ► die Zinsen werden separat berechnet und monatlich/vierteljährlich o. ä. vom Schuldner an die Bank bezahlt.
Annuitäten-darlehen	► monatlich/vierteljährlich/jährlich gleichbleibender Schuldendienst (z. B. monatlich 1.500 €), der sowohl Tilgung als auch Zinsen beinhaltet ► nach jeder Zahlung wird der Zinsanteil in der nachfolgenden Zahlung geringer und der Tilgungsanteil größer.

Lösung zu Lernjob 2

Kreditsicherung (Begriff)	Merkmale/Beschreibung
Hypothek (§§ 1113 ff. BGB)	► Pfandrecht an einem Grundstück, das den Gläubiger unter bestimmten Bedingungen berechtigt, das Grundstück auf dem Weg der Zwangsvollstreckung zur Begleichung seiner Forderung zu verwerten ► setzt das Bestehen einer konkreten Forderung (Darlehensgewährung) voraus (ohne Darlehen keine Hypothek); sog. „akzessorische Sicherheit“ ► wird im Grundbuch eingetragen ► verringert sich die Forderung durch Tilgung(en), so verringert sich in gleichem Maße die Hypothek ► erlischt, wenn das Darlehen zurückgezahlt ist ► Löschung im Grundbuch kann nach Rückzahlung des Darlehens beantragt werden.
Grundschuld (§§ 1191 ff. BGB)	► Pfandrecht an einem Grundstück, das den Gläubiger unter bestimmten Bedingungen berechtigt, das Grundstück auf dem Weg der Zwangsvollstreckung zur Begleichung seiner Forderung zu verwerten ► setzt im Gegensatz zur Hypothek nicht das Bestehen einer konkreten Forderung (Darlehensgewährung) voraus (Grundschuld auch ohne konkretes Darlehen möglich); sog. „abstrakte Sicherheit“ ► wird im Grundbuch eingetragen ► verringert sich eine mit einer Grundschuld abgesicherte Forderung durch Tilgung(en), so verringert sich die Grundschuld nicht (die Grundschuld bleibt in ursprünglicher Höhe bestehen) ► sie erlischt nicht, wenn das Darlehen zurückgezahlt ist ► Löschung im Grundbuch kann beantragt werden.

Kreditsicherung (Begriff)	Merkmale/Beschreibung
Pfandrecht (§§ 1204 ff. BGB)	► zur Sicherung eines Darlehens werden bewegliche Vermögensgegenstände (z. B. Gold, Silber, Schmuck, Antiquitäten, Bilder, Wertpapiere etc.) hinterlegt ► der Kreditnehmer (Verpfänder) bleibt Eigentümer, der Kreditgeber wird Besitzer ► kommt der Kreditnehmer (Schuldner) seinen Verpflichtungen aus dem Kreditvertrag nicht nach, kann der Kreditgeber das Pfand veräußern ► kommt der Kreditnehmer (Schuldner) seinen Verpflichtungen aus dem Kreditvertrag ordnungsgemäß nach, erhält er nach Rückzahlung des Darlehens das Pfand zurück.
Bürgschaft (§§ 765 ff. BGB)	► eine dritte Person (Bürge) verpflichtet sich gegenüber dem Kreditgeber, für die Erfüllung der Verbindlichkeit(en) des Kreditnehmers einzustehen ► kommt der Kreditnehmer (Schuldner) seinen Verpflichtungen aus dem Kreditvertrag nicht nach, kann sich der Kreditgeber an den Bürgen wenden ► bei der „einfachen" Bürgschaft hat der Bürge das Recht der „Einrede der Vorausklage", d. h. er haftet erst, wenn der Kreditgeber zur Durchsetzung seiner Forderung die Zwangsvollstreckung in das Vermögen des Schuldners erfolglos durchgeführt hat (sofern der Bürge die Einrede geltend macht) ► bei der sog. „selbstschuldnerischen Bürgschaft" verzichtet der Bürge auf das Recht der Einrede der Vorausklage, d. h. er haftet direkt, wenn der Schuldner seinen Verpflichtungen gegenüber dem Kreditgeber nicht nachkommt.

Konkrete Vorschläge:

- Darlehensabsicherung durch eine Hypothek oder Grundschuld auf die private Eigentumswohnung

  oder

- Verpfändung seiner Guthaben des Aktiensparvertrags und seiner Kapital-Lebensversicherung

  oder

- Absicherung durch eine Bürgschaft seiner Eltern.

Lösung zu Lernjob 3

1. Das Disagio/Damnum ist ein zwischen der Bank und dem Darlehensnehmer vereinbarter Abzugsbetrag vom Auszahlungsbetrag des Darlehens: Darlehensbetrag minus Disagio = Auszahlungsbetrag. Es dient der Festlegung des Darlehenszinses für einen bestimmten Zeitraum (Festzinsvereinbarung). Es wird als vorausgezahlter Zins, verbunden mit einem Risikozuschlag interpretiert und ist deshalb grundsätzlich auf den Zeitraum der Zinsbindung zu verteilen.
2. 90.000 € - 1.800 € (2 %) = **88.200 €**
3. **90.000 €**
4. a) 90.000 € • 6 % : 360 Tage • 30 Tage = **450 €**

   b) 89.060 € (90.000 € - 940 €) • 6 % : 360 Tage • 30 Tage = **445,30 €**

Lösung zu Lernjob 4

a) **Aufnahme des Darlehens unter Abzug des Disagios.**

<table>
<tr><th colspan="2">SOLL</th><th rowspan="2">Betrag in €</th><th colspan="2">HABEN</th><th rowspan="2">Auf-wand</th><th rowspan="2">Er-trag</th></tr>
<tr><th>Konto-Bezeichnung</th><th>Konto-Nr. SKR 03 (SKR 04)</th><th>Konto-Bezeichnung</th><th>Konto-Nr. SKR 03 (SKR 04)</th></tr>
<tr><td>Bank</td><td>1200 (1800)</td><td>88.200,00</td><td>Verbindl. Kreditinst. Restlaufzeit > 5 Jahre</td><td>0650 (3170)</td><td></td><td></td></tr>
<tr><td>Damnum/ Disagio</td><td>0986 (1940)</td><td>1.800,00</td><td>Verbindl. Kreditinst. Restlaufzeit > 5 Jahre</td><td>0650 (3170)</td><td></td><td></td></tr>
</table>

b) **Abbuchung der Schuldzinsen für Juli 2024 vom Girokonto von Herrn Luy.**

<table>
<tr><td>Zinsaufwendungen für langfr. Verbindlichk.</td><td>2120 (7320)</td><td>450,00</td><td>Bank</td><td>1200 (1800)</td><td>X</td><td></td></tr>
</table>

c) **Abbuchung der Tilgung für Juli 2024 vom Girokonto von Herrn Luy.**

<table>
<tr><td>Verbindl. Kreditinst. Restlaufzeit > 5 Jahre</td><td>0650 (3170)</td><td>940,00</td><td>Bank</td><td>1200 (1800)</td><td></td><td></td></tr>
</table>

d) **Zeitanteilige Auflösung („Abschreibung") des Disagios zum 31.12.2024. Die Darlehenslaufzeit und Zinsbindung beträgt 8 Jahre.**

Abschreibungen auf Damnum zur Finanzierung des AV	2124 (7324)	112,50	Damnum/ Disagio	0986 (1940)	X	

1.800 € : 8 Jahre : 12 Monate • 6 Monate (Juli-Dezember) = **112,50 €**

Ergänzende Übungsaufgaben

Lösung zu Übungsaufgabe 1

a) Hypothek

Grundschuld

b) Die Eintragung einer Hypothek setzt eine konkrete Forderung gegen den Schuldner voraus (hier erfüllt).

Die Grundschuld ist eine Grundstücksbelastung, die ohne Vorliegen einer konkreten Forderung im Grundbuch eingetragen werden kann.

Lösung zu Übungsaufgabe 2

Bilanzposition	**Kreditsicherheit**
Wertpapiere des AV	Verpfändung (Pfandrecht)
Grund und Boden	Hypothek oder Grundschuld
Geschäftsgebäude	Hypothek oder Grundschuld
Betriebs- und Geschäftsausstattung	Sicherungsübereignung

Lösung zu Übungsaufgabe 3

SOLL		Betrag in €	HABEN		Aufwand	Ertrag
Konto-Bezeichnung	Konto-Nr. SKR 03 (SKR 04)		Konto-Bezeichnung	Konto-Nr. SKR 03 (SKR 04)		
Bank	1200 (1800)	98.000,00	Verbindl. Kreditinst. Restlaufzeit 1 - 5 Jahre	0640 (3160)		
Damnum/Disagio	0986 (1940)	2.000,00	Verbindl. Kreditinst. Restlaufzeit 1 - 5 Jahre	0640 (3160)		
Zinsaufwendungen	2120 (7320)	950,00	Bank	1200 (1800)	X	
Abschreibung Disagio	2124 (7324)	84,44	Damnum/Disagio	0986 (1940)	X	

Zinsen 15.10. - 31.12.:

100.000 € • 4,5 % : 360 Tage • 76 Tage = **950 €**

Abschreibung Disagio:

2.000 € : 5 Jahre : 360 Tage • 76 Tage = **84,44 €**

G. Leasing als Sonderform der Finanzierung

Lösung zu Lernjob 1

1. **Leasing-Vorteile:**
   - es muss kein Kredit aufgenommen werden: keine Kreditsicherheiten notwendig und keine Kapitalbindung → bestehender Kreditspielraum bleibt erhalten
   - geringer Finanzmittelbedarf im Jahr der Anschaffung (nur in Höhe der Leasingraten)
   - ggf. Serviceleistungen durch den Vermieter (kommt auf die Vertragsgestaltung an)
   - kurze Bindungsdauer (bei Ablauf des Leasingvertrags kann ein neues Gerät mit neuem technischen Standard gemietet oder angeschafft werden).
2. **Leasing-Nachteile:**
   - kein eigenes Vermögen (kein materieller Gegenwert für die Leasingraten)
   - die Summe der Leasingraten über die Laufzeit ist in der Regel höher als die Finanzierungs- und Instandhaltungskosten (z. B. beim kreditfinanzierten Kauf) ... Leasing ist also in der Regel teurer
   - bei schnellem technischen Fortschritt keine Kündigungsmöglichkeit während der Grundmietzeit (Bindung an den Leasing-Geber).

Lösung zu Lernjob 2

Alternativen der Vertragsgestaltung (Beispiele):

a) **Miete ohne Option:**

Miete über eine bestimmte Zeit und danach Rückgabe des Leasinggegenstandes an den Leasing-Geber

b) **Miete mit Kaufoption:**

wie a), jedoch mit dem Unterschied, dass der Leasing-Nehmer (Mieter) den Leasinggegenstand am Ende der Grundmietzeit vom Vermieter kaufen kann

c) **Miete mit Mietverlängerungsoption:**

der Leasing-Nehmer hat das vertraglich zugesicherte Recht, die Mietdauer im Anschluss an die vereinbarte Grundmietzeit zu verlängern.

Lösung zu Lernjob 3

Die Antwort ist offen. Es kommt auf eine schlüssige Argumentation an.

Beispiel:

Leasing hat für Herrn Preußer zunächst den Vorteil, dass er keinen Kredit aufnehmen muss. Das Procedere der Kreditwürdigkeitsprüfung durch die Bank ist zeitaufwendig.

Leasing hat weiterhin den Vorteil, dass die monatliche Liquiditätsbelastung niedrig ist. Außerdem hat der Vermieter in der Regel das Risiko der Funktionstüchtigkeit zu tragen und ggf. anfallende Reparaturen durchführen zu lassen.

Ein entscheidender Nachteil des Leasings im Vergleich zum kreditfinanzierten Kauf sind die insgesamt höheren Kosten:

- Leasing: 72 Monate • 250 € = 18.000 €. Bei Ausübung der Kaufoption nach 6 Jahren kommen 4.500 € hinzu, also insgesamt 22.500 €.
- Die Kreditfinanzierung würde bei 6 Jahren Laufzeit und einem Zinssatz von 6 % p. a. bei einem Ratendarlehen insgesamt 2.700 € Zinsen kosten. Zusammen mit der Tilgung beliefen sich alle Zahlungen zusammengerechnet auf 17.700 € (15.000 € Tilgungen plus 2.700 € Zinsen).

Sofern Herr Preußer kreditwürdig ist, könnte ihm aus Kostengesichtspunkten zur Kreditfinanzierung geraten werden.

Lösung zu Lernjob 4

Bei einem Finanzierungs-Leasing mit Kaufoption (liegt hier vor) ist der Leasing-Gegenstand bilanziell dem Vermieter zuzuordnen, wenn folgende Voraussetzungen erfüllt sind:

- die Grundmietzeit beträgt zwischen 40 und 90 % der Nutzungsdauer des Anlagegegenstands (hier erfüllt: 6 Jahre : 10 Jahre • 100 = 60 %), und
- der Rest-Kaufpreis bei Ausübung der Kaufoption ist größer als der Restbuchwert des Gegenstands zu diesem Zeitpunkt (hier erfüllt: Restkaufpreis 4.500 € > Restbuchwert 4.000 €).

Die Kühltheke ist somit bilanziell dem Vermieter zuzuordnen; er muss den Gegenstand aktivieren und abschreiben Der Mieter erfasst nur die Leasing-Raten als direkt abziehbare Betriebsausgaben.

SOLL		Betrag in €	HABEN		Auf-wand	Er-trag
Konto-Bezeichnung	Konto-Nr. SKR 03 (SKR 04)		Konto-Bezeichnung	Konto-Nr. SKR 03 (SKR 04)		
Buchungen beim Großhändler (Vermieter der Kühltheke):						
Sonstige BGA	0490 (0690)	15.000,00	Bank	1200 (1800)		
Vorsteuer 19 %	1576 (1406)	2.850,00	Bank	1200 (1800)		
Abschreibung Sachanlagen	4830 (6220)	1.500,00	Sonstige BGA	0490 (0690)	X	
Bank	1200 (1800)	250,00	Sonstige Erträge	8640 (4835)		X
Bank	1200 (1800)	47,50	Umsatzsteuer 19 %	1776 (3806)		
Buchungen bei Herrn Preußer (Mieter der Kühltheke):						
Mietleasing	4810 (6840)	250,00	Bank	1200 (1800)	X	
Vorsteuer 19 %	1576 (1406)	47,50	Bank	1200 (1800)		

Ergänzende Übungsaufgaben

Lösung zu Übungsaufgabe 1

a) Leasing (engl. to lease = mieten) ist eine Form der Miete oder Pacht von Investitionsgütern (insbesondere von Anlagegegenständen). Leasing gilt **Finanzierungsalternative, um die Nutzungsrechte an einem Objekt zu erhalten**.

b) In der Realität gibt es eine Vielzahl unterschiedlicher Vertragsgestaltungen des Leasings. Alternativen der Vertragsgestaltung sind (Beispiele):

- **Miete ohne Option:**

  Miete über eine bestimmte Zeit, in der der Vertrag für beide Vertragsparteien unkündbar ist und danach Rückgabe des Leasinggegenstandes an den Leasing-Geber.

- **Miete mit Kaufoption:**

  Miete über eine bestimmte Zeit, in der der Vertrag für beide Vertragsparteien unkündbar ist; dem Leasing-Nehmer (Mieter) wird gleichzeitig vertraglich garantiert, im Anschluss an die Grundmietzeit den Leasinggegenstand vom Vermieter kaufen zu können.

- **Miete mit Mietverlängerungsoption:**

Miete über eine bestimmte Zeit, in der der Vertrag für beide Vertragsparteien unkündbar ist; dem Leasing-Nehmer (Mieter) wird gleichzeitig vertraglich garantiert, im Anschluss an die Grundmietzeit die Mietdauer zu verlängern (in der Regel zu einer geringeren Leasing-Rate).

Lösung zu Übungsaufgabe 2

a) Bei einem Finanzierungs-Leasing mit Kaufoption (liegt hier vor) ist der Leasing-Gegenstand bilanziell dem Vermieter zuzuordnen, wenn folgende Voraussetzungen erfüllt sind:

- die Grundmietzeit beträgt zwischen 40 und 90 % der Nutzungsdauer des Anlagegegenstands (hier erfüllt: 6 Jahre : 9 Jahre • 100 = 67 %), **und**
- der Rest-Kaufpreis bei Ausübung der Kaufoption ist größer als der Restbuchwert des Gegenstands zu diesem Zeitpunkt (hier erfüllt: Restkaufpreis 38.000 € > Restbuchwert 36.000 €).

Der Lkw ist somit bilanziell der „Mobile GmbH" (Vermieter) zuzuordnen; sie muss den Gegenstand aktivieren und abschreiben. Die Schnell und Zuverlässig OHG (Mieter) erfasst nur die Leasing-Raten als direkt abziehbare Betriebsausgaben.

b) Buchungen:

SOLL		Betrag in €	HABEN		Aufwand	Ertrag
Konto-Bezeichnung	**Konto-Nr. SKR 03 (SKR 04)**		**Konto-Bezeichnung**	**Konto-Nr. SKR 03 (SKR 04)**		
► **Buchungen bei der Mobile GmbH:**						
Sonstige BGA	0490 (0690)	108.000,00	Bank	1200 (1800)		
Vorsteuer 19 %	1576 (1406)	20.520,00	Bank	1200 (1800)		
Abschreibung Sachanlagen	4830 (6220)	10.000,00[1]	Sonstige BGA	0490 (0690)	X	
Bank	1200 (1800)	1.800,00	Sonstige Erträge	8640 (4835)		X
Bank	1200 (1800)	342,00	Umsatzsteuer 19 %	1776 (3806)		
► **Buchungen der Schnell und Zuverlässig OHG:**						
Mietleasing	4810 (6840)	1.800,00	Bank	1200 (1800)	X	
Vorsteuer 19 %	1576 (1406)	342,00	Bank	1200 (1800)		

Lösung zu Übungsaufgabe 3

a) Bei einem Finanzierungs-Leasing mit Kaufoption (liegt hier vor) ist der Leasing-Gegenstand bilanziell dem Vermieter zuzuordnen, wenn folgende Voraussetzungen erfüllt sind:

- die Grundmietzeit beträgt zwischen 40 und 90 % der Nutzungsdauer des Anlagegegenstands (hier erfüllt: 4 Jahre : 7 Jahre · 100 = 57 %), und
- der Rest-Kaufpreis bei Ausübung der Kaufoption ist größer als der Restbuchwert des Gegenstands zu diesem Zeitpunkt (hier erfüllt: Restkaufpreis 5.000 € > Restbuchwert 4.500 €).

[1] Abschreibung: 108.000 € : 9 Jahre ND : 12 Monate · 10 Monate (01.03. - 31.12.) = **10.000 €**.

Das Kopiergerät ist somit bilanziell Herrn Heimes (Vermieter) zuzuordnen, der den Gegenstand aktivieren und abschreiben muss. Herr Öztürk (Mieter) erfasst nur die Leasing-Raten als direkt abziehbare Betriebsausgaben.

b) Buchungen:

SOLL		Betrag in €	HABEN		Aufwand	Ertrag
Konto-Bezeichnung	Konto-Nr. SKR 03 (SKR 04)		Konto-Bezeichnung	Konto-Nr. SKR 03 (SKR 04)		
► **Buchungen beim Vermieter Heimes:**						
Sonstige BGA	0490 (0690)	10.500,00	Bank	1200 (1800)		
Vorsteuer 19 %	1576 (1406)	1.995,00	Bank	1200 (1800)		
Abschreibung Sachanlagen	4830 (6220)	750,00[1]	Sonstige BGA	0490 (0690)	X	
Bank	1200 (1800)	300,00	Sonstige Erträge	8640 (4835)		X
Bank	1200 (1800)	57,00	Umsatzsteuer 19 %	1776 (3806)		
► **Buchungen beim Mieter Öztürk**						
Mietleasing	4810 (6840)	300,00	Bank	1200 (1800)	X	
Vorsteuer 19 %	1576 (1406)	57,00	Bank	1200 (1800)		

H. Geringwertige Wirtschaftsgüter (GWG)

Lösung zu Lernjob 1

Infoblatt zur Absetzung geringwertiger Wirtschaftsgüter (GWG):

1. **Merkmale geringwertiger Wirtschaftsgüter nach § 6 Abs. 2 EStG in sachlicher Hinsicht**

   Die steuerliche Einordnung als „GWG“ betrifft nur Vermögensgegenstände, welche alle der nachfolgenden Merkmale erfüllen:

   - Anlagevermögen
   - beweglich
   - abnutzbar
   - selbstständig nutzbar.

   Zum **Anlagevermögen** gehören diejenigen Wirtschaftsgüter, deren Nutzung längerfristig (länger als ein Jahr) erfolgen soll (vgl. § 247 Abs. 2 HGB und R 6.1 EStR).

   Bewegliche Wirtschaftsgüter sind nach R 7.1 Abs. 1 EStR insbesondere Sachen, Tiere und Scheinbestandteile. **Nicht** zu den beweglichen Wirtschaftsgütern gehören immaterielle Wirtschaftsgüter (z. B. Rechte, Lizenzen, Patente o. Ä.). Eine **Ausnahme** hiervon gilt für Computerprogramme mit geringem Wert (sog. „Trivialprogramme“).

[1] Abschreibung: 10.500 € : 7 Jahre ND : 12 Monate · 6 Monate (01.07. - 31.12.) = **750 €**.

Sie werden wie materielle – also wie bewegliche – Wirtschaftsgüter behandelt, wenn ihre AK nicht mehr als 800 € (netto) betragen (vgl. R 5.5 Abs. 1 EStR).

Abnutzbar sind Wirtschaftsgüter, deren Wert sich im Zeitablauf stetig verringert.

Selbstständig nutzbar sind Wirtschaftsgüter dann, wenn sie ohne andere Wirtschaftsgüter des Anlagevermögens genutzt werden können. **Nicht** selbstständig nutzbar sind Wirtschaftsgüter, die nach ihrer betrieblichen Zweckbestimmung nur zusammen mit anderen Wirtschaftsgütern genutzt werden können (z. B. Computer, Monitor, Tastatur).

2. **Wertgrenzen**

Wirtschaftsgüter des Betriebsvermögens, welche die oben aufgeführten sachlichen Voraussetzungen erfüllen, gelten steuerlich als GWG wenn deren AK/HK

nicht mehr als 800 € (netto)

betragen.

Hinweis: Für die Beurteilung, ob die 800 €-Grenze überschritten wird oder nicht, ist der **Nettobetrag** (**ohne** USt) maßgebend. Wenn USt in Rechnung gestellt wurde, ist es unerheblich, ob diese beim Rechnungsempfänger abziehbar ist oder nicht (vgl. R 9b Abs. 2 EStR).

GWG **über 250 € netto** müssen grundsätzlich in ein laufend zu führendes Verzeichnis (**Anlagenverzeichnis**) aufgenommen werden (vgl. § 6 Abs. 2 Satz 4 EStG); **jedoch nicht**, wenn die in § 6 Abs. 2 EStG geforderten Angaben (AK/HK oder Einlagewert, Tag der Anschaffung/Herstellung oder Einlage) aus der Buchführung ersichtlich sind, beispielsweise durch Erfassung auf einem speziellen Konto mit diesen Daten (vgl. § 6 Abs. 2 Satz 5 EStG).

3. **Absetzungsalternativen**

GWG bis 800 € netto können alternativ

- im Wirtschaftsjahr der Anschaffung/Herstellung oder Einlage **in voller Höhe** als Betriebsausgaben abgezogen oder
- über den Zeitraum ihrer voraussichtlichen Nutzungsdauer **planmäßig abgeschrieben** werden.

Dieses Wahlrecht darf **für jedes GWG**, das die o. g. Voraussetzungen erfüllt, **gesondert** ausgeübt werden.

Lösung zu Lernjob 2

Stativ für die Videokameras:

Das Stativ für Videokameras ist ein GWG, weil es zum Anlagevermögen gehört (ND > 1 Jahr), beweglich, abnutzbar und selbstständig nutzbar ist und AK hat, die nicht mehr als 800 € betragen.

Die AK des Stativs (300 €) können 2024 in voller Höhe als Betriebsausgabe abgesetzt (hier empfohlen) oder über die voraussichtliche ND (hier 6 Jahre) planmäßig abgeschrieben werden.

Weitwinkelobjektiv für die Videokamera Sona VX1:

Das Weitwinkelobjektiv für die Videokamera hat zwar AK, die nicht mehr als 800 € betragen, es ist jedoch **nicht** „einer selbstständigen Nutzung fähig" (§ 6 Abs. 2 Satz 1 EStG); seiner Zweckbestimmung nach wird es in den Nutzungszusammenhang der Videokamera Sona VX1 eingefügt. Es handelt sich somit nicht um ein GWG. Das Objektiv muss zusammen mit der Kamera über deren Restnutzungsdauer abgeschrieben werden.

Sofa für die Ausstattung des Studios:

Das Sofa erfüllt zwar die sachlichen Voraussetzungen (Anlagevermögen, beweglich, abnutzbar und selbständig nutzbar), die AK betragen aber mehr als 800 €. Die Wertgrenze nach § 6 Abs. 2 Satz 1 EStG ist somit überschritten. Das Sofa muss über den Zeitraum der voraussichtlichen ND (hier 8 Jahre) planmäßig abgeschrieben werden.

Beistelltisch für das Sofa:

Der Beistelltisch ist ein GWG, weil er zum Anlagevermögen gehört (ND > 1 Jahr), beweglich, abnutzbar und selbstständig nutzbar ist und AK hat, die nicht mehr als 800 € betragen.

Die AK des Tischs (400 €) können 2024 in voller Höhe als Betriebsausgabe abgesetzt (hier empfohlen) oder über die voraussichtliche ND (hier 8 Jahre) planmäßig abgeschrieben werden.

Zwei Klappstühle:

Die Klappstühle sind GWG, weil sie zum Anlagevermögen gehören (ND > 1 Jahr), beweglich, abnutzbar und selbstständig nutzbar sind und AK haben, die nicht mehr als 800 € betragen.

Die AK (100 € je Stuhl) können 2024 in voller Höhe als Betriebsausgabe abgesetzt (hier empfohlen) oder über die voraussichtliche ND (hier 8 Jahre) planmäßig abgeschrieben werden.

Hinweis: Da die AK je Gegenstand nicht mehr als 250 € betragen, dürfen die AK der Stühle direkt als Betriebsausgaben auf einem Aufwandskonto (z. B. „Sonstiger Betriebsbedarf") erfasst werden.

Lösung zu Lernjob 2

Nr.	SOLL		Betrag in €	HABEN		Auf-wand	Er-trag
	Konto-Bezeichnung	Konto-Nr. SKR 03 (SKR 04)		Konto-Bezeichnung	Konto-Nr. SKR 03 (SKR 04)		
1	Sofortabschreibung GWG	4855 (6260)	300,00	Bank	1200 (1800)	X	
	Abziehbare Vorsteuer 19 %	1576 (1406)	57,00	Bank	1200 (1800)		
2	Betriebsausstattung	0400 (0630)	753,00	Bank	1200 (1800)		
	Abziehbare Vorsteuer 19 %	1576 (1406)	143,07	Bank	1200 (1800)		
	Abschreibung auf Sachanlagen	4830 (6220)	1.376,00	Betriebsausstattung	0400 (0630)	X	
3	Betriebsausstattung	0400 (0630)	850,00	Bank	1200 (1800)		
	Abziehbare Vorsteuer 19 %	1576 (1406)	161,50	Bank	1200 (1800)		
	Abschreibung auf Sachanlagen	4830 (6220)	71,00	Betriebsausstattung	0400 (0630)	X	
4	Sofortabschreibung GWG	4855 (6260)	400,00	Bank	1200 (1800)	X	
	Abziehbare Vorsteuer 19 %	1576 (1406)	76,00	Bank	1200 (1800)	X	
5	Sofortabschreibung GWG	4855 (6260)	200,00	Bank	1200 (1800)	X	
	alternativ: Sonstiger Betriebsbedarf	4980 (6850)	200,00	Bank	1200 (1800)	X	
	Abziehbare Vorsteuer 19 %	1576 (1406)	387,00	Bank	1200 (1800)	X	

Nebenrechnungen:

- **Weitwinkelobjektiv:**
  Hinzuaktivierung zum Restbuchwert der Videokamera zum 01.01.2024 und Abschreibung zusammen mit der Kamera über deren Restnutzungsdauer (3 Jahre). Buchwert der Kamera zum 01.01.2024 = 3.375 € → 3.375 € + 753 € = 4.128 € → 4.128 € : 3 Jahre = 1.376 € (AfA 2024).

- **Sofa:**
  Planmäßige Abschreibung über eine Nutzungsdauer von 8 Jahren; höchstmöglich 2024: 20 % degressiv (§ 7 Abs. 2 EStG), zeitanteilig für 5 Monate (August - Dezember): 850 € · 20 % = 170 €, davon 5/12 = 70,83 €, gerundet **71 €**.

Ergänzende Übungsaufgaben

Lösung zu Übungsaufgabe 1

Wirtschaftsgut	GWG	Kein GWG
Schreibtischlampe im Wert von 280 € netto	X	
Bürostuhl im Wert von 820 € netto		X
Genossenschaftsanteil der Volksbank Koblenz im Wert von 300 €		X
Multifunktionsdrucker im Wert von 952 € brutto 19 % USt	X	
Drucker im Wert von 850 € brutto 19 % USt für den betrieblichen Computer		X
Buchungssoftware im Wert von 750 € + 142,50 € USt	X	

- Der Bürostuhl im Wert von 820 € überschreitet die 800 €-Wertgrenze.
- Der Genossenschaftsanteil der Volksbank Koblenz ist kein bewegliches Wirtschaftsgut, sondern ein Recht.
- Der Multifunktionsdrucker ist selbständig nutzbar und überschreitet netto nicht die 800 €-Wertgrenze.
- Der Drucker für den betrieblichen Computer ist nicht selbstständig nutzbar (er wird Bestandteil des Anlagegegenstandes Computer).
- Die Buchungssoftware gilt als „Trivialsoftware" (AK nicht mehr als 800 €); sie wird wie ein bewegliches Wirtschaftsgut behandelt (R 5.5 Abs. 1 EStR und H 6.13 (ABC der selbstständig nutzungsfähigen Wirtschaftsgüter) EStH).

Lösung zu Übungsaufgabe 2

- **Ermittlung der Anschaffungskosten:**

	Anschaffungspreis netto	820,00 €
-	Anschaffungspreisminderung (5 % Rabatt von 820 €) netto	41,00 €
=	AK	**779,00 €**

- **Ermittlung der Abschreibung für das Zugangsjahr:**

Sofortabschreibung gem. § 6 Abs. 2 EStG i. H. v. 779 € (= niedrigstmögliche Bewertung zum 31.12.).

- **Buchungen:**

Nr.	SOLL		Betrag in €	HABEN		Aufwand	Ertrag
	Konto-Bezeichnung	Konto-Nr. SKR 03 (SKR 04)		Konto-Bezeichnung	Konto-Nr. SKR 03 (SKR 04)		
	Sofortabschreibung GWG	4855 (6260)	779,00	Kasse	1000 (1600)	X	
	Abziehbare Vorsteuer 19 %	1576 (1406)	148,01	Kasse	1000 (1600)		
alternativ:							
	GWG	0480 (0670)	779,00	Kasse	1000 (1600)		
	Abziehbare Vorsteuer 19 %	1576 (1406)	148,01	Kasse	1000 (1600)		
	Abschreibung auf GWG	4860 (6262)	779,00	GWG	0480 (0670)	X	

I. Investitionsabzugsbetrag und Sonderabschreibung nach § 7g EStG

Lösung zu Lernjob 1[1]

1. **Konzeption und Idee des IAB**

   → „Kann der für 2025 geplante Kauf bereits 2024 Gewinn mindernd berücksichtigt werden?
   ... Falls ja, wie?"

   Kleine und mittlere Unternehmen können für **geplante Investitionen** der nachfolgenden Jahre im Vorgriff auf die späteren Abschreibungen einen **Gewinn mindernden Investitionsabzugsbetrag (IAB)** in Anspruch nehmen, der durch eine später vorzunehmende Gewinnerhöhung wieder zu kompensieren ist. Der IAB ist in **§ 7g Abs. 1 - 4 EStG** geregelt.

---

1 Die Lösung der Lernenden kann stichwortartig im Arbeitsbuch erfolgen oder – wie nachfolgend – in Textform mithilfe eines Textverarbeitungsprogramms.

Dieses nur für die **steuerliche** Gewinnermittlung gültige Wahlrecht ist **außerhalb der handelsrechtlichen** Buchführung zu berücksichtigen. Der IAB wird zur Ermittlung des steuerlichen Gewinns vom handelsrechtlichen Gewinn abgezogen.

Die dahinter stehende **Idee** ist, dass durch die **Minderung des steuerlichen Gewinns** im Planungsjahr die **Steuerlast** für dieses Jahr **vermindert** und die so **zusätzlich zur Verfügung stehenden Finanzmittel für die Investition verwendet werden können**. Aus staatlicher Sicht sollen so Investitionsanreize geschaffen werden.

2. **Höhe der Gewinnminderung durch den IAB**
   → „Wie hoch kann diese Gewinnminderung sein?"

   Die Höhe des IAB beträgt

   bis zu 50 % der geplanten Anschaffungs- oder Herstellungskosten (AK/HK).

   Es müssen also nicht immer 50 % geltend gemacht werden, üblich ist es aber.

   Im vorliegend Fall der geplanten Anschaffung des Kombifahrzeugs mit AK i. H. v. 60.000 € kann Herr Zigan also einen IAB i. H. v. bis zu 30.000 € bilden und diesen Betrag vom Gewinn 2024 abziehen.

3. **Voraussetzungen für die Inanspruchnahme des IAB**
   → „Welche Voraussetzungen müssen erfüllt sein?"

   - **Kleines bis mittelgroßes Unternehmen**

     Die Inanspruchnahme von § 7g Abs. 1 EStG ist nur für Betriebe zulässig, die zum Ende des Wirtschaftsjahres der Inanspruchnahme des IAB das folgende Größenmerkmal nicht überschreiten:

     Gewinn im Wirtschaftsjahr des Abzuges **nicht höher als 200.000 €**.

     Es ist der Gewinn zugrunde zu legen, der nach § 4 oder § 5 EStG ohne den Abzug des IAB und ohne etwaige Hinzurechnungen von Investitionsabzugsbeträgen früherer Jahre ermittelt wurde.

   - **Begünstigte Wirtschaftsgüter**

     Der IAB kann nur für die Anschaffung/Herstellung von **abnutzbaren beweglichen Wirtschaftsgütern des Anlagevermögens** in Anspruch genommen werden. Hierbei ist es nicht notwendig, dass es sich um neue Wirtschaftsgüter handelt, d. h. der IAB kann auch für gebrauchte Wirtschaftsgüter in Anspruch genommen werden.

     Bewegliche Wirtschaftsgüter sind Wirtschaftsgüter, deren **Eigentum durch Einigung und Übergabe übertragen** wird (z. B. Maschinen, Fahrzeuge und andere Gegenstände der Betriebs- und Geschäftsausstattung). Siehe hierzu R 7.1 Abs. 2 EStR.

     Grundstücke, Gebäude und immaterielle Wirtschaftsgüter sind **keine** beweglichen Wirtschaftsgüter, somit kann § 7g EStG für sie **nicht** in Anspruch genommen werden. Eine Ausnahme hiervon bildet die sog. „Trivialsoftware" (AK bis 800 € netto vgl. R 5.5 Abs. 1 EStR); für sie kann § 7g in Anspruch genommen werden.

- **Verbleibens- und Nutzungsvoraussetzung**

  Für den IAB ist Voraussetzung, dass die begünstigten Wirtschaftsgüter vermietet oder **mindestens bis zum Ende des Wirtschaftsjahres, welches dem Jahr der Investition folgt, in einer inländischen Betriebsstätte** des Betriebs ausschließlich oder fast ausschließlich (= **zu mindestens 90 %**) **betrieblich genutzt** werden (vgl. § 7g Abs. 1 Satz 2, Abs. 4 Satz 1 und Abs. 6 Nr. 2 EStG).

4. **Höchstbetrag**

   → „Gibt es einen Höchstbetrag?"

   Die Summe der innerhalb eines Zeitraums von vier Jahren in Anspruch genommenen und noch nicht wieder gewinnerhöhend hinzugerechneten IAB („IAB-Bestand") darf den

   Gesamtbetrag von **200.000 €** je Betrieb des Steuerpflichtigen

   nicht übersteigen (vgl. § 7g Abs. 1 Satz 4 EStG).

Lösung zu Lernjob 2

Wenn die geplante Investition unterbleibt, **muss der in Anspruch genommene Investitionsabzugsbetrag wieder rückgängig gemacht werden**.

Dies bedeutet, dass der in Anspruch genommene **Abzugsbetrag für den VZ storniert wird, für den er in Anspruch genommen wurde**. Der Steuer- oder Feststellungsbescheid des Jahres der Inanspruchnahme ist dann entsprechend rückwirkend zu ändern. Das gilt auch dann, wenn der entsprechende Steuer- oder Feststellungsbescheid bereits bestandskräftig geworden ist (vgl. § 7g Abs. 3 EStG).

Lösung zu Lernjob 3

Nr.	SOLL		Betrag in €	HABEN		Auf-wand	Er-trag
	Konto-Bezeichnung	Konto-Nr. SKR 03 (SKR 04)		Konto-Bezeichnung	Konto-Nr. SKR 03 (SKR 04)		
	IAB § 7g Abs. 1 außerbilanziell (Soll)	9970 (9970)	30.000,00	IAB § 7g Abs. 1 außerbilanziell (Haben)	9971 (9971)		

Hinweis: Diese Buchung hat in der handelsrechtlichen Buchführung keine Gewinnauswirkung (kein Aufwand). Die Gewinnminderung erfolgt nach der Feststellung des handelsrechtlichen Gewinns zur Ermittlung des steuerlichen Gewinns (handelsrechtlicher Gewinn minus IAB = steuerlicher Gewinn).

Lösung zu Lernjob 4

Vorgehensweise:

1. **Gewinnerhöhung durch Hinzurechnung des IAB**

   Der 2024 in Anspruch genommene IAB i. H. v. 30.000 € soll im Anschaffungsjahr des Kombiwagens (2025) nach § 7g Abs. 2 Satz 1 EStG gewinnerhöhend „aufgelöst“ werden.

2. **Buchung der Anschaffung des Kombiwagens**

3. **Wahlrecht der gewinnmindernden Herabsetzung der AK/HK**

   Die AK des Kombiwagens sollen nach § 7g Abs. 2 Satz 3 EStG für steuerliche Zwecke gewinnmindernd herabgesetzt werden, um die Gewinnerhöhung durch die Hinzurechnung des IAB in 2025 zu „neutralisieren“.

	AK	60.000 €
-	Herabsetzung in Höhe des „aufgelösten“ IAB	30.000 €
=	steuerlich herabgesetzte AK (AfA-Bemessungsgrundlage)	**30.000 €**

4. **planmäßige Abschreibung nach § 7 Abs. 1 EStG von den herabgesetzten AK/HK**

   30.000 € : 5 Jahre ND = 6.000 €, davon $^{9}/_{12}$ für 2025 (April-Dezember) = **4.500 €**

5. **Sonderabschreibung § 7g Abs. 5 EStG von den herabgesetzten AK**

   30.000 € • 40 % = **12.000 €**

Nr.	SOLL		Betrag in €	HABEN		Auf-wand	Er-trag
	Konto-Bezeichnung	Konto-Nr. SKR 03 (SKR 04)		Konto-Bezeichnung	Konto-Nr. SKR 03 (SKR 04)		
1	Hinzurechnung IAB (Soll)	9973 (9973)	30.000,00	Hinzurechnung IAB (Haben)	9972 (9972)		
2	Pkw	0320 (0520)	60.000,00	Bank	1200 (1800)		
	Abziehbare Vorsteuer 19 %	1576 (1406)	11.400,00	Bank	1200 (1800)		
3	Kürzung der AK nach § 7g Abs. 2 (für Fahrzeuge)	4854 (6244)	30.000,00	Pkw	0320 (0520)	(X)	
4	Abschreibungen auf Fahrzeuge	4832 (6222)	4.500,00	Pkw	0320 (0520)	(X)	
5	Sonderabschr. nach § 7g Abs. 5 (für Fahrzeuge)	4852 (6242)	12.000,00	Pkw	0320 (0520)	(X)	

Hinweis: Die Buchungen 1, 3, 4 und 5 dürfen keine Auswirkungen auf die handelsrechtliche Buchführung haben (kein Aufwand oder Ertrag). In der handelsrechtlichen Buchführung wird von den ursprünglichen AK/HK (hier: 60.000 €) planmäßig abgeschrieben. Die steuerliche Gewinnerhöhung oder -minderung erfolgt nach der Feststellung des handelsrechtlichen Gewinns zur Ermittlung des steuerlichen Gewinns.

Steuerliche Gewinnauswirkungen:

1: Gewinnerhöhung 30.000 €

3: Gewinnminderung 30.000 €

4: Gewinnminderung 4.500 €

5: Gewinnminderung 12.000 €

Da die handelsrechtliche Abschreibung 9.000 € beträgt (60.000 € : 5 Jahre • $^9/_{12}$), die steuerlichen Abschreibungen zusammengerechnet hingegen 16.500 € betragen (4.500 € + 12.000 €), werden vom handelsrechtliche Gewinn aus diesem Vorgang 7.500 € (16.500 € - 9.000 €) zur Ermittlung des steuerlichen Gewinns abgezogen.

Lösung zu Lernjob 5

1. **Buchung der Anschaffung des Kombiwagens**
2. **planmäßige Abschreibung nach § 7 Abs. 1 EStG von den AK**

   58.000 € : 5 Jahre ND = 11.600 €, davon $^5/_{12}$ für 2024 (August-Dezember) = **4.834 €**
3. **Sonderabschreibung § 7g Abs. 5 EStG AK**

   58.000 € • 40 % = **23.200 €**

Nr.	SOLL		Betrag in €	HABEN		Auf-wand	Er-trag
	Konto-Bezeichnung	Konto-Nr. SKR 03 (SKR 04)		Konto-Bezeichnung	Konto-Nr. SKR 03 (SKR 04)		
2	Pkw	0320 (0520)	58.000,00	Bank	1200 (1800)		
	Abziehbare Vorsteuer 19 %	1576 (1406)	11.020,00	Bank	1200 (1800)		
2	Abschreibungen auf Fahrzeuge	4832 (6222)	4.834,00	Pkw	0320 (0520)	X	
3	Sonderabschr. nach § 7g Abs. 5 (für Fahrzeuge)	4852 (6242)	23.200,00	Pkw	0320 (0520)	(X)	

[**Hinweis:** Die Buchung Nr. 3 hat in der handelsrechtlichen Buchführung keine Gewinnauswirkung (kein Aufwand). Die Gewinnminderung erfolgt nach der Feststellung des handelsrechtlichen Gewinns zur Ermittlung des steuerlichen Gewinns (handelsrechtlicher Gewinn minus Sonderabschreibung = steuerlicher Gewinn).]

Ergänzende Übungsaufgaben

Lösung zu Übungsaufgabe 1

Wirtschaftsgut	IAB möglich	Kein IAB möglich
Software zum Preis von 1.000 € netto		X
Maschinen	X	
Firmenwert		X
Grund und Boden		X
Gebäude		X
technische Anlagen	X	
Betriebs- und Geschäftsausstattung	X	
Beteiligung an anderen Unternehmen		X
GWG	X	
Standardsoftware zum Preis von 600 € netto	X	

Lösung zu Übungsaufgabe 2

1. **Buchung der Anschaffung des Multifunktionsdruckers**

Nr.	SOLL		Betrag in €	HABEN		Aufwand	Ertrag
	Konto-Bezeichnung	Konto-Nr. SKR 03 (SKR 04)		Konto-Bezeichnung	Konto-Nr. SKR 03 (SKR 04)		
1	Geschäftsausstattung	0410 (0635)	4.000,00	Bank	1200 (1800)		
	Abziehbare Vorsteuer 19 %	1576 (1406)	760,00	Bank	1200 (1800)		

2. **Erfassung der handelsrechtlichen Abschreibung**

   4.000 € : 4 Jahre ND = 1.000 €, davon $\frac{2}{12}$ (November-Dezember) für 2024 = 166,67 €, gerundet **167 €**

2	Abschreibungen auf Sachanlagen	4830 (6220)	167,00	Geschäftsausstattung	0410 (0635)	X	

3. **Erfassung der steuerlichen Sonderabschreibung nach § 7g Abs. 5 EStG**

   4.000 € · 40 % = **1.600 €**

3	Sonderabschr. nach § 7g Abs. 5	4851 (6241)	1.600,00	Geschäftsausstattung	0410 (0635)	(X)	

[**Hinweis:** Die zusätzliche steuerliche Abschreibung nach § 7g Abs. 5 EStG darf in der Handelsbilanz nicht berücksichtigt werden. Die Gewinnminderung in Höhe von 1.600 € erfolgt nur zur Ermittlung des steuerlichen Gewinns.]

J. Verkauf und Inzahlunggabe von Anlagegegenständen

Lösung zu Lernjob 1

Berechnungen:

1. **Restbuchwert des Transporters zum Verkaufszeitpunkt**

	AK	44.550 €
-	Abschreibung 2018 (2/12)	1.485 €
-	Abschreibung 2019 - 2022 (4 • 8.910 € =)	35.640 €
-	Abschreibung 2023 (10/12)	7.424 €
=	**Restbuchwert Anlagenabgang**	**1 €**

2. **Ermittlung des Veräußerungserfolgs**

	Veräußerungserlös	2.000 €
-	Restbuchwert	1 €
=	**Veräußerungsgewinn**	**1.999 €**

3. **Buchungssätze**

Nr.	SOLL		Betrag in €	HABEN		Auf-wand	Er-trag
	Konto-Bezeichnung	Konto-Nr. SKR 03 (SKR 04)		Konto-Bezeichnung	Konto-Nr. SKR 03 (SKR 04)		
	Anlagenabgang (bei Buchgewinn)	2315 (4855)	1,00	Pkw	0320 (0520)	X	
	Bank	1200 (1800)	2.000,00	Erlöse aus Verkäufen Sachanl. 19 % USt (bei Buchgewinn)	8820 (4845)		X
	Bank	1200 (1800)	380,00	Umsatzsteuer 19 %	1776 (3806)		

Lösung zu Lernjob 2

Berechnungen:

1. **Restbuchwert des Traktors zum Verkaufszeitpunkt**

	AK	3.000 €
-	Abschreibung 2022 (10/12)	625 €
-	Abschreibung 2023	750 €
-	Abschreibung 2024 (2/12)	125 €
=	**Restbuchwert Anlagenabgang**	**1.500 €**

2. **Ermittlung des Veräußerungserfolgs**

	Veräußerungserlös	1.000 €
-	Restbuchwert	1.500 €
=	**Veräußerungsverlust**	**500 €**

3. **Buchungssätze**

Nr.	SOLL		Betrag in €	HABEN		Auf-wand	Er-trag
	Konto-Bezeichnung	Konto-Nr. SKR 03 (SKR 04)		Konto-Bezeichnung	Konto-Nr. SKR 03 (SKR 04)		
	Abschreibung Sachanlagen	4830 (6220)	125,00	Betriebsaus-stattung	0400 (0630)	X	
	Anlagenab-gang (bei Buchverlust)	2310 (6895)	1.500,00	Betriebsaus-stattung	0400 (0630)	X	
	Bank	1200 (1800)	1.000,00	Erlöse aus Ver-käufen Sachanl. 19 % USt (bei Buchverlust)	8801 (6885)		X
	Bank	1200 (1800)	190,00	Umsatzsteuer 19 %	1776 (3806)		

Lösung zu Lernjob 3

Berechnungen:

1. **Restbuchwert des alten Kleinbaggers zum Verkaufszeitpunkt**

	AK	6.600 €
-	Abschreibung 2020 - 2023 (4 • 1.320 € =)	5.280 €
-	Abschreibung 2024 ($^{2}/_{12}$)	220 €
=	**Restbuchwert Anlagenabgang**	**1.100 €**

2. **Ermittlung des Veräußerungserfolgs**

	Veräußerungserlös	800 €
-	Restbuchwert	1.100 €
=	**Veräußerungsverlust**	**300 €**

3. **Abschreibung des neuen Kleinbaggers**

AK 7.800 € : 5 Jahre ND • $^{10}/_{12}$ = **1.300 €**

4. **Buchungssätze**

Nr.	SOLL		Betrag in €	HABEN		Auf-wand	Er-trag
	Konto-Bezeichnung	Konto-Nr. SKR 03 (SKR 04)		Konto-Bezeichnung	Konto-Nr. SKR 03 (SKR 04)		
1	Abschreibung Sachanlagen	4830 (6220)	220,00	Betriebs-ausstattung	0400 (0630)	X	
	Anlagenab-gang (bei Buchverlust)	2310 (6895)	1.100,00	Betriebs-ausstattung	0400 (0630)	X	

Nr.	SOLL Konto-Bezeichnung	SOLL Konto-Nr. SKR 03 (SKR 04)	Betrag in €	HABEN Konto-Bezeichnung	HABEN Konto-Nr. SKR 03 (SKR 04)	Auf-wand	Er-trag
	Verbindl. a LuL	1600 (3300)	800,00	Erlöse aus Verkäufen Sachanl. 19 % USt (bei Buchverlust)	8801 (6885)		X
	Verbindl. a LuL	1600 (3300)	152,00	Umsatzsteuer 19 %	1776 (3806)		
2	Betriebs-ausstattung	0400 (0630)	7.800,00	Verbindl. a LuL	1600 (3300)		
	Vorsteuer 19 %	1576 (1406)	1.482,00	Verbindl. a LuL	1600 (3300)		
	Abschreibung Sachanlagen	4830 (6220)	1.300,00	Betriebs-ausstattung	0400 (0630)	X	

Ergänzende Übungsaufgaben

Lösung zu Übungsaufgabe 1

- **Abschreibung Maschine alt 2024**

38.400 € : 10 Jahre = 3.840 €/Jahr
davon $\frac{3}{12}$ für 2024 (Januar - März) = **960 €**

- **Restbuchwert Maschine alt beim Anlagenabgang**

	AK	38.400 €
-	Abschreibung 2019 ($\frac{6}{12}$)	1.920 €
-	Abschreibung 2020 - 2023 (4 • 3.840 € =)	15.360 €
-	Abschreibung 2024 ($\frac{3}{12}$)	960 €
=	**Restbuchwert Anlagenabgang**	**20.160 €**

- **Buchungen**

Nr.	SOLL Konto-Bezeichnung	SOLL Konto-Nr. SKR 03 (SKR 04)	Betrag in €	HABEN Konto-Bezeichnung	HABEN Konto-Nr. SKR 03 (SKR 04)	Auf-wand	Er-trag
	Abschreibung Sachanlagen	4830 (6220)	960,00	Betriebs-ausstattung	0400 (0630)	X	
	Anlagenabgang (bei Buchverlust)	2310 (6895)	20.160,00	Betriebs-ausstattung	0400 (0630)	X	
	Bank	1200 (1800)	17.000,00	Erlöse aus Verkäufen Sachanl. 19 % USt (bei Buchverlust)	8801 (6885)		X
	Bank	1200 (1800)	3.230,00	Umsatzsteuer 19 %	1776 (3806)		

Lösung zu Übungsaufgabe 2

- **Abschreibung Pkw 2024**

  24.000 € : 6 Jahre = 4.000 €/Jahr
  davon $\frac{6}{12}$ für 2024 (Januar - Juni) = **2.000 €**

- **Restbuchwert Pkw alt beim Anlagenabgang**

	AK	24.000 €
-	Abschreibung 2020 ($\frac{5}{12}$)	1.667 €
-	Abschreibung 2021 - 2023 (3 • 4.000 € =)	12.000 €
-	Abschreibung 2024 ($\frac{6}{12}$)	2.000 €
=	**Restbuchwert Anlagenabgang**	**8.333 €**

- **Buchungen**

Nr.	SOLL		Betrag in €	HABEN		Auf-wand	Er-trag
	Konto-Bezeichnung	Konto-Nr. SKR 03 (SKR 04)		Konto-Bezeichnung	Konto-Nr. SKR 03 (SKR 04)		
	Abschreibung Kfz	4832 (6222)	2.000,00	Pkw	0320 (0520)	X	
	Anlagenabgang (bei Buchgewinn)	2315 (4855)	8.333,00	Pkw	0320 (0520)	X	
	Bank	1200 (1800)	9.000,00	Erlöse aus Verkäufen Sachanl. 19 % USt (bei Buchgewinn)	8820 (4845)		X
	Bank	1200 (1800)	1.710,00	Umsatzsteuer 19 %	1776 (3806)		

Lösung zu Übungsaufgabe 3

1. **Abschreibung Pkw alt 2024**

   32.000 € : 5 Jahre = 6.400 €/Jahr
   davon $\frac{5}{12}$ für 2024 (Januar - Mai) = **2.667 €**

2. **Restbuchwert Pkw alt beim Anlagenabgang**

	AK	32.000 €
-	Abschreibung 2020 ($\frac{2}{12}$)	1.067 €
-	Abschreibung 2021 - 2023 (3 • 6.400 € =)	19.200 €
-	Abschreibung 2024 ($\frac{5}{12}$)	2.667 €
=	**Restbuchwert Anlagenabgang**	**9.066 €**

3. **Bezahlung**

	Pkw neu: 36.500 € + 6.935 € =	43.435 €
-	Inzahlunggabe Pkw alt: 6.000 € + 1.140 € =	7.140 €
=	**Restzahlung**	**36.295 €**

4. **Abschreibung Pkw neu 2024**

 36.500 € : 5 Jahre = 7.300 €/Jahr
 davon $\frac{7}{12}$ für 2024 (Juni - Dezember) = 4.258,33, gerundet **4.259 €**

Nr.	SOLL		Betrag in €	HABEN		Auf-wand	Er-trag
	Konto-Bezeichnung	Konto-Nr. SKR 03 (SKR 04)		Konto-Bezeichnung	Konto-Nr. SKR 03 (SKR 04)		
1	Abschreibung Kfz	4832 (6222)	2.667,00	Pkw	0320 (0520)	X	
2	Anlagenab-gang (bei Buchverlust)	2310 (6895)	9.066,00	Pkw	0320 (0520)	X	
3	Verbindl. a LuL	1600 (3300)	6.000,00	Erlöse aus Ver-käufen Sachanl. 19 % USt (bei Buchverlust)	8801 (6885)		X
	Verbindl. a LuL	1600 (3300)	1.140,00	Umsatzsteuer 19 %	1776 (3806)		
	Pkw	0320 (0520)	36.500,00	Verbindl. a LuL	1600 (3300)		
	Vorsteuer 19 %	1576 (1406)	6.935,00	Verbindl. a LuL	1600 (3300)		
	Verbindl. a LuL	1600 (3300)	36.295,00	Bank	1200 (1800)	X	
4	Abschreibung Kfz	4832 (6222)	4.259,00	Pkw	0320 (0520)	X	

K. Anlagenverzeichnis

Lösung zu Lernjob 1

Nach R 5.4 Abs. 1 S. 4 und Abs. 4 S. 1 EStR muss das Anlagenverzeichnis mindestens die folgenden Informationen enthalten:

1. genaue Bezeichnung des Gegenstandes
2. Bilanzwert am Bilanzstichtag
3. Tag der Anschaffung oder Herstellung
4. Höhe der Anschaffungs- oder Herstellungskosten
5. Tag des Abgangs.

Lösung zu Lernjob 2 bis 4

Konto-Nr. SKR 03 (SKR 04)	Gegenstand	Ansch.-/Herst.-Datum	AK/HK €	ND Jahre	Abschreibungsart	Abschreibungs-%	jährl. Abschreibung €	Bilanzwert 01.01.2024 €	Zugänge 2024 €	Abschreibung 2024	Abgänge 2024 Datum	Abgänge 2024 Wert €	Bilanzwert 31.12.2024 €
0085 (0235)	Grundstück Schützenstr.	13.06.2024	211.435	---	---	---	---	---	211.435	---	---	---	211.435
0115 (0260)	Lagerhalle Schützenstr.	13.06.2024	90.615	33	linear	3	2.719	---	90.615	1.586	---	---	89.029
0320 (0520)	Audi A1	10.12.2022	24.000	4	linear	25	6.000	17.500	---	6.000	---	---	11.500
0400 (0630)	Schneidemaschine	15.07.2024	23.200	8	degressiv	20	variabel	---	23.200	2.320	($^{6}/_{12}$)	---	20.880
0420 (0650)	Schreibtisch	05.03.2022	1.200	10	linear	10	120	980	---	120	---	---	860
0420 (0650)	Büroschrank	15.02.2024	3.920	**12**	linear	8,33	327	---	3.920	300	($^{11}/_{12}$)	---	3.620
0490 (0690)	Computer	13.03.2024	2.100	**3**	linear	33,33	700	---	2.100	584	($^{10}/_{12}$)	---	1.516

Lösung zu Lernjob 5

Nr.	SOLL		Betrag in €	HABEN		Auf-wand	Er-trag
	Konto-Bezeichnung	Konto-Nr. SKR 03 (SKR 04)		Konto-Bezeichnung	Konto-Nr. SKR 03 (SKR 04)		
1	Büroeinrichtung	0420 (0650)	4.000,00	Verbindl. a LuL	1600 (3300)		
	Vorsteuer 19 %	1576 (1406)	760,00	Verbindl. a LuL	1600 (3300)		
	Verbindl. a LuL	1600 (3300)	4.664,80	Bank	1200 (1800)		
	Verbindl. a LuL	1600 (3300)	80,00	Büroeinrichtung	0420 (0650)		
	Verbindl. a LuL	1600 (3300)	15,20	Vorsteuer 19 %	1576 (1406)		
	Abschreibung Sachanlagen	4830 (6220)	300,00	Büroeinrichtung	0420 (0650)	X	
2	Sonstige BGA	0490 (0690)	2.100,00	Kasse	1000 (1600)		
	Vorsteuer 19 %	1576 (1406)	399,00	Kasse	1000 (1600)		
	Abschreibung Sachanlagen	4830 (6220)	300,00	Sonstige BGA	0490 (0690)	X	

Lösung zu Lernjob 6

Konto-Nr. SKR 03 (SKR 04)	Gegen-stand	Ansch.-/Herst.-Datum	AK/HK €	ND Jahre	Abschreibungsart	Abschreibungs-%	jährl. Abschreibung €	Bilanzwert 01.01.2024 €	Zugänge 2024 €	Abschreibung 2024 €	Abgänge 2024 Datum	Abgänge 2024 Wert €	Bilanzwert 31.12.2024 €
0320 (0520)	Audi A1	10.12.2022	24.000	4	linear	25	6.000	17.500	---	5.500 ($^{11}/_{12}$)	02.12.2024	12.000	0

Nr.	SOLL		Betrag in €	HABEN		Auf-wand	Er-trag
	Konto-Bezeichnung	Konto-Nr. SKR 03 (SKR 04)		Konto-Bezeichnung	Konto-Nr. SKR 03 (SKR 04)		
	Abschreibung Sachanlagen	4830 (6220)	5.500,00	Pkw	0320 (0520)	X	
	Anlagenabgänge (bei Buchverlust)	2310 (6895)	12.000,00	Pkw	0320 (0520)	X	
	Bank	1200 (1800)	10.000,00	Erlöse Verk. Sachanl. (bei Buchverlust)	8800 (6889)		X
	Bank	1200 (1800)	1.900,00	USt 19 %	1776 (3806)		

Lösung zu Übungsaufgabe 1

Konto-Nr. SKR 03 (SKR 04)	Gegenstand	Ansch.-/Herst.-Datum	AK/HK €	ND Jahre	Abschreibungsart	Abschreibungs-%	jährl. Abschreibung €	Bilanzwert 01.01.2024 €	Zugänge 2024 €	Abschreibung 2024 €	Abgänge 2024 Datum	Abgänge 2024 Wert €	Bilanzwert 31.12.2024 €
0410 (0635)	Regalsystem A	03.01.2017	5.000	10	linear	10	500	1.500		459 ($^{11}/_{12}$)	01.12.2024	1.041	0
0410 (0635)	Computeranlage	08.06.2023	4.000	3	linear	33 ⅓	1.334	3.222		1.334			1.888
0410 (0635)	Regalsystem B	02.12.2024	6.982,50	10	degressiv	20	variabel		6.982,50	116,50 ($^{1}/_{12}$)			6.866
0430 (0640)	Ladeneinrichtung	12.12.2018	12.000	10	linear	10	1.200	5.900		2.950 (: 2 J. RND)			2.950
0480 (0670)	GWG Bürostuhl	08.10.2024	793,80		§ 6 (2)	100			793,80	792,80			1

Nr.	SOLL		Betrag in €	HABEN		Auf-wand	Er-trag
	Konto-Bezeichnung	Konto-Nr. SKR 03 (SKR 04)		Konto-Bezeichnung	Konto-Nr. SKR 03 (SKR 04)		
1.	Abschreibung Sachanlagen	4830 (6220)	1.334,00	Geschäfts-ausstattung	0410 (0635)	X	
2.	Abschreibung Sachanlagen	4830 (6220)	459,00	Geschäfts-ausstattung	0410 (0635)	X	
	Anlagenabgänge (bei Buchgewinn)	2315 (4855)	1.041,00	Geschäfts-ausstattung	0410 (0635)	X	
	Verbindl. a LuL	1600 (3300)	1.500,00	Erlöse Verk. Sach-anl. (bei Buchge-winn)	8820 (4845)		X
	Verbindl. a LuL	1600 (3300)	285,00	USt 19 %	1776 (3806)		
3.	Geschäfts-ausstattung	0410 (0635)	6.982,50	Verbindl. a LuL	1600 (3300)		
	Vorsteuer 19 %	1576 (1406)	1.326,67	Verbindl. a LuL	1600 (3300)		
	Verbindl. a LuL	1600 (3300)	6.524,17	Bank	1200 (1800)		
	Abschreibung Sachanlagen	4830 (6220)	116,50	Geschäfts-ausstattung	0410 (0635)	X	
4.	Abschreibung Sachanlagen	4830 (6220)	2.950,00	Ladeneinrich-tung	0430 (0640)	X	
5.	GWG	0480 (0670)	793,80	Kasse	1000 (1600)		
	Abschreibung GWG	4860 (6262)	792,80	GWG	0480 (0670)	X	

Nebenrechnungen

zu 2.		Erlös aus Inzahlunggabe netto	1.500,00 €
	-	Buchwert Anlagenabgang	1.041,00 €
	=	Buchgewinn	**459,00 €**
zu 3.	Bezahlung Regalsystem B:		
		Rechnung brutto	8.925,00 €
	-	5 % Rabatt brutto	446,25 €
	-	2 % Skonto brutto	169,58 €
	-	Inzahlunggabe brutto	1.785,00 €
	=	Restzahlung	**6.524,17 €**

L. Kennzahlen der betriebswirtschaftlichen Auswertung

Lösung zu Lernjob 1

a) **Anlagendeckung I (Deckungsgrad A)**

$$\frac{\text{Eigenkapital (EK)}}{\text{Anlagevermögen}} \cdot 100$$

Die Anlagendeckung I gibt Auskunft darüber, inwieweit das Anlagevermögen durch das Eigenkapital gedeckt ist. Langfristiges Vermögen soll langfristig finanziert sein (Goldene Finanzierungsregel).

Anlagendeckung II (Deckungsgrad B)

$$\frac{\text{EK + langfristiges FK}}{\text{Anlagevermögen}} \cdot 100$$

Die Anlagendeckung II gibt Auskunft darüber, inwieweit das Anlagevermögen durch langfristiges Kapital (Eigenkapital + langfristiges Fremdkapital) gedeckt ist.

b) **Anlagendeckung I (Deckungsgrad A)**

$$\frac{219.610\text{ €}}{110.520\text{ €} + 220.680\text{ €} + 135.250\text{ €} + 56.360\text{ €} + 38.410\text{ €}} \cdot 100$$

$$= \frac{219.610\text{ €}}{561.220\text{ €}} \cdot 100 = \mathbf{39{,}13\ \%}$$

Anlagendeckung II (Deckungsgrad B)

$$\frac{219.610\text{ €} + 395.650\text{ €}}{110.520\text{ €} + 220.680\text{ €} + 135.250\text{ €} + 56.360\text{ €} + 38.410\text{ €}} \cdot 100$$

$$= \frac{615.260\text{ €}}{561.220\text{ €}} \cdot 100 = \mathbf{109{,}63\ \%}$$

c) Das Anlagevermögen ist zu fast 40 % durch Eigenkapital gedeckt (Anlagendeckung I). Die Zahl an sich kann kaum bewertet werden. Für eine Bewertung wären Vergleichszahlen aus der Schreinereibranche sowie Vorjahreszahlen hilfreich. Die Anlagendeckung II mit fast 110 % hat hingegen schon die Aussagekraft, dass das Anlagevermögen insgesamt durch langfristiges Kapital vollständig gedeckt ist. Damit ist die sog. „Goldene Finanzierungsregel" voll erfüllt.

d) Weitere Untersuchungen sind notwendig, um zu einer genaueren Bewertung zu gelangen. Es muss beispielsweise untersucht werden, ob die Restlaufzeiten der lang- und mittelfristigen Schulden mit den Restnutzungsdauern der Anlagegegenstände übereinstimmen. Sollte dies nicht der Fall sein, entstehen in der Zukunft Finanzierungslücken, die durch Anschlussfinanzierungen geschlossen werden müssen.

Bei der Untersuchung des Grades der Fristenkongruenz muss auch berücksichtigt werden, dass der „eiserne Bestand" beim Umlaufvermögen (beispielsweise der immer vorhandene Bestand an Vorräten) das Kapital ebenfalls langfristig bindet und deshalb langfristig finanziert sein sollte. Für diese Analyse eignet sich die Kennzahl der Anlagendeckung III (Deckungsgrad C):

$$\frac{\text{EK + langfristiges FK}}{\text{AV + eiserner Vorratsbestand}} \cdot 100$$

Der Deckungsgrad C sollte mindestens 100 % betragen.

Lösung zu Lernjob 2

a) **Liquidität 1. Grades**

$$\frac{\text{Zahlungsmittel}}{\text{kurzfristige Verbindlichkeiten}} \cdot 100$$

Die Liquidität 1. Grades gibt darüber Auskunft, inwieweit die kurzfristigen Verbindlichkeiten durch die Zahlungsmittel bedient werden können. Kurzfristige Verbindlichkeiten sollten jederzeit bezahlt werden können.

Liquidität 2. Grades

$$\frac{\text{Zahlungsmittel + kurzfristige Forderungen}}{\text{kurzfristige Verbindlichkeiten}} \cdot 100$$

Die Liquidität 2. Grades gibt darüber Auskunft, inwieweit die kurzfristigen Verbindlichkeiten durch die Zahlungsmittel und die kurzfristigen Forderungen abgedeckt sind. Es ist davon auszugehen, dass kurzfristige Forderungen zeitnah in Zahlungsmittel umgewandelt werden und somit für die Begleichung der kurzfristigen Verbindlichkeiten zur Verfügung stehen.

Liquidität 3. Grades

$$\frac{\text{Zahlungsmittel + kurzfristige Forderungen + Vorräte}}{\text{kurzfristige Verbindlichkeiten}} \cdot 100$$

Die Liquidität 3. Grades gibt darüber Auskunft, inwieweit die kurzfristigen Verbindlichkeiten durch die Zahlungsmittel, die kurzfristigen Forderungen und die Vorräte abgedeckt sind. Es ist davon auszugehen, dass die Vorräte sich in naher Zukunft in kurzfristige Forderungen und Zahlungsmittel umwandeln werden und somit für die Begleichung der kurzfristigen Verbindlichkeiten zur Verfügung stehen.

b) **Liquidität 1. Grades**

$$\frac{13.795{,}60\ €}{49.856{,}30\ €} \cdot 100 = \mathbf{27{,}67\ \%}$$

Liquidität 2. Grades

$$\frac{13.795{,}60\ € + 52.143{,}20\ €}{49.856{,}30\ €} \cdot 100 = \frac{65.938{,}80\ €}{49.856{,}30\ €} \cdot 100 = \mathbf{132{,}26\ \%}$$

Liquidität 3. Grades

$$\frac{13.795{,}60\ € + 52.143{,}20\ € + 21.856{,}70\ €}{49.856{,}30\ €} \cdot 100 = \frac{87.795{,}50\ €}{49.856{,}30\ €} \cdot 100 = \mathbf{176{,}10\ \%}$$

c) Die Liquidität 1. Grades zeigt, dass die Schreinerei nur etwa ein Viertel der kurzfristigen Verbindlichkeiten sofort bezahlen könnte. Nimmt man die kurzfristigen Forderungen hinzu (= Liquidität 2. Grades) und geht man davon aus, dass die Kunden zeitnah bezahlen, sind die kurzfristigen Verbindlichkeiten zu mehr als 100 Prozent gedeckt (hier 132, 26 %). Somit ist die Liquidität jederzeit als gewährleistet anzusehen. Nimmt man sogar noch die Vorräte hinzu (= Liquidität 3. Grades), ergibt sich ein noch positiveres Bild mit 176,10 %. Die Liquidität ist somit insgesamt als gut zu beurteilen.

Lösung zu Übungsaufgabe 1

a) **Anlagendeckung I (Deckungsgrad A)**

$$\frac{\text{Eigenkapital (EK)}}{\text{Anlagevermögen}} \cdot 100$$

$$\frac{2.400.000\ €}{3.180.000\ €} \cdot 100 = \mathbf{75{,}47\ \%}$$

- **Eigenkapital** = gezeichnetes Kapital (1.650.000 €) + Gewinnrücklagen (750.000 €) = **2.400.000 €**
- Anlagevermögen = Grundstücke (780.000 €) + Maschinen (2.400.000 €) = **3.180.000 €**

b) **Anlagendeckung II (Deckungsgrad B)**

$$\frac{\text{EK + langfristiges FK}}{\text{Anlagevermögen}} \cdot 100$$

$$\frac{2.400.000\ € + 1.410.000\ €}{780.000\ € + 2.400.000\ €} \cdot 100 = \frac{3.810.000\ €}{3.180.000\ €} \cdot 100 = \mathbf{119{,}81\ \%}$$

c) **Liquidität 1. Grades**

$$\frac{\text{Zahlungsmittel}}{\text{kurzfristige Verbindlichkeiten}} \cdot 100$$

$$\frac{240.000\text{ €}}{690.000\text{ €} + 210.000\text{ €}} \cdot 100 = \frac{240.000\text{ €}}{900.000\text{ €}} \cdot 100 = \mathbf{26{,}67\ \%}$$

d) **Liquidität 2. Grades**

$$\frac{\text{Zahlungsmittel} + \text{kurzfristige Forderungen}}{\text{kurzfristige Verbindlichkeiten}} \cdot 100$$

$$\frac{240.000\text{ €} + 570.000\text{ €}}{900.000\text{ €}} \cdot 100 = \frac{810.000\text{ €}}{900.000\text{ €}} \cdot 100 = \mathbf{90\ \%}$$

e) **Liquidität 3. Grades**

$$\frac{\text{Zahlungsmittel} + \text{kurzfristige Forderungen} + \text{Vorräte}}{\text{kurzfristige Verbindlichkeiten}} \cdot 100$$

$$\frac{240.000 + 570.000\text{ €} + 1.050.000\text{ €}}{900.000\text{ €}} \cdot 100 = \frac{1.860.000\text{ €}}{900.000\text{ €}} \cdot 100 = \mathbf{206{,}67\ \%}$$

Lernfeld 8: Gewinneinkünfte und weitere Überschusseinkünfte ermitteln

A. Einkünfte aus Land- und Forstwirtschaft

Lernsituation

Lösung zu Lernjob 1

Einkunftsart: Einkünfte aus Land- und Forstwirtschaft

Genaue Gesetzesgrundlage: § 13 Abs. 1 Nr. 1 Satz 1 EStG

Lösung zu Lernjob 2

1 Einkunftsart: Einkünfte aus nichtselbständiger Arbeit

Genaue Gesetzesgrundlage: § 19 Abs. 1 Nr. 1 EStG

2. Die Gewinnermittlung aus dem Verkauf der Apfelernte 2023 bestimmt sich nach dem Wirtschaftsjahr. Das Wirtschaftsjahr ist in diesem Fall der Zeitraum vom 1. Juli bis zum 30. Juni des nächsten Jahres.

   Genaue Gesetzesgrundlage: § 4a Abs. 1 Satz 2 Nr. 1 EStG

3. Die Ermittlung der Einkünfte aus Land- und Forstwirtschaft erfolgt entsprechend der **zeitlichen Anteile** (§ 4a Abs. 2 Nr. 1 Satz 1 EStG):

Wirtschaftsjahr 2023/24:	**6** Monate auf 2024 entfallend (Januar bis Juni 2024) $\frac{6}{12}$ von 6.000 € =	3.000,00 €
Wirtschaftsjahr 2024/25:	**6** Monate auf 2024 entfallend (Juli bis Dezember 2024) $\frac{6}{12}$ von 18.000 € =	+ 9.000,00 €
Einkünfte aus Land- und Forstwirtschaft 2024		12.000,00 €

Lösung zu Lernjob 3

		€
	Einkünfte aus Land- und Forstwirtschaft	**12.000,00**
+	Einkünfte aus nichtselbstständiger Arbeit Einnahmen 55.000,00 € - Werbungskosten -2.380,00 €	**52.620,00**
=	**Summe der Einkünfte**	**64.620,00**
-	Altersentlastungsbetrag	----
-	Entlastungsbetrag für Alleinerziehende	----
-	Freibetrag aus Forst- und Landwirtschaft, § 13 Abs. 3 EStG kann nicht gewährt werden, da Summe der Einkünfte > 30.700 €	----
=	**Gesamtbetrag der Einkünfte**	**64.620,00**

Ergänzende Übungsaufgaben

Lösung zu Übungsaufgabe 1

a) Einkünfte aus Land- und Forstwirtschaft § 13 Abs. 1 Nr. 1 Satz 1 EStG

b) Einkünfte aus Land- und Forstwirtschaft § 13 Abs. 1 Nr. 1 Satz 1 EStG

c) Einkünfte aus Land- und Forstwirtschaft § 13 Abs. 1 Nr. 2 EStG i. V. m. § 62 Abs. 1 Nr. 2 u. 3 BewG

d) Einkünfte aus Land- und Forstwirtschaft § 13 Abs. 1 Nr. 1 Satz 1 EStG

e) Einkünfte aus Gewerbebetrieb § 15 Abs. 1 Satz 1 Nr. 1 i. V. m. Abs. 2 Satz 1 EStG

f) Einkünfte aus Land- und Forstwirtschaft § 13 Abs. 1 Nr. 1 Sätze 2 und 3 EStG

Lösung zu Übungsaufgabe 2

a) Bei einem reinen forstwirtschaftlichen Betrieb kann als Wirtschaftsjahr der Zeitraum vom 1. Oktober bis zum 30. September bestimmt werden.

§ 4a Abs. 1 Satz 2 Nr. 1 EStG i. V. m. § 8c Abs. 1 Satz 1 Nr. 2 EStDV

b) Die Ermittlung der Einkünfte aus Land- und Forstwirtschaft erfolgt entsprechend der **zeitlichen Anteile:**

Wirtschaftsjahr 2023/24:	**9** Monate auf 2024 entfallend (Januar bis September 2024) $^{9}/_{12}$ von 63.000 € =	47.250,00 €
Wirtschaftsjahr 2024/25:	**3** Monate auf 2024 entfallend (Oktober bis Dezember 2024) $^{3}/_{12}$ von 72.000 € =	+ 18.000,00 €
Einkünfte aus Land- und Forstwirtschaft 2024		**65.250,00 €**

Lösung zu Übungsaufgabe 3

a) Einkünfte aus Land- und Forstwirtschaft § 13 Abs. 1 Nr. 2 EStG i. V. m. § 62 Abs. 1 Nr. 4 BewG

b)

		€
	Einkünfte aus Land- und Forstwirtschaft ($^{6}/_{12}$ v. 480 €) + ($^{6}/_{12}$ v. 720 €)	600,00
+	Einkünfte aus nichtselbstständiger Arbeit	30.000,00
=	**Summe der Einkünfte**	**30.600,00**
-	Altersentlastungsbetrag	----
-	Entlastungsbetrag für Alleinerziehende	----
-	Freibetrag aus Forst- und Landwirtschaft, § 13 Abs. 3 EStG Summe der Einkünfte < 30.700 Abzug in Höhe der Eink. aus LuF, max. i. H. v. 900 €	-600,00
=	**Gesamtbetrag der Einkünfte**	**30.000,00**

Lösung zu Übungsaufgabe 4

		Ehemann	Ehefrau	
	Einkünfte aus Land- und Forstwirtschaft Wirtschaftsjahr 01.09. - 31.08. ($^{8}/_{12}$ v. 48.000 €) + ($^{4}/_{12}$ v. 42.000€)	46.000,00		
+	Einkünfte aus Vermietung und Verpachtung Einnahmen 24.000,00 € - Werbungskosten -10.000,00 €		14.000,00	
=	**Summe der Einkünfte**	**46.000,00**	**14.000,00**	**= 60.000,00**
-	Freibetrag aus Forst- und Landwirtschaft Summe der Einkünfte < 61.400 Abzug in Höhe der Einkünfte aus LuF, max. i. H. v. 1.800 € bei ZV	-1.800,00		
=	**Gesamtbetrag der Einkünfte**	**44.200,00**	**14.000,00**	**58.200,00**
-	Sonderausgaben			8.000,00
-	Außergewöhnliche Belastungen			2.000,00
=	**Einkommen**			**48.200,00**
=	**zu versteuerndes Einkommen**			**48.200,00**

B. Einkünfte aus Gewerbebetrieb

Lernsituation 1

Lösung zu Lernjob 1

Fall 1:
Einkunftsart: Einkünfte aus nichtselbstständiger Arbeit.

Begründung: Hier liegt eine Aushilfstätigkeit vor, die in die Einkunftsart der Einkünfte aus nichtselbständiger Arbeit, § 19 EStG, fällt.

Trotz relativ freier Zeiteinteilung überwiegen die **Merkmale der Unselbstständigkeit** (wie Eingliederung in den Betrieb, feste Arbeitszeitpläne, persönliche Abhängigkeit, Weisungsgebundenheit, feste Bezüge, kein Unternehmerrisiko etc.).

Hans Clever ist daher Arbeitnehmer i. S. d. § 1 LStDV.

Aber: es handelt sich hier um eine geringfügige Beschäftigung/Minijob und der Lohn wird durch den Arbeitgeber pauschalbesteuert wird, dadurch ist dieser einkommensteuerlich bereits abgegolten.

Fall 2:

Einkunftsart: Einkünfte aus Gewerbebetrieb

Begründung: Der Weihnachtsbaum-Verkauf führt zu Einkünften aus Gewerbebetrieb, § 15 EStG.

Die Voraussetzungen nach § 15 Abs. 2 Satz 1 EStG sind alle erfüllt:

- Selbstständigkeit,
- nachhaltige Tätigkeit (da Clever den Verkauf jedes Jahr wiederholend betreiben will),
- Tätigkeit mit Gewinnerzielungsabsicht und
- Teilnahme am allgemeinen wirtschaftlichen Verkehr und
- die ausgeübte Tätigkeit stellt durch den fremden Zukauf der Weihnachtsbäume keine Ausübung im Rahmen Land- und Forstwirtschaft dar.

Fall 3:

Einkunftsart: Einkünfte aus selbständiger Arbeit

Begründung: Hans Clever erfüllt mit seiner Dolmetschertätigkeit ebenso alle „positiven" Merkmale einer gewerblichen Tätigkeit, jedoch schließt § 15 Abs. 2 EStG jede Betätigung in der Ausübung von Land- und Fortwirtschaft sowie in der Ausübung eines freien Berufs/einer selbstständigen Arbeit i. R. § 18 Abs. 1 EStG aus.

Da der Dolmetscher zu den **in § 18 Abs. 1 Nr. 1 EStG aufgeführten Berufen** (= sog. Katalogberufe) gehört, liegen für die Übersetzungstätigkeiten Einkünfte aus selbstständiger Arbeit vor.

Lösung zu Lernjob 2

Zu Fall 2 (Einkünfte aus Gewerbebetrieb)

Buchführungspflicht:

- Hans Clever ist als sog. Kleingewerbetreibender handelsrechtlich nicht buchführungspflichtig, ebenso zieht die steuerrechtliche Buchführungspflicht nach § 141 AO nicht, da sein Gewinn zu gering ist. Der Gewinn ist daher nach § 4 Abs. 3 EStG zu ermitteln.
- **Gewinnermittlungszeitraum** ist stets das Kalenderjahr, § 4a Abs. 1 Satz 2 Nr. 3 EStG. § 11 EStG ist entsprechend anzuwenden (= Zu- und Abflussprinzip).
- **Berechnung des Gewinns 2024:**

	Betriebseinnahmen	3.600,00 €
-	Betriebsausgaben	0,00 €
=	Gewinn	3.600,00 €

  In 2024 sind keine Betriebsausgaben abgeflossen, somit sind die Betriebseinnahmen i. H. v. 3.600 € auch gleichzeitig der Gewinn in 2024.

- **Berechnung des vorläufigen Gewinns 2025:**

  Sollte Herr Clever in 2025 seine Verbindlichkeiten aus 2024 an seinen Freund begleichen, könnte Clever den Betrag von 1.800 € bei seiner Gewinnermittlung für 2025 mindernd als Betriebsausgabe erfassen.

	Betriebseinnahmen	4.800,00 €	
-	Betriebsausgaben (2.400 € + 1.800 €)	- 4.200,00 €	(Bezahlung der Tannenbäume der Jahre 2024 + 2025)
=	Gewinn	600,00 €	

Zu Fall 3 (Einkünfte aus selbstständiger Arbeit)

Buchführungspflicht:

- Der Gewinn ist nach § 4 Abs. 3 EStG zu ermitteln, weil er als Freiberufler weder handelsrechtlich noch steuerrechtlich buchführungspflichtig ist noch freiwillig Bücher führt (§§ 140, 141 AO).
- Betriebseinnahmen sind die gem. § 11 Abs. 1 EStG zugeflossenen Honorare,
- **Berechnung des Gewinns:**

  In 2024 sind 17.500 € zugeflossen. Somit errechnet sich der anzusetzende Gewinn für 2024 wie folgt:

	Betriebseinnahmen	17.500,00 €	(§ 11 Abs. 1 EStG, Zufluss in 2024)
-	Betriebsausgaben	800,00 €	(§ 11 Abs. 2 EStG, Abfluss in 2024)
=	Gewinn 2024	16.700,00 €	

Der am 3. Januar 2025 erhaltene Honorarbetrag über 3.950 € fließt erst in 2025 zu und ist daher nach § 11 Abs. 1 Satz 1 EStG erst im Veranlagungszeitraum 2025 zu erfassen. Bei der Honorarzahlung handelt es sich **nicht** um eine regelmäßig wiederkehrende Einnahme nach § 11 Abs. 1 Satz 2 EStG.

Lernsituation 2

Lösung zu Lernjob 1

a) Der Mandant Stauber hat 20 Mitarbeiter, daher ist davon auszugehen, dass er ein Istkaufmann ist und somit sein Gewerbe im Handelsregister eingetragen ist.

   Bei Gewerbetreibenden, deren Firma im Handelsregister eingetragen ist, kann das Wirtschaftsjahr vom Kalenderjahr abweichen, gem. § 4a Abs. 1 Satz 2 Nr. 2 EStG.

   Definition des Wirtschaftsjahres:

   Das Wirtschaftsjahr ist der Zeitraum, für den die Gewerbetreibenden regelmäßig Abschlüsse machen, d. h. regelmäßig ihre Gewinne ermitteln. Das Wirtschaftsjahr umfasst grundsätzlich einen Zeitraum von 12 Monaten, § 8b Satz 1 EStDV.

   Somit kann der Mandant sein Wirtschaftsjahr vom Kalenderjahr abweichend festlegen. Dies hat er getan: sein Wirtschaftsjahr hat er festgelegt vom 01.11. - 31.10. des folgenden Jahres.

b) Nein, denn bei den Gewerbetreibenden, die nicht im Handelsregister eingetragen sind (= Kleingewerbetreibende), ist das Wirtschaftsjahr immer das Kalenderjahr, gem. § 4a Abs. 1 Satz 2 Nr. 3 EStG.

Lösung zu Lernjob 2

a)

Steuer-pflichtige/r	Zeitraum des Wirtschaftsjahr	Veranlagungszeitraum			
		2021	**2022**	**2023**	**2024**
Gewerbe-treibende **Monika Silber**	**01.01. - 31.12. (Wirtschaftsjahr entspricht dem Kalenderjahr.)**	**36.000,00 €**	**60.000,00 €**	**84.000,00 €**	**72.000,00 €**
Gewerbe-treibender **Schuhhandel Peter Richter e. K.**	**01.04. - 31.03. festgelegtes Wirtschaftsjahr (Ansatz des Gewinns in dem Jahr, in dem das Wirtschaftsjahr endet, § 4a Abs. 2 Nr. 2 EStG)**	---	**36.000,00 €**	**60.000,00 €**	**84.000,00 €**

b) Gewerbetreibende, die das Wirtschaftsjahr abweichend vom Kalenderjahr festlegen, können ggf. die Besteuerung des Gewinns um einen Veranlagungszeitraum nach hinten verschieben (sofern keine entsprechenden Vorauszahlungen verlangt werden). Dies hat dann u. U. erhebliche Zinseffekte zur Folge. Hier hat ein Gewerbetreibender, soweit er ein Kaufmann nach dem HGB ist, steuerliche Gestaltungsmöglichkeiten.

Weitere Gründe, um das Wirtschaftsjahr vom Kalenderjahr abweichen zu lassen:

Innerbetriebliche/organisatorische Gründe:

- die aufwendigen Jahresabschlussarbeiten zum Jahresende oder
- die umfangreichen Inventurarbeiten in betrieblich „ruhigere“ Zeiten zu legen. (Gerade im Handel ist zum Jahresende Hochbetrieb, aber im Sommer eher ruhiger.)

Lösung zu Lernjob 3

a) Wenn das bisherige Wirtschaftsjahr auf das Kalenderjahr angepasst werden soll, kann der Gewerbetreibende Stauber dies selbst entscheiden – ohne Zustimmung des Finanzamtes.

Der Grund ist, dass hier eine Besteuerung des Gewinns für die Zeit vom 01.11. - 31.12. vorgezogen wird.

(Der Mandant muss seinen Gewinn vom 01.11. des Vorjahres bis 30.10. des laufenden Jahres und den Gewinn vom 01.11. - 31.12. des Jahres der Umstellung besteuern.)

b) Die Umstellung des bisherigen Wirtschaftsjahres auf ein neues Wirtschaftsjahr vom 01.05. - 30.04. geht nur im Einvernehmen mit dem Finanzamt, § 4a Abs. 1 Nr. 2 Satz 2 EStG i. V. m § 8b Satz 1 Nr. 2 EStDV. Denn hier kann es zum Teil zu einer späteren Besteuerung des Gewinns kommen.

   Da ein Wirtschaftsjahr nur max. 12 Monate umfassen darf, kann das bisherige Wirtschaftsjahr vom 01.11. des Vorjahres nur bis zum 01.05. des laufenden Jahres dauern. Für diesen Zeitraum liegt ein sog. Rumpfwirtschaftsjahr (= 6 Monate) vor, für den der Gewinn ermittelt und im laufenden Jahr besteuert wird. Das neue Wirtschaftsjahr beginnt nun am 01.05. des laufenden Jahres bis zum 30.04. des darauffolgenden Jahres.

Lernsituation 3

Lösung zu Lernjob 1

Die „Sonnenschein OHG" ist eine Personengesellschaft. Nach § 15 Abs. 1 Satz 1 Nr. 2 EStG gehören die Gewinnanteile der Gesellschafter einer OHG zu den Einkünften aus Gewerbebetrieb.

Die „Hoch-Hinaus GmbH" ist jedoch eine Kapitalgesellschaft. Die Gewinne werden nicht im Rahmen des § 15 EStG erfasst. Diese gehören gem. § 20 Abs. 1 Nr. 1 EStG zu den Einkünften aus Kapitalvermögen.

(Die Einkünfte aus Kapitalvermögen werden im >> Lernfeld 8, Kapitel F näher behandelt.)

Lösung zu Lernjob 2

a) Die Gewinnverteilung erfolgt lt. Gesellschaftsvertrag:

Namen der Gesellschafter	Kapitaleinlage	Gewinnverteilung lt. Gesellschaftsvertrag			Gewinnanteile
		80.000 € je zur Hälfte	Rest im Verhältnis der Eigenkapitaleinlagen		
Pfiffig	**50.000,00 €**	**40.000,00 €**	**5 T**	**85.000,00 €**	**125.000,00 €**
Luft	**20.000,00 €**	**40.000,00 €**	**2 T**	**34.000,00 €**	**74.000,00 €**
	= 70.000,00 €	**= 80.000,00 €**	**7 T**	**= 119.000,00 €**	**= 199.000,00 €**

Nebenrechnung:

	Gesamtgewinn	199.000,00 €
-	1. Teil der Verteilung	- 80.000,00 €
=	Restgewinn im Verhältnis der Einlagen	119.000,00 € : 7 Teile = 17.000,00 € je 1 Teil (T)

b) Es ergibt sich ein großer Unterschied in der handelsrechtlichen Gewinnverteilung. Der Gesellschafter Pfiffig erhält 51.000 € mehr.

Dieser Unterschied ergibt sich aufgrund der geleisteten Kapitaleinlagen. Der Gesellschafter Pfiffig hat eine um 30.000 € höhere Einlage als der Gesellschafter Luft geleistet.

Da allerdings beide Gesellschafter unbeschränkt haften, siehe § 128 HGB, also auch mit ihren gesamten Privatvermögen, scheint dieser große Unterschied in der Gewinnverteilung nicht gerechtfertigt zu sein. Denn beide Gesellschafter tragen das unternehmerische Risiko und bringen ihre Arbeitsleistung voll ins Unternehmen ein.

Wäre der Jahresgewinn nicht so hoch ausgefallen, wäre allerdings diese „ungleiche/ungerechte" Gewinnverteilung nicht aufgefallen.

Da beide Gesellschafter lt. Aufgabenstellung zueinander vollstes Vertrauen haben, sollte Herr Luft versuchen, eine vertragliche Änderung zur Gewinnverteilung durchzusetzen, sonst sind Streitigkeiten für die Zukunft vorprogrammiert.

Lösung zu Lernjob 3

a) Nach § 15 Abs. 1 Satz 1 Nr. 2 EStG gehören zum steuerlichen Gewinn auch die Vergütungen, die der Gesellschafter für seine Tätigkeit im Dienst der Gesellschaft oder für die Hingabe von Darlehen oder für die Überlassung von Wirtschaftsgütern (Vermietung/Verpachtung) bezogen hat (sog. Sonderbetriebseinnahmen).

b) Berechnung des steuerlichen Gewinns:

Namen der Gesellschafter	handelsrechtlicher Gewinn (siehe Lernjob 2)	Vorabvergütungen/ Sonderbetriebseinnahmen			steuerrechtlicher Gewinn
		Gehalt	Zinsen	Miete/Pacht	
Pfiffig	125.000,00 €	42.000,00 €	1.350,00 €	---	168.350,00 €
Luft	74.000,00 €	38.400,00 €	1.350,00 €	57.600,00 €	171.350,00 €
	= 199.000,00 €	= 80.400,00 €	= 2.700,00 €	= 57.600,00 €	= 339.700,00 €

Lösung zu Lernjob 4

a) Ja, da es sich bei dem Kaufvertrag der beiden E-Sprinter i. H. v. 118.000 € um ein außergewöhnliches Geschäft handelt, ist die Vornahme dieses Kaufvertrags nur mit beiden Gesellschaftern gemeinsam möglich, siehe Gesellschaftsvertrag § 7 der „Sonnenschein OHG" sowie § 116 Abs. 1 und 2 HGB. Geschäfte ab einem Wert von 30.000 € sind im Gesellschaftsvertrag als Außergewöhnlich festgelegt (sog. Vereinbarung im Innenverhältnis).

b) Ja, der Kaufvertrag ist gültig. Herr Pfiffig kann den Kaufvertrag über die beiden E-Sprinter rechtsverbindlich für die OHG abschließen. Im Außenverhältnis besteht grundsätzlich Einzelvertretungsbefugnis für jeden Gesellschafter, die Dritten gegenüber nicht beschränkbar ist, siehe § 124 Abs. 1 und Abs. 4 HGB.

Ergänzende Übungsaufgaben

Lösung zu Übungsaufgabe 1

a) Ja, denn im Jahr der Betriebseröffnung können im Handelsregister eingetragene Gewerbetreibende ihr Wirtschaftsjahr frei bestimmen, § 4a Abs. 1 Satz 2 Nr. 2 EStG.

b) Die zu versteuernden Gewinne sind in dem VZ anzusetzen, in dem das Wirtschaftsjahr endet, § 4a Absatz 2 Nr. 2 EStG.

VZ 2022	**23.000,00 €**
VZ 2023	**45.000,00 €**

c) Die Umstellung auf ein mit dem Kalenderjahr übereinstimmendes Wirtschaftsjahr bedarf nicht der Zustimmung des Finanzamtes. Der zu versteuernde Gewinn für den VZ 2024 beträgt insgesamt 81.000 €, nämlich 54.000 € aus dem Wirtschaftsjahr 2023/2024, da dieses Wirtschaftsjahr in 2024 endet und 27.000 € aus dem Rumpfwirtschaftsjahr 2024.

VZ 2024	**54.000,00 €** **+ 27.000,00 €** **81.000,00 €**

Lösung zu Übungsaufgabe 2

a)

Namen der Gesellschafter	Kapitaleinlage	Gewinnverteilung nach Handelsrecht		Sonderbetriebseinnahmen	Sonderbetriebsausgaben	Einkünfte aus Gewerbebetrieb
		Aufteilung im Verhältnis				
Schell	30.000,00 €	2	30.000,00 €	42.000,00 € (Gehalt)	-	**72.000,00 €**
Thaler	30.000,00 €	1	15.000,00 €	34.800,00 € (Pacht)	5.400,00 €	**44.400,00 €**
	60.000,00 €	3	45.000,00 €	76.800,00 €	5.400,00 €	**116.400,00 €**

Nebenrechnung:

	handelsrechtlicher Gewinn	45.000,00 €
+	Sonderbetriebseinnahmen, gesamt	+ 76.800,00 €
-	Sonderbetriebsausgaben	- 5.400,00 €
=	steuerlicher Gewinn der KG	116.400,00 €

b) Frau Schell ist Komplementärin (= Vollhafterin) während Herr Thaler Kommanditist (= Teilhafter) der „Fine 4 Fitness KG" ist. Frau Schell haftet nicht nur mit ihrer Einlage, sondern auch mit ihrem gesamten Privatvermögen (= unbeschränkte Haftung). Herr Thaler haftet nur bis zur Höhe der im Gesellschaftsvertrag vereinbarten und in das Handelsregister eingetragenen Kapitaleinlage (= beschränkte Haftung), siehe § 171 Abs. 1 HGB. Die Gläubiger haben keine Möglichkeit auf sein Privatvermögen zu zugreifen, wenn er die vereinbarte Kapitaleinlage voll geleistet hat. Daher ist die Risikovergütung in der Gewinnverteilung für Frau Schell (doppelter Anteil des Gewinns ggü. Herrn Thaler) auf jeden Fall nachzuvollziehen.

c) Während Frau Schell als Komplementärin zur Geschäftsführung und Vertretung berechtigt und verpflichtet ist, sind die Kommanditisten von der Geschäftsführungs- und Vertretungsbefugnis grundsätzlich ausgeschlossen, siehe § 164 und § 170 HGB. Herr Thaler kann somit als Kommanditist diesen Aufgabenbereich grundsätzlich nicht übernehmen. Evtl. wäre über eine Rechtsformänderung nachzudenken.

Eine weitere Möglichkeit bestünde darin, dass Herr Thaler Prokura für die KG erhält.

Lösung zu Übungsaufgabe 3

Es liegt lt. Gewinn- und Verlustrechnung ein Verlust i. H. v. - 11.320,00 € vor.

1. **handelsrechtlicher Gewinn**

   lt. vertraglicher Regelung soll der Verlust nach Köpfen verteilt werden:

   - 11.320,00 € : 2 = **- 5.660,00 € handelsrechtlicher Erfolg (hier: Verlust) für jeden Gesellschafter**

2. **steuerrechtlicher Gewinn:**

	Erfolg lt. Gewinn- u. Verlustrechnung:	- 11.320,00 €
	steuerrechtliche Korrektur:	
+	30 % Bewirtungskosten, ESt-rechtlich nicht abzugsfähig, (§ 4 Abs. 5 Satz 1 Nr. 2 EStG)	+ 246,00 €
	modifizierter steuerrechtlicher Verlust =	- 11.074,00 €

- 11.074,00 € : 2 = **- 5.537,00 €** steuerrechtlicher Erfolg (hier: Verlust)
= **negative Einkünfte aus Gewerbebetrieb** für Gesellschafter Schneider

Lösung zu Übungsaufgabe 4

Berechnung des **handelsrechtlichen Gewinns:**

	Erträge	1.302.500,00 €
-	Aufwendungen	- 1.163.500,00 €
=	**handelsrechtlicher Gewinn**	**139.000,00 €**

Berechnung des **steuerrechtlichen Gewinns** für die Mitunternehmerschaft:

	handelsrechtlicher Gewinn	139.000,00 €
+	Gewerbesteuer ESt-rechtlich nicht abzugsfähig, § 4 Abs. 5b EStG	+ 31.000,00 €
=	**modifizierter (bereinigter) Gewinn**	**170.000,00 €**
	Sonderbetriebseinnahmen:	
+	Gehälter an beide Gesellschafter	+ 114.000,00 €
+	Zinsen an X. Heuber für gewährtes Darlehen	+ 9.500,00 €
=	**steuerrechtlicher Gewinn der OHG**	**293.500,00 €**

C. Einkünfte aus selbstständiger Arbeit

Lernsituation

Lösung zu Lernjob 1

1. **Einkunftsart:** **Einkünfte aus Gewerbebetrieb**
   Genaue Gesetzesgrundlage: **§ 15 Abs. 1 Nr. 1 i. V. m. Abs. 2 Satz 1 EStG**
2. **Handelsrechtliche Buchführungspflicht:**
   Kai Zierig ist Istkaufmann und somit handelsrechtlich buchführungspflichtig.

   Genaue Gesetzesgrundlagen: **§ 1 i. V. m. § 238 Abs. 1 HGB**

   Steuerrechtliche Buchführungspflicht:
   Kai Zierig ist somit auch steuerrechtlich buchführungspflichtig.

   Genaue Gesetzesgrundlage: **§ 140 AO**

Lösung zu Lernjob 2

Zu Frage 1

Im Unterschied zu Kai Zierig erzielt Tim Zierig als Bauingenieur zukünftig **Einkünfte aus selbstständiger Arbeit** (freiberufliche Tätigkeit). Beim Bauingenieur handelt es sich um einen in Ausbildung und Tätigkeit dem Ingenieur ähnlichen Beruf.

§ 18 Abs. 1 Nr. 1 Satz 2 EStG

Zu Frage 2

Tim Zierig ist weder handels- noch steuerrechtlich buchführungspflichtig. § 238 HGB sowie §§ 140 und 141 AO finden keine Anwendung. Die Höhe von Umsatz und Gewinn spielen keine Rolle.

Tim Zierig ermittelt seinen Gewinn gem. § 4 Abs. 3 EStG in Form einer EÜR.

Zu Frage 3

Ein sog. abweichendes Wirtschaftsjahr ist nur für im Handelsregister eingetragene **Gewerbetreibende** möglich.

Die Einkünfte aus selbstständiger Arbeit bestimmen sich generell nach dem Kalenderjahr.

§ 4a Abs. 1 Satz 2 Nr. 2 i. V. m. § 2 Abs. 7 EStG

Zu Frage 4

Das Eröffnen bzw. Schließen eines **Gewerbebetriebes** ist gegenüber der Gemeinde anzeigepflichtig.

Die Aufnahme einer freiberuflichen Tätigkeit ist dagegen nur dem nach § 19 AO zuständigen Finanzamt (Wohnsitzfinanzamt ggf. Tätigkeitsfinanzamt) mitzuteilen.

§ 138 Abs. 1 Satz 3 AO

Lösung zu Lernjob 3

Tim Zierig darf sich grundsätzlich der Mithilfe weiterer Arbeitskräfte bedienen, solange er aufgrund seiner eigenen Fachkenntnisse weiterhin leitend und eigenverantwortlich tätig bleibt. Er erzielt im geschilderten Sachverhalt dann weiterhin Einkünfte aus selbstständiger Arbeit.

Würde er die Arbeit zukünftig so delegieren, dass er nicht mehr jeden einzelnen Auftrag selbst überwachen und kontrollieren würde, lägen dagegen Einkünfte aus Gewerbebetrieb vor.

§ 18 Abs. 1 Nr. 1 Satz 3 EStG

Lösung zu Lernjob 4

Sachverhalt 1

Betriebsausgabe in 2024, Abflussprinzip, Höhe 8.448 €.
Der Tilgungsbetrag stellt keine Betriebsausgabe dar.

§ 11 Abs. 2 Satz 1 EStG

Sachverhalt 2

Netto-Betrag: Betriebsausgabe (abnutzbares Wirtschaftsgut) in 2024, da die Lieferung und Nutzung noch in 2024 erfolgt.

Sofortabschreibung, da GWG, Höhe der Betriebsausgabe in 2024: 800 €, netto

USt i. H. v. 152 €: Abflussprinzip, daher Betriebsausgabe in 2025.

§ 6 Abs. 2 Sätze 1 und 2 EStG, § 11 Abs. 2 Satz 1 EStG

Sachverhalt 3

Betriebsausgabe in 2024, Abflussprinzip, Höhe 1.200 €.

Bei der EÜR erfolgt keine zeitliche Abgrenzung.

§ 11 Abs. 2 Satz 1 EStG

Sachverhalt 4

Nicht abzugsfähige Betriebsausgabe.

§ 4 Abs. 5 Nr. 8 EStG

Sachverhalt 5

Netto-Betrag: Betriebsausgabe (abnutzbares Wirtschaftsgut) in 2024, da die Lieferung in 2024 erfolgt. Sofortabschreibung digitaler Wirtschaftsgüter, Höhe 3.000 €.

(BMF-Schreiben vom 22.02.2022)

USt i. H. v. 570 €: Abflussprinzip, daher Betriebsausgabe in 2024.

Versicherungsentschädigung:

Betriebseinnahme in 2024 / Zuflussprinzip, Höhe 2.500 €.

§ 11 Abs. 1 Satz 1 EStG

Sachverhalt 6

Keine Betriebseinnahme, da durchlaufender Posten.

§ 4 Abs. 3 Satz 2 EStG

Lösung zu Lernjob 5

Alternative 1:

Hier übt Toni Zierig die für einen Architekten typische Tätigkeiten im planerischen und gestalterischen Bereich aus. Der Architekt ist in § 18 Abs. 1 Nr. 1 Satz 2 EStG aufgeführt (sog. Katalogberuf). Insofern liegen Einkünfte aus freiberuflicher Tätigkeit vor.

Einkunftsart: Einkünfte aus selbstständiger Arbeit.

Alternative 2:

Im Rahmen von Verkaufsabschlüssen übt Toni Zierig eine typische Vertreter-Tätigkeit aus. Architektonische Leistung sind – wenn überhaupt – von untergeordneter Bedeutung.

Insofern liegen Einkünfte aus Gewerbebetrieb vor, § 15 Abs. 1 i. V. m. Abs 2 EStG.

Ergänzende Übungsaufgaben

Lösung zu Übungsaufgabe 1

a) Einkünfte aus Gewerbebetrieb § 15 Abs. 1 i. V. m. Abs. 2 EStG

b) Bei beiden Einnahmequellen handelt es sich um Einkünfte aus selbstständiger Arbeit

Tätigkeit als Rechtsanwalt:
Es handelt sich um eine freiberufliche Tätigkeit (Katalogberuf) gem. § 18 Abs. 1 Nr. 1 EStG.

B ist trotz der Beschäftigung von Mitarbeitern aufgrund der eigenen Fachkenntnisse noch leitend und eigenverantwortlich tätig.

Tätigkeit als Aufsichtsratsmitglied:
Diese Tätigkeit gehört zu den Einkünften aus sonstiger selbstständiger Arbeit, § 18 Abs. 1 Nr. 3 EStG.

c) Einkünfte aus Gewerbebetrieb § 15 Abs. 1 i. V. m. Abs. 2 EStG

Da Tim Zierig nur noch Aufträge beschafft, ist seine Leitungsfunktion und Eigenverantwortlichkeit hinsichtlich der **gesamten Tätigkeit** des Unternehmens nicht mehr gegeben.

d) Einkünfte aus selbstständiger Arbeit § 18 Abs. 1 Nr. 3 EStG

Es handelt sich um Einkünfte aus sonstiger selbstständiger Arbeit.

e) Einkünfte aus selbstständiger Arbeit § 18 Abs. 1 Nr. 1 EStG

Es handelt sich um eine freiberufliche Tätigkeit (unterrichtende Tätigkeit)

f) Ärztliche Tätigkeit:

Einkünfte aus selbstständiger Arbeit / Katalogberuf § 18 Abs. 1 Nr. 1 EStG

Verkauf der Kontaktlinsen und Pflegemittel:
Einkünfte aus Gewerbebetrieb § 15 Abs. 1 i. V. m. Abs. 2 EStG.

Es wird hier eine Trennung der Einkünfte vorgenommen.

g) Einkünfte aus selbstständiger Arbeit § 18 Abs. 1 Nr. 1 EStG

Es handelt sich um eine freiberufliche Tätigkeit (wissenschaftliche Tätigkeit)

h) Einkünfte aus Gewerbebetrieb § 15 Abs. 1 i. V. m. Abs. 2 EStG

H kann die typische Tätigkeit einer Fahrschule (das Fahren mit Fahrschülern) nicht mehr selbst anbieten. Somit fehlt es an der Eigenverantwortlichkeit.

Lösung zu Übungsaufgabe 2

Tätigkeit	§ 15 EStG	§ 18 EStG
Friseurmeisterin	X	
Zahnarzt		X
Apotheker	X	
Altenpflegerin		X
Karikaturist für mehrere Tageszeitungen		X
Schornsteinfeger	X	
Auktionator	X	
Hebamme		X
Übersetzerin		X
Pianist tritt regelmäßig auf internationalen Bühnen auf		X
Finanzberater vermittelt ausschließlich Aktiengeschäfte	X	
Heilmasseur		X

Lösung zu Übungsaufgabe 3

a) Betriebseinnahme in 2025, Zuflussprinzip (keine regelmäßig wiederkehrende Einnahme),

§ 11 Abs. 1 Satz 1 EStG.

b) mangels Wiederholungsabsicht keine Betriebseinnahme.

c) Geschenke an Kunden > 50 € netto je Kunde sind nicht abzugsfähige Betriebsausgaben.

§ 4 Abs. 5 Nr. 1 EStG i. V. m. § 15 Abs. 1a Satz 1 UStG

d) Netto-Betrag: Jeder einzelne Stuhl stellt ein GWG dar.

Betriebsausgabe in 2024, da die Lieferung in 2024 erfolgt.

Sofortabschreibung i. H. v. 6.400 €.

USt: Abflussprinzip, Betriebsausgabe in 2024 i. H. v. 1.216 €,

§ 6 Abs. 2 Sätze 1 und 2 EStG, § 11 Abs. 2 Satz 1 EStG.

e) Miete: Regelmäßig wiederkehrende Ausgabe, daher Prinzip der wirtschaftlichen Zugehörigkeit; Betriebsausgabe in 2025 i. H. v. 2.000 €.

USt: Abflussprinzip, Betriebsausgabe i. H. v. 380 € in 2024,

§ 11 Abs. 2 Satz 1 und 2 EStG.

Lösung zu Übungsaufgabe 4

		Ehemann	Ehefrau
	Einkünfte aus Gewerbebetrieb BE 45.000 - BA 18.000	27.000,00 €	
+	Einkünfte aus selbstständiger Arbeit Ehemann: Ehefrau: BE 380.000 € - BA 120.000 €	102.000,00 €	260.000,00 €
=	**Summe der Einkünfte**	**129.000,00 €**	**260.000,00 €**

D. Einkünfte aus Vermietung und Verpachtung

Lernsituation 1

Lösung zu Lernjob 1

Berechnung der Einkünfte aus Vermietung und Verpachtung:

EINNAHMEN			
Miete			
EG Fam . Star	mtl. Miete i. H. v. 895,00 € • 12 Monate	10.740,00 €	
1. OG Fam. Celik	mtl. Miete i. H. v. 900,00 € • 12 Monate	10.800,00 €	
2. OG Fam. Wenger	mtl. Miete i. H. v. 890,00 € • 12 Monate	10.680,00 €	32.220,00 €
Umlagen			
EG/1.OG/2.OG	3 · 85,00 € • 12 Monate	3.060,00 €	
EG	1 • 85,00 € Eingang der Miete Dez. 2023 einschl. Abschläge erst am 15. Januar 2024 (nach § 11 EStG gilt das Zuflussprinzip, d. h. die Miete einschl. Abschlag für Dez. 2023 wird im Veranlagungszeitraum 2024 erfasst)	85,00 €	
EG/1.OG/2.OG	Nachzahlungen 2023 lt. Übersicht	250,00 €	3.395,00 €
Vereinnahmte Mieten für frühere Jahre Dez. 2023 Miete von Fam. Star, Eingang 15.01.2024 (nach § 11 EStG gilt das Zuflussprinzip, s. o.)		895,00 €	895,00 €
Einnahmen aus Vermietung von Garagen H. Wenger: mtl. 75,00 € · 12 Monate		900,00 €	900,00 €
		Summe der Einnahmen	**37.410,00 €**

WERBUNGSKOSTEN		
Abschreibung gem. § 7 Abs. 4 Satz 1 Nr. 2 Buchst. b) EStG: 2%ige lineare Abschreibung von AK = 450.000 € (wie 2023)		9.000,00 €
Schuldzinsen: Darlehen bei Spark. Nürnberg		4.375,00 €
Abgaben: Grundsteuer, Schmutzwasser, etc.	1.964,36 €	
Gebäudereinigung Koopmann	1.213,80 €	
Müllgebühren	982,08 €	
Gebäudeversicherung SIGNAL HAUS	756,21 €	
Schornsteinfeger Frühauf	54,74 €	
Malerarbeiten Fa. Schütz	393,30 €	5.364,49 €
Summe der abzugsfähigen Werbungskosten		**18.739,49 €**
Überschuss = Einkünfte aus Vermietung und Verpachtung		**18.670,51 €**

Lösung zu Lernjob 2

$$\text{Eigenkapitalrentabilität des Hauses} = \frac{\text{Ertrag}}{\text{eingesetztes Eigenkapital}} \cdot 100 = \frac{18.670,51}{300.000} \cdot 100 = 6,22\ \%$$

Mit dieser Rendite, verglichen mit den derzeitigen Bankenzinsen bei langfristigen Kapitalanlagen, kann Herr Hein durchaus zufrieden sein.

Lernsituation 2

Lösung zu Lernjob 1

Ergänzen Sie die nachfolgende Grafik:

Anschaffungsnahe Aufwendungen sind Aufwendungen für
Instandsetzung und Modernisierungsmaßnahmen
innerhalb von **3 Jahren** nach **Anschaffung des Gebäudes**.

↓

einkommensteuerliche Behandlung

↓	↓
Aufwendungen übersteigen **nicht** **15** % der Anschaffungskosten (netto) des Gebäudes = **Werbungskosten**	Aufwendungen übersteigen **15** % der Anschaffungskosten (netto) des Gebäudes (= **anschaffungsnahe Herstellungskosten**) = **Herstellungskosten**

Lösung zu Lernjob 2

Ermittlung der Anschaffungskosten des Gebäudes und des Grund und Bodens:

	Kaufpreis		560.00,00 €
+	Anschaffungsnebenkosten		
	Grunderwerbsteuer	36.400,00 €	
	Notarkosten Kaufvertrag	6.664,00 €	
	Grundbuchkosten Eigentumsumschreibung	2.800,00 €	45.864,00 €
=	Anschaffungskosten für Gebäude und Grund und Boden		605.864,00 €

Nebenrechnung:

Ermittlung des prozentualen Anteils für das Gebäude:

Kaufpreis, insgesamt	560.000,00 €
- Grundstückspreis	168.000,00 €
= Kaufpreis für Gebäude	**392.000,00 €**

$$\text{Prozentualer Anteil des Gebäudes} = \frac{\text{Kaufpreis für Gebäude}}{\text{Gesamtkaufpreis}} \cdot 100 = \frac{392.000}{560.000} \cdot 100 = 70\,\%$$

Anteilig der gesamten Anschaffungskosten (AK) auf das Gebäude		
	70 % von 605.864,00 €	424.104,80 €
+	Ausbau Dachgeschoss = **nachträgliche Herstellungskosten** (HK) (da der Ausbau zu einer Vergrößerung der Nutzfläche führt)	60.000,00 €
=	**AK/HK des Gebäudes** = Bemessungsgrundlage für die Abschreibung	**484.104,80 €**

Ermittlung der Einkünfte aus Vermietung und Verpachtung:

EINNAHMEN			
Miete			
EG Mutter	mtl. 715,00 € • 8 Monate (Diese Miete entspricht **65 % der ortsüblichen Marktmiete**)	5.720,00 €	
1. OG Fam. Walther	mtl. 1.100,00 € • 8 Monate	8.800,00 €	
2. OG Eigennutzung		0,00 €	
Dachgeschoss	mtl. Miete 600,00 € • 3 Monate	1.800,00 €	16.320,00 €
Umlagen			
EG und 1. OG	2 • mtl. 120,00 € • 8 Monate	1.920,00 €	
Dachgeschoss	mtl. 80,00 € • 3 Monate	240,00 €	2.160,00 €
		Summe der Einnahmen	**18.480,00 €**

WERBUNGSKOSTEN		
1. aufzuteilende Werbungskosten		
Abschreibung gem. § 7 Abs. 4 Satz 1 Nr. 2 Buchst. b) EStG: 2%ige lineare Abschreibung von AK = 484.104,80 € zeitanteilig für 8 Monate (9.682,10 € : 12 • 8)		6.454,73 €
Finanzierungskosten:		
Zinsen: 400.000 €, 3,5 % für 8 Monate	9.333.33 €	
Disagio	4.000,00 €	
Notarkosten für die Grundschuldbestellung	666,40 €	
Grundbuchkosten für Eintragung der Grundschuld	560,00 €	14.559,73 €
Abgaben: Grundsteuer, Schmutzwasser, etc.		9.800,00 €
Erhaltungsaufwand = anschaffungsnahe Aufwendungen? Prüfung: alle getätigten Erhaltungsaufwendungen/Instandsetzungen/ Modernisierungen = 50.000 € brutto : 1,19 = 42.016,81 € netto. Es liegen **keine anschaffungsnahen Aufwendungen** vor, da die gesamten Erhaltungsaufwendungen noch weit unter den 15 % der Anschaffungskosten des Gebäudes (= 72.616 €) liegen.		
Erhaltungsaufwand **Heizungsanlage:** in 2024 die Hälfte der Kosten bezahlt (siehe § 11 Abs. 2 EStG)		7.500,00 €
Erhaltungsaufwand **Dachreparatur:** wird auf 3 Jahre verteilt, 21.000 € : 3 Jahre. (Ehepaar wünscht keinen Vollansatz des Erhaltungsaufwands in 2024. Da das Ehepaar ab 2027 nur noch geringere Einkünfte haben wird, bietet sich hier eine Verteilung auf 3 Jahre (2024 bis 2026) an, da so die Einkommensteuer am besten ermäßigt werden kann)		7.000,00 €
Summe der aufzuteilenden Werbungskosten		45.314,46 €
Anteil der Werbungskosten der entgeltlich vermieteten Wohnungen zur Gesamtfläche = 280 m² : 390 m² • 100 = **72 %** 72 % von 45.314,46 € (Hinweis: der verbilligte Mietzins im EG (Mutter) liegt bei 65 %, somit muss keine Aufteilung der WK in einen entgeltlichen und unentgeltlichen Teil erfolgen, sofern von einer zukünftigen, positiven Prognose ausgegangen werden kann, siehe § 21 Abs. 2 EStG)		**32.626,41 €**
2. direkt zurechenbare Werbungskosten (Erhaltungsaufwendungen)		
Instandsetzung/Modernisierung im EG	3.500,00 €	
Instandsetzung/Modernisierung im 1. OG	10.500,00 €	**14.000,00 €**
Summe der abzugsfähigen Werbungskosten		**-46.626,41 €**
Überschuss = negative Einkünfte aus Vermietung und Verpachtung (Gesamtobjekt)		**-28.146,41 €**
Anteil Herbert und **Marianne Koch** jeweils (50 % von 28.139,41 €)		**-14.073,21 €**

Lösung zu Lernjob 3

Die negativen Einkünfte aus Vermietung und Verpachtung können mit den positiven Einkünften des Ehepaars Koch (Einkünfte aus selbstständiger Arbeit /nichtselbstständiger Arbeit) verrechnet werden. Somit fallen die Summe der Einkünfte und das zu versteuernde Einkommen erheblich niedriger aus, was zur Folge hat, dass die festzusetzende Einkommensteuer entsprechend niedriger ausfällt.

Lernsituation 3

Lösung zu Lernjob 1

Art der Aufwendungen:

Es handelt sich bei diesen baulichen Maßnahmen grundsätzlich um Erhaltungsaufwendungen, denn es findet weder eine Erweiterung des Gebäudes noch eine Erhöhung des Gebrauchswertes (hier sind nur zwei Ausstattungsmerkmale betroffen: Fenster und Sanitär) statt.

Einkommensteuerrechtliche Behandlung:

§ 6 Abs. 1 Nr. 1a EStG besagt, dass bei Instandhaltungs-/Modernisierungsmaßnahmen innerhalb von 3 Jahren nach Anschaffung es zu **anschaffungsnahen Herstellungsaufwendungen** kommen kann, wenn in dieser Zeit die Aufwendungen ohne Umsatzsteuer 15 % der AK des Gebäudes übersteigen. Das bedeutet, dass dann die Erhaltungsaufwendungen den AK/HK zugerechnet werden und diese nur über die Abschreibung als Werbungskosten ansetzbar sind.

Berechnung:

15 % von 380.000 € = 57.000 €

Bis zu diesem Wert können die Kosten für durchgeführte Erhaltungsmaßnahmen innerhalb der drei Jahre ab Kauf als Werbungskosten in voller Höhe oder verteilt auf 2 bis 5 Jahre abgesetzt werden.

1.	Dachreparatur:	brutto	35.105,00 €,	netto	29.500,00 €
2.	Bad (Wohnung 1)	brutto	24.990,00 €,	netto	21.000,00 €
	Bad (Wohnung 2)	brutto	24.990,00 €,	netto	21.000,00 €
3.	Fensteraustausch	brutto	30.345,00 €,	netto	25.500,00 €
Gesamtaufwand		brutto =	115.430,00 €,	**netto =**	**97.000,00 €**

Steuerrechtliche Konsequenzen:

Führt Herr Heinrichs alle baulichen Maßnahmen in den ersten 3 Jahren nach Anschaffung durch, so müssten diese Aufwendungen als anschaffungsnahe Herstellungsaufwendungen den AK/HK zugerechnet werden. Er erhöht damit seine jährliche Abschreibung und somit seine Werbungskosten um nur 2.308,60 € (2 % von 115.430 €).

Lösung zu Lernjob 2

Herr Heinrichs sollte in 2024 nicht alle Erhaltungsmaßnahmen durchführen.

Zu empfehlen wäre, dass Herr Heinrichs auf jeden Fall die notwendige Dachreparatur durchführen lässt.

Empfehlenswert wäre auch, um die Energiekosten der Mieter sofort zu senken, dass er den Fensteraustausch ebenso veranlasst.

Mit beiden baulichen Maßnahmen liegt H. Heinrichs bei 55.000 € netto, also unter den 57.000 €. Somit sind die Ausgaben für beide genannten Maßnahmen als Werbungskosten in voller Höhe oder verteilt auf 2 bis 5 Jahre absetzbar.

Mit der Modernisierung der Bäder sollte Herr Heinrichs bis Februar 2026 warten. Dann sind die 3 Jahre für die Betrachtung der anschaffungsnahen Herstellungsaufwendungen vorüber und die Aufwendungen für Modernisierung der Bäder wären dann in voller Höhe als Werbungskosten ansetzbar.

Lernsituation 4

Lösung zu Lernjob

EINNAHMEN			
Miete			
EG Einzelhandel	mtl. 3.150,00 € • 12 Monate	37.800,00 €	
1. OG Lehrer	mtl. 1.010,00 € • 12 Monate	12.120,00 €	
2. OG Mutter	mtl. 454,50 € • 12 Monate (Diese Miete entspricht **45 % der ortsüblichen Marktmiete**)	5.454,00 €	55.374,00 €
Umlagen			
EG	mtl. 600,00 € • 12 Monate	7.200,00 €	
1. OG	mtl. 300,00 € • 12 Monate	3.600,00 €	
2. OG	mtl. 250,00 € • 12 Monate	3.000,00 €	13.800,00 €
Vereinnahmte Umsatzsteuer			
EG	mtl. 598,50 € + 114,00 € = 712,50 € • 12 Monate		8.550,00 €
		Summe der Einnahmen	**77.724,00 €**

WERBUNGSKOSTEN		
1. aufzuteilende Werbungskosten		
Abschreibung		5.000,00 €
Finanzierungskosten/Zinsen		3.550,00 €
Grundbesitzabgaben	2.178,60 €	
Versicherungen	1.268,40 €	
Schornsteinfegergebühren	249,90 €	
Heizöl	3.250,00 €	
Gemeinschaftsstrom	368,30 €	
Wasserkosten	2.510,00 €	
Fassadenanstrich	26.180,00 €	36.005,20 €
Summe der aufzuteilenden Werbungskosten		44.555,20 €
Anteil der Werbungskosten 1. entgeltlich vermietete Wohnungen 200 m² (EG + 1. OG) : 300 m² (Gesamtfläche) = ⅔ Abzugsfähig ⅔ der WK = ⅔ von 44.555,20 € =		**29.703,47 €**
2. OG: **verbilligter Mietzins** (Mutter) liegt **bei 45 %**, somit muss eine Aufteilung der WK für diese Wohnung in einen entgeltlichen und unentgeltlichen Teil erfolgen, siehe § 21 Abs. 2 EStG ⅓ von 44.555,20 € = 14.851,73 € gesamte WK für 2. OG: entgeltlicher Teil (45 %) = 6.683,28 € abziehbar unentgeltl. Teil (55 %) = 8.168,45 € nicht abziehbar		**6.683,28 €**
2. direkt zurechenbare Werbungskosten		
Instandsetzung/Modernisierung des WC im EG		**9.520,00 €**
Entrichtete USt an das FA in 2024 (USt-VA)		**5.310,00 €**
Summe der anzusetzenden Werbungskosten		**-51.216,75 €**
Überschuss = Einkünfte aus Vermietung und Verpachtung		**26.507,25 €**

Ergänzende Übungsaufgaben

Lösung zu Übungsaufgabe 1

a) Es greift § 21 Abs. 3 EStG (Subsidiaritätsprinzip), denn es liegen Sonderbetriebseinnahmen eines Mitunternehmers (Gesellschafter einer KG) vor. Somit liegen Einkünfte aus Gewerbebetrieb i. S. d. § 15 Abs. 1 Satz 1 Nr. 2 EStG vor.

b) Nur die vermieteten Wohnungen gehören zur Einkunftsart V+V, gem. § 21 Abs. 1 Nr. 1 EStG.

Die selbstgenutzte Wohnung wird mangels Einnahmen nicht erfasst.

c) Einkünfte aus V+V, § 21 Satz 1 Abs. 1 Nr. 1 EStG.

d) Einkünfte aus V+V, § 21 Satz 1 Abs. 1 Nr. 1 EStG.

e) Einkünfte aus V+V, § 21 Satz 1 Abs. 1 Nr. 2 EStG, sog. Verpachtung von Sachinbegriffen.

f) Es handelt sich um eine Vermietung eines beweglichen Gegenstandes. Diese wird in den sonstigen Einkünften nach § 22 Nr. 3 EStG erfasst, wenn die Einnahmen über 256 € liegen.

g) Keine steuerrechtlichen Einkünfte.

   Es kommt nicht zu Einnahmen, somit liegt keine Einnahmeerzielungsabsicht vor. Die im Zusammenhang stehenden Aufwendungen können mangels Einkünfte-Zusammenhang nicht als Werbungskosten abgezogen werden.

h) Keine steuerrechtlichen Einkünfte.

   Die selbstgenutzte Räume werden mangels Einnahmen nicht erfasst.

Lösung zu Übungsaufgabe 2

a) § 7 Abs. 4 Satz 1 Nr. 2 Buchst. a) EStG = wird mit 3 % jährlich abgeschrieben.

   Abschreibungsbetrag: 3 % von 350.000 € = **10.500,00 €.**

   Keine Anwendung von § 7 Abs. 5a EStG, da Herstellungsbeginn vor dem 30. September 2023.
   Keine Anwendung von § 7b EStG, da keine Energie-Effizienzklasse 40.

b) § 7 Abs. 4 Satz 1 Nr. 1 EStG = ein **zum Betriebsvermögen gehörendes Gebäude** = 3 %.

   zeitanteiliger Abschreibungsbetrag im Jahr der Fertigstellung:
   3 % von 550.000 € = 16.500,00 € • $^5/_{12}$ = **6.875,00 €**

c) § 7 Abs. 4 Satz 1 Nr. 2 Buchst. c) EStG = wird mit 2,5 % jährlich abgeschrieben:

   zeitanteiliger Abschreibungsbetrag im Jahr des Kaufs:
   Kaufpreis 260.000 € - 90.000 € (Grund und Boden) = 170.000,00 € • 2,5 %
   = 4.250,00 € • $^8/_{12}$ = **2.833,33 €**

Lösung zu Übungsaufgabe 3

a) **Vergleichsrechnung der voraussichtlichen Einkünfte aus Vermietung und Verpachtung**

   1. **Verbilligte Vermietung der freien EG-Wohnung an den Freund**

Einkünfte aus Gewerbebetrieb			**10.000,00 €**
Einkünfte aus Vermietung und Verpachtung:			
EINNAHMEN			
Miete			
EG, rechts Renate Rau	45 m² • 9,80 €= mtl. 441,00 € • 12 Monate	5.292,00 €	
EG, links Freund	45 m² • 4,50 €= mtl. 202,50 € • 12 Monate	2.430,00 €	
1. OG/2. OG Behm/Gottw.	2 x 90 m² • 9,80 € = mtl. 1.764,00 € • 12 Monate	21.168,00 €	
		Summe der Einnahmen	**28.890,00 €**

WERBUNGSKOSTEN		
1. aufzuteilende Werbungskosten		
Abschreibung: 300.000 € - 60.000 € = 240.000,00 € • 2 %		4.800,00 €
Grundbesitzabgaben	1.488,00 €	
Versicherung	816,00 €	
Schornsteinfegergebühren	80,00 €	2.384,00 €
Summe der aufzuteilenden Werbungskosten		7.184,00 €
Anteil der Werbungskosten 1. entgeltlich vermietete Wohnungen (EG rechts+ 1. OG+ 2.OG) im Verhältnis zur Gesamtfläche = 225 m^2 : 270 m^2 = 225/270 (oder 83 % = ungenauer) der Werbungskosten:		**5.986,67 €**
2. EG links: verbilligter Mietzins (Freund) liegt bei **45,92 %**, somit muss eine Aufteilung der WK für diese Wohnung in einen entgeltlichen und unentgeltlichen Teil erfolgen, siehe § 21 Abs. 2 EStG 45 m^2/270 m^2 von 7.184 € = 1.197,33 € gesamte WK für EG links: **entgeltlicher Teil** (45,92 %) = 549,81 € abziehbar unentgeltl. Teil (54,08 %) = 647,52 € nicht abziehbar		**549,81 €**
2. direkt zurechenbare Werbungskosten		
Zinszahlung für Darlehen 4 % von 10.000 € = 400,00 € • 45,92 %		**183,68 €**
Summe der abzugsfähigen Werbungskosten		**-6.720,16 €**
Überschuss = Einkünfte aus Vermietung und Verpachtung		**22.169,84 €**
= Summe der Einkünfte		**32.169,84 €**

2. **Eigenbetriebliche Nutzung der freien EG-Wohnung:**

Einkünfte aus Gewerbebetrieb		
vorläufiger Gewinn lt. Aufgabenstellung		10.000,00 €
Betriebsausgaben:		
anteilige Werbungskosten: 45 m^2/270 m^2 von 2.384 € (für Grundbesitzabgaben, Versicherung und Schornsteinfeger, siehe 1.)	397,33 €	
Der eigenbetrieblich genutzte Anteil gehört zum Betriebsvermögen des Gewerbebetriebes, hier gilt ein Abschreibungssatz von 3 %, siehe § 7 Abs. 4 Satz 1 Nr. 1 EStG, aber anteilig: AK Gebäude 240.000 € • 3 % = 7.200 € • 45 m^2/270 m^2 =	1.200,00 €	
Zinsen für Bankkredit	400,00 €	**-1.997,33 €**
Gewinn/Einkünfte aus Gewerbebetrieb		**8.002,67 €**

Einkünfte aus Vermietung und Verpachtung:			
EINNAHMEN			
Miete			
EG, rechts Renate Rau	45 m^2 • 9,80 €= mtl. 441,00 € • 12 Monate	5.292,00 €	
EG, links Eigennutzung	Entfällt wegen eigenbetrieblicher Nutzung	---	
1. OG/ 2. OG Behm/Gottw.	2 • 90 m^2 •· 9,80 € = mtl. 1.764,00 € • 12 Monate	21.168,00 €	
		Summe der Einnahmen	**26.460,00 €**

WERBUNGSKOSTEN		
aufzuteilende Werbungskosten		
Siehe obige Rechnung der WK (225 m^2/270 m^2 von 7.184,00 €)		5.986,67 €
Summe abzugsfähigen Werbungskosten		**-5.986,67 €**
Überschuss = Einkünfte aus Vermietung und Verpachtung		**20.473,33 €**
= Summe der Einkünfte		**28.476,00 €**

b) **Pro und Contra**

Vermietung an den Freund	**Eigenbetriebliche Nutzung**
Pro	**Pro**
Höhere Einnahmen/Einkünfte	► Voller Abzug der Aufwendungen im Rahmen des eigenen Gewerbebetriebes (hier als Betriebsausgaben) ► Geringere Einkünfte ► Geringere Einkommensteuerschuld ► Verbesserung des Außendarstellung des Gewerbes (nicht mehr in eigener Wohnung, bei evtl. Kundenbesuch) ► Mehr Platz – evtl. Expansionsmöglichkeiten
Contra	**Contra**
► Teile der Werbungskosten sind nicht ansetzbar (unentgeltlicher Teil) ► Höhere Einkommensteuerschuld ► Bei Expansion des Gewerbebetriebes müssten fremde Räumlichkeiten angemietet werden	Niedrigere Einnahmen/Einkünfte

E. Sonstige Einkünfte

Lernsituation 1

Lösung zu Lernjob 1

1. Sonstige Einkünfte,
   Einkünfte aus wiederkehrenden Bezügen.

   Gesetzesgrundlage: § 22 Nr. 1 Satz 3 Buchst. a) Doppelbuchst. aa) EStG

2. keine Einkunftsart,
   Einkünfte aus privaten Veräußerungsgeschäften greifen nicht bei Gegenständen des täglichen Gebrauchs.

   Gesetzesgrundlage: § 22 Nr. 2 i. V. m. § 23 Abs. 1 Satz 1 Nr. 2 Satz 2 EStG

3. Einkünfte aus Gewerbebetrieb.
   Sämtliche Voraussetzungen sind erfüllt: Selbstständigkeit, Nachhaltigkeit, Gewinnerzielungsabsicht, Teilnahme am wirtschaftlichen Verkehr.

   Gesetzesgrundlage: § 15 Abs. 1 Satz 1 Nr. 1 i. V. m. Abs. 2 EStG

4. Sonstige Einkünfte,
   Einkünfte aus Leistungen und Zahlungen nach § 10 Abs. 1a EStG (Unterhaltsleistungen).

   Gesetzesgrundlage: § 22 Nr. 1a i. V. m. § 10 Abs. 1a EStG

5. Keine Einkunftsart.

   Gesetzesgrundlage: entfällt

6. Sonstige Einkünfte = Einkünfte aus Sonstigen Leistungen,
   Einkünfte aus gelegentlichen Vermittlungen, da seine Provision über der Freigrenze von 256 € liegt.

   Gesetzesgrundlage: § 22 Nr. 3 Satz 1 und 2 EStG

7. Keine Einkunftsart.
   Das Erbe selbst wird einkommensteuerrechtlich nicht erfasst (siehe Erbschaft- und Schenkungssteuergesetz).

   Gesetzesgrundlage: entfällt

8. Sonstige Einkünfte,
   Leistungen aus Altersvorsorgeverträgen.

   Gesetzesgrundlage: § 22 Nr. 5 EStG

9. Einkünfte aus Kapitalvermögen.

   Gesetzesgrundlage: § 20 Abs. 2 Satz 1 Nr. 1 EStG

10. Keine Einkunftsart.
    Grundsätzlich wären Sonstige Einkünfte denkbar.
    Einkünfte aus privaten Veräußerungsgeschäften greifen nicht, da Frau Weise länger als 10 Jahre Eigentümerin dieser Wohnung ist.

    Gesetzesgrundlage: § 22 Nr. 2 i. V. m. § 23 Abs. 1 Satz 1 Nr. 1 EStG
11. Sonstige Einkünfte,
    Einkünfte aus Vermietung beweglicher Gegenstände, wenn die Einkünfte im Jahr über 256 € liegen.

    Gesetzesgrundlage: § 22 Nr. 3 Satz 1 und 2 EStG
12. Einkünfte aus Vermietung und Verpachtung.

    Gesetzesgrundlage: § 21 Abs. 1 Satz 1 Nr. 1 EStG.

Lernsituation 2

Lösung zu Lernjob 1

Einkünfte aus nichtselbständiger Arbeit		
Brutto-Arbeitslohn: 2.900 € • 7 Monate	= 20.300,00 €	
-Arbeitnehmer-Pauschbetrag	- 1.230,00 €	19.070,00 €
Einkünfte aus Kapitalvermögen		
Zinsen aus Termingeldanlage bleiben wegen der Besteuerung an der Quelle bei der Ermittlung der Summe der Einkünfte unberücksichtigt.		----
Sonstige Einkünfte		
Gesetzliche Rente (§ 22 Nr. 1 Satz 3 Buchst. a) Doppelbuchst. aa) EStG)		
1.320,16 € • 5 Monate = 6.600,80 €		
• 83 % Besteuerungsanteil	= 5.478,66 €	
- Werbungskosten-Pauschbetrag	- 102,00 €	5.376,66 €
Summe der Einkünfte		**24.446,66 €**

Lösung zu Lernjob 2

Der Besteuerungsanteil der Rente beträgt 83 % im Jahr des Rentenbeginns 2024.

Nach § 22 Nr. 1 Satz 3 Buchst. a) Doppelbuchst. aa) Satz 5 EStG wird der steuerfreie Teil der Rente in Euro erst im drauffolgenden Jahr, also 2025, festgelegt:

	1.320,16 € • 12 Monate (Rentenbezug in 2025) =	15.841,92 €
-	Besteuerungsanteil 83 % (Rentenbeginn in 2024) =	13.148,79 €
=	Steuerfreier Teil/Freibetrag der Rente	**2.693,13 €**

Lösung zu Lernjob 3

a)

	1.320,16 € • 6 Monate =	7.920,96 €
+	1.366,37 € • 6 Monate =	8.198,22 €
=	Rentenbezug in 2025 =	16.119,18 €
-	Besteuerungsanteil 83 % (Rentenbeginn in 2024) =	13.378,92 €
=	Steuerfreier Anteil der Rente	**2.740,26 €**

b) Nach § 22 Nr. 1 Satz 3 Buchst. a) Doppelbuchst. aa) Satz 7 EStG führen regelmäßige Anpassungen des Jahresbetrags der Rente nicht zu einer Neuberechnung des Freibetrags für die gesetzliche Rente. Der errechnete Freibetrag in a) bleibt für Frau Luft für die gesamte Laufzeit des Rentenbezugs. Siehe § 22 Nr. 1 Satz 3 Buchst. a) Doppelbuchst. aa) Satz 5 EStG.

Lösung zu Lernjob 4

a)

	Ehemann	Ehefrau
Einkünfte aus nichtselbstständiger Arbeit (Ehefrau) a) Einkünfte aus dem aktiven Beschäftigungsverhältnis: Brutto-Arbeitslohn: 3.980 € • 3 Monate = 11.940,00 € - Arbeitnehmer-Pauschbetrag - 1.230,00 € **10.710,00 €** b) Einkünfte aus dem passiven Beschäftigungsverhältnis (hier: Versorgungsbezüge) 9 Monate • 2.850,00 € = 25.650,00 € + Weihnachtsgeld + 450,00 € = 26.100,00 € - Versorgungsfreibetrag und Zuschlag nach § 19 Abs. 2 Satz 4 EStG: **Berechnung des Versorgungsfreibetrags**: (12 • 2.850,00 €) + 450,00 € Weihnachtsgeld = 34.650,00 € • 13,6 % = 4.712,40 €, max. 1.020,00 € **zzgl. Zuschlag** + 306,00 € Gesamt **1.326,00 €** **(= Festschreibung für die Zukunft)** **Für das Jahr 2024 wird der Versorgungsfreibetrag auf 9/12 gekürzt, gem. § 19 Abs. 2 Satz 12 EStG** - 994,50 € = steuerpflichtige Einnahmen = 25.105,50 € - Werbungskosten-Pauschbetrag - 102,00 € = Einkünfte **aus passiven** Beschäftigungsverhältnis **25.003,50 €**		**35.713,50 €**

	Ehemann	Ehefrau
Einkünfte aus nichtselbstständiger Arbeit (Ehemann) Einkünfte aus dem aktiven Beschäftigungsverhältnis: Brutto-Arbeitslohn: 3.050,00 € • 3 Monate = 9.150,00 € - Arbeitnehmer-Pauschbetrag - 1.230,00 €	**7.920,00 €**	
Sonstige Einkünfte (Ehemann) Gesetzliche Rente 1.875,00 € • 9 Monate = 16.875,00 € • 83 % Besteuerungsanteil = 14.006,25 € - Werbungskosten-Pauschbetrag - 102,00 €	**13.904,25 €**	
Summe der Einkünfte	**21.824,25 €**	**35.713,50 €**

Freibetrag des Versorgungsbezugs einschl. des Zuschlags zum Versorgungsfreibetrag für Frau Friderichs = 1.326,00 € (siehe oben).

Berechnung des Rentenfreibetrags für Herrn Friderichs:

Bemessungsgrundlage sind die Einnahmen in 2025 mit dem Besteuerungsanteil aus 2024 (Beginn der Rente).

Rente in 2025:

	1.875,00 € • 6 Monate =	11.250,00 €
+	1.875,00 € + 4 % = 1.950,00 € • 6 Monate	11.700,00 €
=	gesamt	22.950,00 €
-	Besteuerungsanteil 83 %	19.048,50 €
=	**Steuerfreier Anteil der gesetzlichen Rente**	**3.901,50 €**

b) Der **Freibetrag für Versorgungsbezüge** setzt sich aus zwei Teilen zusammen:

1. dem Versorgungsfreibetrag und
2. dem Zuschlag zum Versorgungsfreibetrag.

Bereits **im Jahr des Beginns der Versorgungsbezüge** werden die Einnahmen für das gesamte Jahr hochgerechnet (= 12 • Versorgungsbezug des 1. vollen Monats zzgl. Sonderzahlungen im 1. Jahr) und somit der Versorgungsfreibetrag und Versorgungszuschlag festgeschrieben.

Bei der **gesetzlichen Rente** wird in diesem Fall nur der **steuerfreie Anteil in % im Jahr des Rentenbeginns** und erst **im drauffolgenden Jahr der steuerfreie Anteil** in € festgeschrieben.

Evtl. Rentenerhöhungen des Folgejahres werden in die Berechnung einbezogen.

Lernsituation 3

Lösung zu Lernjob 1

Leistungsverpflichtender (hier: **Herr Schönhaus**)	**Leistungsempfänger** (hier: **Frau Schönhaus**)
gezahlte Unterhaltsleistungen = **Ausgaben**	erhaltene Unterhaltsleistungen = **Einnahmen**
↓	↓
= **Sonderausgabenabzug**	= **Sonstige Einkünfte**
§ **10 Abs. 1a EStG** max. **13.805,00** €	§ **22 Nr. 1a EStG** max. **13.805,00** €

Lösung zu Lernjob 2

a) Herr Schönhaus hat die Möglichkeit, die Unterhaltszahlungen an seine geschiedene Frau in Höhe bis zu 13.805 € als Sonderausgaben abzusetzen. Dies mindert sein zu versteuerndes Einkommen deutlich. Je nachdem, wie hoch sein Spitzensteuersatz ist, spart er entsprechend hohe Einkommensteuer.

b) Frau Schönhaus müsste bei Unterzeichnung der Anlage U die erhaltenen Unterhaltsleistungen bis zu einem Höchstbetrag versteuern. Da Frau Schönhaus lt. Aufgabe keine eigenen Einkünfte – außer dem Minijob – hat, wird sie wahrscheinlich keine oder nur sehr geringe Einkommensteuer zahlen müssen. Sie profitiert auf jeden Fall durch das Entgegenkommen ihres Mannes, monatlich 200 € mehr zu erhalten.

Lösung zu Lernjob 3

	(1.280,00 € + 200,00 € =) 1.480,00 € · 12 Monate = 17.760,00 €; max.	13.805,00 €
-	Werbungskosten-Pauschbetrag	102,00 €
=	Sonstige Einkünfte Frau Schönhaus	13.703,00 €

Lösung zu Lernjob 4

Frau Schönhaus müsste ihre empfangenen Unterhaltsleistungen nicht als Einnahme in ihrer Einkommensteuer angeben.

Herr Schönhaus könnte seine gezahlten Unterhaltsleistungen nicht als Sonderausgaben nach § 10 Nr. 1a EStG bis zur Höhe von 13.805 € absetzen, sondern er könnte die geleisteten Zahlungen nur als Außergewöhnliche Belastung in besonderen Fällen nach § 33a Abs. 1 EStG geltend machen.

Lernsituation 4

Lösung zu Lernjob 1

zu 1.
Zwischen der Anschaffung und der Veräußerung liegen maximal 3 Jahre. § 23 Abs. 1 Satz 1 Nr. 3 EStG schließt das Vorliegen eines privaten Veräußerungsgeschäftes bei ausschließlicher Nutzung zu eigenen Wohnzwecken zwischen Anschaffung und Veräußerung aus.
Kein privates Veräußerungsgeschäft, daher nicht steuerrechtlich relevant.

zu 2.
Lt. EStH 23 ist die Erbschaft keine Anschaffung, sondern ein unentgeltlicher Erwerb durch eine Erbschaft. Bei der Berechnung der Veräußerungsfrist ist der Zeitpunkt des entgeltlichen Erwerbs durch den Rechtsvorgänger maßgebend (sog. Fußstapfentheorie). Da bereits bei Erbschaft in 2019 das Haus schon 20 Jahre im Eigentum der Eltern war, liegt die Frist zwischen An- und Verkauf bei mehr als 25 Jahren.
Somit liegt **kein privates Veräußerungsgeschäft vor und daher nicht steuerrechtlich relevant**.

zu 3.
Das Haus in Gilching wurde am 01.04.2015 erworben.
Würde das Haus – wie vorgesehen – noch 2024 verkauft, so liegt die Veräußerungsfrist bei über 9 Jahren, aber noch unter 10 Jahren, und es käme **zu einem steuerpflichtigen privaten Veräußerungsgeschäft**.

Lösung zu Lernjob 2

	Veräußerungspreis
-	Anschaffungs-/Herstellungskosten
-	Werbungskosten (z. B. Veräußerungskosten)
=	**Veräußerungsgewinn/-verlust**

Lösung zu Lernjob 3

	Veräußerungspreis		945.000,00 €
-	Anschaffungskosten	600.000,00 €	
	abzgl. geltend gemachter Abschreibungen	- 99.666,67 €	- 500.333,33 €
-	WK, hier Veräußerungskosten, 12 % vom Verkaufspreis		- 113.400,00 €
=	**steuerpflichtiger Veräußerungsgewinn**		**= 331.266,67 €**

Lösung zu Lernjob 4

Frau Unruh sollte auf keinen Fall dieses Haus in Gilching in 2024 verkaufen. Es fällt eine sehr hohe Einkommensteuer auf den Veräußerungsgewinn an.

Da im April 2025 die 10 Jahres-Frist abgelaufen ist und Frau Unruh zu dieser Zeit noch in Deutschland (zur Notarunterzeichnung) anwesend wäre, sollte der Verkauf erst im April 2025 erfolgen mit der steuerrechtlichen Konsequenz, dass dann kein steuerpflichtiger Veräußerungsgewinn anfallen würde.

Lernsituation 5

Lösung zu Lernjob 1

1.

	Einnahmen aus der gelegentlichen Vermittlung	450,00 €
-	Werbungskosten	57,00 €
=	Sonstige Einkünfte	393,00 €

Die Einkünfte liegen über der Freigrenze von 256 € im Kalenderjahr, daher **steuerpflichtig im Rahmen der Sonstigen Einkünfte.**

Beachte: Die Freigrenze wird nicht verdoppelt im Rahmen der Zusammenveranlagung.

2.

	Einnahmen / Einkünfte Ehemann, § 22 Nr. 3 EStG	250,00 €
	Einnahmen Ehefrau	290,00 €
-	Werbungkosen	35,00 €
	Einkünfte, § 22 Nr. 3 EStG	255,00 €

Haben beide Eheleute Einkünfte nach § 22 Nr. 3 EStG bezogen, so kann lt. R 22.8 EStR bei zusammenveranlagten Eheleuten die Freigrenze für jeden Ehegatten angesetzt werden. Da bei beiden Eheleuten die Einnahmen unter 256 € (Freigrenze) liegen, **kommt es nicht zur Besteuerung im Rahmen der Sonstigen Einkünfte.**

Ergänzende Übungsaufgaben

Lösung zu Übungsaufgabe 1

a) Steuerpflichtig ist nur der Ehegattenunterhalt.

Die Unterstützung zur Berufsausbildung und der Unterhalt an die Tochter sind keine Unterhaltsleistungen nach § 10 Nr. 1a bzw. § 22 Nr. 1a EStG.

	1.200,00 € • 12 Monate = 14.400,00 €, max.	13.805,00 €
-	Werbungskosten-Pauschbetrag	102,00 €
=	Sonstige Einkünfte	13.703,00 €

b)	(1.000,00 € + 700,00 € =) 1.700,00 € • 12 Monate = 20.400,00 €	
	max.	13.805,00 €
-	Werbungskosten-Pauschbetrag	102,00 €
=	Sonstige Einkünfte	13.703,00 €

Lösung zu Übungsaufgabe 2

	Ehemann	Ehefrau
Einkünfte aus nichtselbständiger Arbeit (Ehemann): Brutto-Arbeitslohn: 1.780 € • 9 Monate = 16.020,00 € Ruhegeld des Arbeitgebers: 430 € • 3 Monate = 1.290,00 € (keine Versorgungsbezüge, da nicht schwerbehindert und unter 63 Jahre alt) - Werbungskosten-Pauschbetrag - 1.230,00 €	16.080,00 €	
Einkünfte aus Kapitalvermögen (Ehefrau) Zinsen für gewährtes Darlehen 800,00 € unterliegen nicht der KESt v. 25 %, § 32d Abs. 2 Nr. 1 Buchst. a) EStG - Werbungskosten - 90,00 €		710,00 €
Zinsen auf Tagesgeldkonto bleiben wegen der Besteuerung an der Quelle (25 % KESt) bei der Ermittlung der Summe der Einkünfte unberücksichtigt.		
Sonstige Einkünfte **Ehemann:** **1. Gesetzliche Rente** 1.950,00 € • 3 Monate = 5.850,00 € • 83 % Besteuerungsanteil= 4.855,50 € - Werbungskosten-Pauschbetrag - 102,00 €	4.753,50 €	
2. Veräußerung des privaten Pkw Gegenstand/Pkw ist ein Gegenstand des täglichen privaten Gebrauchs: § 22 Nr. 2 i. V. m. § 23 Abs. 1 Satz 1 Nr. 2 Satz 2 EStG. Der errechnete Verlust i. H. v. 3.000 € kann nicht steuerrechtlich angesetzt werden.	0,00 €	
3. Veräußerung des Oldtimers: (§ s. o.) (kein Gegenstand des täglichen Gebrauchs und Zeitraum zwischen Kauf und Verkauf ≤ 1 Jahr) Veräußerungsgewinn 5.350,00 € - Werbungskosten (178,50 € + 1.821,50 €) - 2.000,00 €	3.350,00 €	
4. Einkünfte aus Leistungen, § 22 Nr. 3 EStG hier: Einkünfte aus gelegentlicher Vermittlung Provisionsgutschrift 350,00 € - Werbungskosten - 92,00 € (liegt über der Freigrenze von 256,00 €)	258,00 €	

<table>
<tr><th></th><th>Ehemann</th><th>Ehefrau</th></tr>
<tr><td>Sonstige Einkünfte
Ehefrau:
1. Zweifamilienhaus in Bonn-Beuel:
Anschaffung in 2022, Verkauf Jan. 24 = Zeitraum zw. An- und Verkauf innerhalb von 10 Jahren (=Spekulationsfrist) 1 Wohnung selbst bewohnt/1 Wohnung vermietet, daher muss jede Grundstückseinheit getrennt betrachtet werden.
Selbst genutzte Wohnung:
Wohnung diente ausschl. zu eigenen Wohnzwecken, daher liegt kein Veräußerungsgewinn, gem. § 22 Nr. 2 i. V. m. § 23 Satz 1 Abs. 1 Nr. 1 Satz 3 EStG vor</td><td></td><td>0,00 €</td></tr>
<tr><td>Vermietete Wohnung:
Veräußerungsgewinn wird auf 2 Wohnungen aufgeteilt:
195.000,00 € : 2 = 97.500,00 €
- Veräußerungskosten (7.000 € : 2) - 3.500,00 €</td><td></td><td>94.000,00 €</td></tr>
<tr><td>2. Geerbtes Haus in Siegburg:
Zeitraum von Anschaffung bis Verkauf von 1988 - 2024 > 10 Jahre, somit liegt steuerrechtlich kein privates Veräußerungsgeschäft vor.</td><td></td><td>0,00 €</td></tr>
<tr><td>Summe der Einkünfte</td><td>24.441,50 €</td><td>94.710,00 €</td></tr>
</table>

Hinweis:

Die Zinsen für das Tagesgeldkonto i. H. v. 1.950 € unterliegen bei Überschreiten des Sparerpauschbetrages der Abgeltungssteuer. Sie sind nicht in den GdE einzubeziehen.

Lösung zu Übungsaufgabe 3

1. Einnahmen der Eheleute 500,00 €
   keine Werbungskosten 0,00 €
   Sonstige Einkünfte der Eheleute 500,00 € (je Ehegatte 250,00 €)

   Haben beide Eheleute Einkünfte nach § 22 Nr. 3 EStG bezogen, so kann lt. R 22.8 EStR bei zusammenveranlagten Eheleuten die Freigrenze für jeden Ehegatten angesetzt werden. Da das Boot beiden Eheleuten gehört, hat jeder Ehegatte somit 250 € von den Freunden als Einnahmen erhalten. Beide liegen unter der Freigrenze von 256 €, daher **kommt es nicht zu Versteuerung im Rahmen der Sonstigen Einkünfte!**

2. Da der Bekannte seine Wohnung zu eigenen Wohnzwecken im Jahr des Verkaufs und in den beiden vorangegangenen Jahren selbst genutzt hat, liegt kein privates Veräußerungsgeschäft nach § 23 Abs. 1 EStG vor. Sein Veräußerungsgewinn ist somit **nicht steuerpflichtig.**

3. Einnahmen nach § 22 Nr. 1 Satz 3 Buchst. s) Doppelbuchst. aa) EStG 1.590,00 €

	83 % Besteuerungsanteil	1.319,70 €
-	Werbungskosten-Pauschbetrag	102,00 €
	Sonstige Einkünfte 2024	1.217,70 €

Berechnung des steuerfreien Anteils für die Rente ab 2025:

	Einnahmen: 1.590,00 € • 12 Monate =	19.080,00 €
-	83 % Besteuerungsanteil	15.836,40 €
	festzuschreibender steuerfreier Anteil der gesetzl. Rente	**3.243,60 €**

Lösung zu Übungsaufgabe 4

Veräußerungsverlust aus 1. (zw. Ankauf und Verkauf nicht mehr als 10 Jahre)	- 18.000,00 €
kein Veräußerungsgewinn aus 2. (bewegl. Wirtschaftsgüter; zw. Ankauf und Verkauf mehr als 1 Jahr)	0,00 €
Veräußerungsgewinn aus 3. (bewegl. Wirtschaftsgüter; zw. Ankauf und Verkauf nicht mehr als 1 Jahr)	6.000,00 €
insgesamt ein verbleibender Veräußerungsverlust	**-12.000,00 €**

Nach § 23 Abs. 3 Satz 6 EStG dürfen Verluste nur bis zur Höhe der Gewinne, die der Steuerpflichtige im gleichen Kalenderjahr aus privaten Veräußerungsgeschäften erzielt hat, ausgeglichen werden. Es findet **kein vertikaler Verlustausgleich mit anderen Einkünften** statt.

Verbleibende Veräußerungsverluste kann Herr Müller mit privaten Veräußerungsgewinnen des unmittelbar vorangegangenen Veranlagungszeitraums verrechnen oder in die folgenden Veranlagungszeiträume vortragen, um sie mit zukünftigen Gewinnen aus privaten Veräußerungen zu verrechnen.

Siehe auch >> LS H: Verlustausgleich und Verlustabzug.

F. Einkünfte aus Kapitalvermögen

Lernsituation 1

Lösung zu Lernjob 1

Einkünfte aus Kapitalvermögen
gemäß

§ 20 Abs. 1 Nr. 1 EStG

- Dividenden aus Aktien (B)
- Gewinnanteile aus Beteiligung an der Schuster GmbH (G)

§ 20 Abs. 2 Satz 2 Nr. 1 EStG

- Kursgewinne aus Aktienverkäufen (I)

§ 20 Abs. 1 Nr. 4 EStG

- Gewinnanteile als typischer, stiller Gesellschafter an der Schneider KG (F)

§ 20 Abs. 1 Nr. 7 EStG

- Zinserträge aus Sparguthaben im Inland (A)
- Zinsen aus festverzinslichen Wertpapieren (E)
- Zinserträge aus Sparguthaben im Ausland (H)

Einkünfte aus Gewerbebetrieb

- Gewinnanteile als Kommanditist (C)
- Dividenden aus Beteiligungen an der Pharma AG im Betriebsvermögen (D)
- Gewinnanteile als atypischer stiller Gesellschafter an der Software KG (K)

Sonstige Einkünfte

- Gewinne aus dem Handel mit Kryptowährung Bitcoins sofern Zeitraum zwischen Anschaffung und Verkauf ≤ 1 Jahr (M)

Lösung zu Lernjob 2

Für A		Für E	
a) Ermittlung der Bankgutschrift ohne Freistellungsauftrag		**a) Ermittlung der Bankgutschrift mit Freistellungsauftrag**	
Zinseinnahmen	900,00 €	Zinseinnahmen	900,00 €
- 25 % Kapitalertragsteuer	225,00 €		
- 5,5 % SolZ (von 225 €)	12,38 €		
= Bankgutschrift	662,62 €	= Bankgutschrift	900,00 €

Für A			Für E		
b) Ermittlung der Einkünfte aus Kapitalvermögen			**b) Ermittlung der Einkünfte aus Kapitalvermögen**		
	Zinseinnahmen	900,00 €		Zinseinnahmen	900,00 €
-	Sparer-Pauschbetrag (max. 1.000,00 €)	900,00 €	-	Sparer-Pauschbetrag (max. 1.000,00 €)	900,00 €
=	Einkünfte aus Kapitalvermögen	0,00 €	=	Einkünfte aus Kapitalvermögen	0,00 €
c) Erkenntnis aus obigen Berechnungen zum Freistellungsauftrag und der Einkünfte-Ermittlung					
Ein Freistellungsauftrag hat nur Auswirkungen auf die Höhe der Bankgutschrift, aber nicht auf die steuerliche Ermittlung der Einkünfte aus Kapitalvermögen.					

Lösung zu Lernjob 3

a) Gesetzliche Grundlage: **§ 32 d Abs. 1 Satz 1 EStG**

b) Gesetzliche Grundlage: **§ 20 Abs. 9 Satz 1 EStG**

c) Gesetzliche Grundlage: **§ 43 Abs. 5 Satz 1 EStG**

Lösung zu Lernjob 4

	Zinseinnahmen	900,00 €	
-	Kapitalertragsteuer	220,05 €	(900 /(4 + 0,09)
-	Kirchensteuer	19,80 €	(220,05 • 9 %)
-	5,5 % SolZ	12,10 €	(220,05 • 5,5 %)
=	Bankgutschrift	648,05 €	

Lösung zu Lernjob 5

a)

Ehemann Franz Fischer (F)	
Einnahmen aus Kapitalvermögen (§ 20 EStG):	
Gewinnanteil Fischer & Müller OHG: Ansatz bei Einkünften aus Gewerbebetrieb (§ 15 Abs. 1 Satz 1 Nr. 2 EStG)	XXXXX
Zinserträge Bausparguthaben (§ 20 Abs. 1 Nr. 7 EStG)	315,00 €
Einnahmen aus typisch stiller Beteiligung an der Schneider KG (§ 20 Abs. 1 Nr. 4 EStG) Einnahme in 2024, da Zuflussprinzip (§ 11 Abs. 1 Satz EStG)	500,00 €
Summe der Einnahmen	**815,00 €**

- Sparer-Pauschbetrag (§ 20 Abs. 9 EStG: Ehemann und Ehefrau bekommen beide die Hälfte des Ehegatten-Sparer-PB von 2.000 €; aber max. in Höhe der Einnahmen; Übertrag des nicht genutzten Sparer-Pauschbetrages in Höhe von 185 € auf Ehefrau möglich)	- 815,00 €
Einkünfte aus Kapitalvermögen (Ehemann)	**0,00 €**

Ehefrau Doris Dahl	
Einnahmen aus Kapitalvermögen (§ 20 EStG):	
Dividende aus Aktien der Pharma AG Beteiligung im Betriebsvermögen, daher Ansatz bei den Einkünften aus Gewerbebetrieb (§ 20 Abs. 8 Nr. 1 EStG)	XXXX
Dividenden verschiedener Aktien Beteiligung im Privatvermögen (§ 20 Abs. 1 Nr. 1 EStG)	1.800,00 €
Veräußerungsgewinne Aktien Beteiligung im Privatvermögen (§ 20 Abs. 2 Satz 1 Nr. 1 EStG) Verkaufserlös 1.302,00 € - Verkaufs-NK 58,00 € - AK inkl. ANK 1.040,00 € = Veräußerungsgewinn	204,00 €
Summe der Einnahmen	**2.004,00 €**
Kein Ansatz von Depotgebühren möglich, da sämtliche Aufwendungen mit dem Sparer-Pauschbetrag abgegolten sind. - Sparer-Pauschbetrag 1.000 € Übertrag nicht genutzter Sparer-Pauschbetrag vom Ehemann 185 € (§ 20 Abs. 9 Satz 3 EStG)	- 1.185,00 €
Einkünfte aus Kapitalvermögen (Ehefrau)	**819,00 €**

b) Es handelt sich um Einkünfte aus Gewerbebetrieb gem. § 20 Abs. 8 Nr. 1 EStG. Hier gilt das Teileinkünfteverfahren.

Es sind 40 % der Dividendenerträge steuerfrei, entsprechend sind nur 60 % der Dividendenerträge steuerpflichtig.

Gesetzesgrundlage: § 3 Nr. 40 Buchst. d) EStG

Die Depotgebühren sind entsprechend auch nur zu 60 % als Betriebsausgabe abzugsfähig.

Gesetzesgrundlage: § 3c Abs. 2 Satz 1 EStG

	Betriebseinnahmen	60 % von 600 € =	360,00 €
-	Betriebsausgaben	60 % von 30 € =	18,00 €
=	steuerpflichtige Einkünfte aus Gewerbebetrieb		342,00 €

(nur auf die Dividende bezogen, hinzu kommt der lfd. Gewinn der Apothekerin)

Lösung zu Lernjob 6

a) Nur **inländische** Zinserträge unterliegen dem direkten KESt-Abzug an der Quelle. Sie werden mit dem Abgeltungs-Steuersatz von 25 % gemäß § 32d Abs. 1 EStG belastet.

Aus diesem Grund sind die Zinserträge aus Frankreich in der Einkommensteuererklärung anzugeben und der ESt bzw. KapESt zu unterwerfen.

Genaue Gesetzesgrundlage: § 43 Abs. 1 Satz 1ff EStG.

b) Die Einkommensteuer auf den französischen Zinsertrag ist dennoch nach § 32d Abs. 1 EStG mit dem gesonderten Steuersatz von 25 % zu ermitteln.

Und: Die ausländischen Zinseinnahmen fließen ebenso wie die inländischen Zinseinnahmen **nicht** in die Berechnung von der Summe der Einkünfte bis hin zum zu versteuernden Einkommen ein.

Genaue Gesetzesgrundlage: § 2 Abs. 5b EStG.

c) Werbungskosten –hier in Form von Fahrtkosten- können generell nicht geltend gemacht werden, egal ob sie in- oder ausländische Zinserträge betreffen. Es kann allerdings der Sparer-Pauschbetrag von insgesamt 1.000 € im Fall der Einzelveranlagung abgezogen werden.

Genaue Gesetzesgrundlage: § 20 Abs. 9 Satz 1 EStG

d)

		€
	Einkünfte aus Kapitalvermögen Keine gem. § 2 Abs. 5b EStG	---
+	Einkünfte aus Vermietung und Verpachtung Einnahmen 180.500 € - WK 32.700 €	**147.800,00**
=	**Summe der Einkünfte**	**147.800,00**
-	Altersentlastungsbetrag 13,6 % v. 147.800 €= 20.100,80 €; max. 646,00 €	**646,00**
=	**Gesamtbetrag der Einkünfte**	**147.154,00**
-	Sonderausgaben	**7.210,00**
=	**Einkommen**	**139.944,00**
=	**zu versteuerndes Einkommen**	**139.944,00**
→	**Tarifliche Einkommensteuer (Grundtabelle)** 34,88 % von 139.944 € = 48.812,47 €	**48.812,00**
-	**Steuerermäßigungen** § 35a Abs. 2 EStG: 12 • 1.600 €= 19.200 €, davon 20 %	**3.840,00**
+	**Steuer gem. § 32d Abs. 3 EStG *** 25 % von 2.000,00 € (franz. Zinseinnahmen) =	**500,00**
=	**Festzusetzende Einkommensteuer**	**45.472,00**
-	**Vorauszahlungen**	**46.800,00**
=	**Einkommensteuer-Erstattung**	**1.328,00**

* **Inländische Zinserträge** brauchen nicht mit in die Berechnung einbezogen werden, da sie, sofern sie steuerpflichtig sind, bereits mit dem gesonderten Steuersatz belastetet wurden und damit als abgegolten gelten.

Alternativ kann in dem vorliegenden Fall aber auch die folgende Berechnung vorgenommen werden:

	Zinseinnahmen (in- und ausländische)	3.000,00 €
-	Sparer-Pauschbetrag	1.000,00 €
=	noch mit dem gesonderten Steuersatz zu belastende Einkünfte aus Kapitalvermögen	2.000,00 €

Lernsituation 2

Lösung zu Lernjob 1

a) Die Zinserträge gehören zu den Einnahmen aus Kapitalvermögen.

Es gilt allerdings nicht der gesonderte Steuersatz von 25 %, denn es handelt sich um eine Kreditgewährung an eine nahestehende Person (Tochter) **und** die gezahlten Zinsen sind bei der Tochter als Werbungskosten im Rahmen der Einkünften aus Vermietung und Verpachtung abzugsfähig.

Somit werden die Zinseinnahmen bei Frau Zwanzig als Einnahmen bei den Einkünften aus Kapitalvermögen behandelt.

Genaue Gesetzesgrundlage: § 32d Abs. 2 Nr. 1 Buchst. a) EStG

b) In den Fällen des § 32d Abs. 2 Nr. 1 Buchst. a EStG gilt nicht der Abzug des Sparer-Pauschbetrages, somit können die tatsächlich angefallenen Werbungskosten geltend gemacht werden.

Genaue Gesetzesgrundlage: § 32d Abs. 2 Nr. 1 Buchst. a) **Halbsatz 2 EStG.**

c)

		€
	Einkünfte aus selbst. Arbeit	**77.734,00**
+	Einkünfte aus Kapitalvermögen Einnahmen 1.500,00 € - WK 96,00 €	**1.404,00**
=	**Summe der Einkünfte/Gesamtbetrag der Einkünfte**	**79.138,00**
-	Sonderausgaben	6.298,00
-	Außergewöhnliche Belastungen	645,00
=	**Einkommen / zu versteuerndes Einkommen**	**72.195,00**

Lösung zu Lernjob 2

a) 1. § 20 Abs. 1 Nr. 1 EStG:
Die Erträge aus der Beteiligung an einer GmbH gehören zu den Einkünften aus Kapitalvermögen.

§ 32d Abs. 1 EStG:
Die Erträge werden mit dem Gesonderten Steuersatz von 25 % belastet.

§ 20 Abs. 9 EStG:
Der Abzug der angefallen Zinsaufwendungen i. H. v. 6.000 € als Werbungskosten ist nicht möglich, sondern es wird der Sparer-Pauschbetrag in Abzug gebracht.

2.

	Einnahmen (= Erträge aus der Beteiligung)	10.000,00 €
-	Sparer-Pauschbetrag	1.000,00 €
=	Einkünfte aus Kapitalvermögen	9.000,00 €

Darauf entfallen 25 % KapESt = 2.250,00 €

b) 1. Ein Antrag kann gestellt werden, da Frau Dr. Walker mit 33,33 % an der GmbH beteiligt ist.

2. Rechtsfolge der Antragstellung ist, dass der gesonderte Steuersatz von 25 % nicht anwendbar ist, sondern die Gewinnanteile in die Veranlagung einbezogen und der tariflichen Einkommensteuer unterworfen werden. Gemäß § 32d Abs. 2 Nr. 3 Satz 2 EStG findet dann das Teileinkünfteverfahren Anwendung.

3. Die entstandenen Kreditzinsen (= Werbungskosten) können dann zu 60 % in Abzug gebracht werden.

c)

	Einnahmen	60 % von 10.000 € =	6.000,00 €
-	Werbungskosten	60 % von 6.000 € =	3.600,00 €
=	Einkünfte aus Kapitalvermögen		2.400,00 €

Die Einkünfte von 2.400 € werden bei der Summe der Einkünfte und bei dem ZvE mit eingerechnet. Die bereits einbehaltene Kapitalertragsteuer i. H. v. 2.500 € wird bei der Berechnung der endgültigen Einkommensteuer berücksichtigt (abgezogen).

(Selbst bei einem angenommenen Steuersatz von 40 % würde somit eine Belastung mit der tariflichen ESt von nur 560 € entstehen, während bei Anwendung des Gesonderten Steuertarifs sich eine Steuerbelastung von 2.250 € ergeben würde.)

Ergänzende Übungsaufgaben

Lösung zu Übungsaufgabe 1

a) Einkünfte aus Kapitalvermögen

Gesonderter Steuersatz: ja

§ 20 Abs. 1 Nr. 1 EStG

b) Einkünfte aus Kapitalvermögen

Gesonderter Steuersatz: ja (da die Zinsaufwendungen bei Tanja weder Betriebsausgaben noch Werbungskosten darstellen)

§ 20 Abs. 1 Nr. 7 EStG

c) Einkünfte aus Gewerbebetrieb

Gesonderter Steuersatz: nicht möglich

§ 15 Abs. 1 Satz 1 Nr. 2 EStG

d) Einkünfte aus Kapitalvermögen

Gesonderter Steuersatz: ja § 20 Abs. 1 Nr. 7 **Satz 3** EStG

Lösung zu Übungsaufgabe 2

a) Frau Sanchez hätte für ihr Wertpapierdepot einen Freistellungauftrag erteilen können. Herr Sanchez hätte für seine beiden Geldanlagen, auch wenn es sich um Geldanlagen bei verschiedenen Kreditinstituten handelt, zwei Freistellungsaufträge (bei der Volksbank Berlin und bei der Bausparkasse Berlin) in entsprechend geringerer Höhe erteilen können.

Durch einen Antrag gem. § 32d Abs. 4 EStG wird mit Abgabe der Steuererklärung ein nicht (vollständig) ausgeschöpfter Sparer-Pauschbetrag berücksichtigt und zu viel gezahlte Kapitalertragsteuer angerechnet.

b)

	Ehemann In €	**Ehefrau In €**
Einnahmen aus Kapitalvermögen		
Ehemann: 412,92 €+ 78,32 €	491,24	
Ehefrau: 1.308,76 €		1.308,76
- **Sparer-Pauschbetrag**		
Ein Ansatz angefallener Aufwendung (hier Fahrt- und Übernachtungskosten zur Hauptversammlung der Ehefrau) ist durch den Abzug des **Sparer-Pauschbetrages** abgegolten		
Ehemann: 491,24 € (max. in Höhe der Einnahmen)	-491,24	
Ehefrau: 1.000,00 €		
+ Übertrag nicht ausgeschöpfter Sparer-Pauschbetrag Ehemann 1.000 € - 491,24 € = 508,76 €		
= 1.508,76 €		
aber max. in Höhe der **erzielten Einnahmen**		-1.308,76
= Einkünfte aus Kapitalvermögen	**0,00**	**0,00**

Da die Einkünfte aus Kapitalvermögen unterhalb des Sparer-Pauschbetrages liegen, entsteht **keine** endgültige Steuerbelastung der Kapitaleinkünfte mit Einkommensteuer bzw. KapESt.

Die einbehaltene Kapitalertragsteuer von Smartbroker+ und der Bausparkasse Berlin werden den Eheleuten aufgrund der Antragstellung im Rahmen der Einkommensteuererklärung gem. § 32d Abs. 4 EStG zurückerstattet.

Lösung zu Übungsaufgabe 3

a) Mit dem § 32d Abs. 6 EStG wird eine Günstigerprüfung beantragt.

Die Einkünfte aus Kapitalvermögen (Einnahmen - Sparer-Pauschbetrag) werden dann den übrigen Einkünften hinzugerechnet und der tariflichen Einkommensteuer unterworfen, falls dies günstiger als die Anwendung des gesonderten Steuersatzes von 25 % ist (In der Regel sinnvoll bei insgesamt geringen steuerpflichtigen Einkünften).

b) Beim **Freistellungsauftrag** wird der Sparer-Pauschbetrag bereits beim Abzug von Kapitalertragsteuer berücksichtigt. Der Freistellungsauftrag bezieht sich ausschließlich auf bestimmte Einkünfte aus Kapitalvermögen. Er kann max. i. H. v. 1.000 € bei Einzelveranlagung bzw. 2.000 € bei Zusammenveranlagung berücksichtigt werden.

§ 44a Abs. 1 Satz 1 und Abs. 2 Nr. 1 EStG.

Wird eine **Nichtveranlagungsbescheinigung** (NV-Bescheinigung) einer Bank vorgelegt, ist unabhängig von der Höhe der Kapitalerträge **kein** Steuerabzug vorzunehmen.

Die Einkünfte aus allen Einkunftsarten liegen insgesamt unter dem Grundfreibetrag, sodass eine Veranlagung zur Einkommensteuer nicht in Betracht kommt.

Die NV-Bescheinigung wird beim Wohnsitz-Finanzamt beantragt.

§ 44a Abs. 2 Nr. 2 EStG.

G. Altersentlastungsbetrag und Gesamtbetrag der Einkünfte

Lernsituation 1

Lösung zu Lernjob 1

a) § 24a EStG / Altersentlastungsbetrag

b) Steuerpflichtige, die vor Beginn des Kalenderjahres, in dem sie ihr Einkommen bezogen haben, das 64. Lebensjahr vollendeten.

Lösung zu Lernjob 2

1. Berechnungsgrundlage		**2. Berechnungsgrundlage**
↓		↓
Arbeitslohn		**positive Summe der Einkünfte, die nicht solche aus nichtselbstständiger Arbeit sind**
nicht dazu gehören nach		außerdem bleiben u. a. außer Ansatz:
(Nr. 1) **Versorgungsbezüge i. S. d. § 19 Abs. 2 EStG**	+	(Nr. 2) **Leibrenten (gesetzliche Renten) i. S. d. § 22 Nr. 1 Satz 3 Buchst. a) EStG**
↓		↓

=

Bemessungsgrundlage für den Altersentlastungsbetrag

Auf das Ergebnis wird ein maßgebender **Prozentsatz** in die Berechnung einbezogen. Zum Beispiel wird für eine Steuerpflichtige bzw. einen Steuerpflichtigen die/der in 2024 das 64. Lebensjahr vollendet hat, im Veranlagungsjahr **2025** ein Prozentsatz i. H. v. **13,2** %. auf die errechnete Bemessungsgrundlage angewandt, der aber einen Höchstbetrag von **627** € nicht übersteigen darf.

Lösung zu Lernjob 3

a)

Einkünfte aus Land- und Forstwirtschaft			
Einnahmen	8.000,00 €		
- Betriebsausgaben	5.900,00 €		2.100,00 €
Einkünfte aus nichtselbstständiger Arbeit			
Lfd. Arbeitslohn	7.000,00 €		
- Arbeitnehmer-Pauschbetrag	- 1.230,00 €	5.770,00 €	
Versorgungsbezüge (erstmals in 2024)			
Einnahmen: 1.125 € • 12 Monate =	13.500,00 €		
- Versorgungsfreibetrag			
Berechnung:			
13,6 % v. 13.500,00 € = 1.836,00 €			
max.	- 1.020,00 €		
Zuschlag zum Versorgungsfreibetrag	- 306,00 €		
= steuerpfl. Einnahmen	12.174,00 €		
- Werbungskosten-Pauschbetrag	102,00 €	12.072,00 €	17.842,00 €
Einkünfte aus Vermietung und Verpachtung			
Einnahmen	8.500,00 €		
- Werbungskosten	14.900,00 €		-6.400,00 €

Summe der Einkünfte		**13.542,00 €**
- **Altersentlastungsbetrag**, § 24a EStG erstmals ab 2024: 13,6 %, max. 646,00 € 1. Teil der BMG (= Arbeitslohn, ohne Versorgungsbezüge) 2. Teil der BMG (positive Summe der übrigen Einkünfte, Ausnahmen beachten!) 2.100,00 € - 6.400,00 € = -4.300,00 € = da negative Summe, Ansatz Bemessungsgrundlage für Altersentlastungsbetrag 13,6 % von 7.000,00 € = 952,00 €, max.	 7.000,00 € 0,00 € 7.000,00 €	-646,00 €
- **Freibetrag für Land- und Forstwirtschaft**, § 13 Abs. 3 EStG		-900,00 €
Gesamtbetrag der Einkünfte		**11.996,00 €**

b)

		Ehemann	**Ehefrau**
Einkünfte aus selbständiger Arbeit (Ehemann) Gewinn		2.200,00	
Einkünfte aus nichtselbständiger Arbeit **Lfd. Arbeitslohn (Ehefrau)** - Arbeitnehmer-Pauschbetrag	 3.500,00 € - 1.230,00 €		2.270,00 €
Versorgungsbezüge (Ehemann) Einnahmen - Versorgungsfreibetrag Berechnung (Beginn 2021!): BMG: (12 • 2.100 €) + 700 € = 25.900,00 € davon 15,2 % = 3.936,80 € max. Zuschlag zum Versorgungsfreibetrag = steuerpfl. Einnahmen - Werbungskosten-Pauschbetrag	 29.870,00 € - 1.140,00 € - 342,00 € 28.388,00 € - 102,00 €	28.286,00 €	
Einkünfte aus Vermietung und Verpachtung (Ehemann) Überschuss		6.950,00 €	
Sonstige Einkünfte **Gesetzliche Rente** (Ehefrau) Einnahmen - steuerfreier Anteil der Rente - Werbungskosten-Pauschbetrag	 10.200,00 € - 1.740,00 € - 102,00 €		8.358,00 €
Privates Veräußerungsgeschäft (Ehefrau) Gewinn			1.850,00 €
Summe der Einkünfte		**37.436,00 €**	**12.478,00 €**

Altersentlastungsbetrag, § 24a EStG (beide Eheleute erhalten ihn ab 2021: es gilt 15,2 %, max. 722,00 €)			
Ehemann			
1. Teil der BMG (= Arbeitslohn, ohne Versorgungsbezüge)	0,00 €		
2. Teil der BMG (positive Summe der übrigen Einkünfte, Ausnahmen beachten!)			
2.200,00 € + 6.950,00 € =	9.150,00 €		
Bemessungsgrundlage für Altersentlastungsbetrag	9.150,00 €		
15,2 % von 9.150,00 € = 1.390,80 €, aber max.		-722,00 €	
Ehefrau			
1. Teil der BMG (= Arbeitslohn)	3.500,00 €		
2. Teil der BMG (positive Summe der übrigen Einkünfte, außer Altersrente) =	+ 1.850,00 €		
Bemessungsgrundlage für Altersentlastungsbetrag	5.350,00 €		
15,2 % von 5.350,00 € = 813,20 €, max.			-722,00 €
Gesamtbetrag der Einkünfte		**36.714,00 €**	**11.756,00 €**

Lösung zu Lernjob 4

a) Neue Berechnung des Altersentlastungsbetrags für Herrn Knippscher:

1. Teil der BMG
(= Arbeitslohn, ohne Versorgungsbezüge) 0,00 €

2. Teil der BMG
positive Summe der übrigen Einkünfte:
2.200,00 € (selbst. Arbeit) - 2.550,00 (V+V = 6.950 € - 9.500 €) = - 350,00 €
in der neuen Berechnung entstehen negative Einkünfte, daher 0,00 €

Bemessungsgrundlage für Altersentlastungsbetrag ist 0,00 €

Herrn Knippscher wird kein Altersentlastungsbetrag in 2024 gewährt werden, da die negativen Einkünfte aus Vermietung und Verpachtung die positiven Einkünfte aus selbstständiger Arbeit übersteigen.

b) Die Empfehlung wäre, dass die Erhaltungsaufwendungen in 2024 nicht in voller Höhe als Werbungskosten im Rahmen der Einkünfte aus V+V angesetzt werden, sondern die Wahlmöglichkeit des § 82b EStDV zu nutzen und den Erhaltungsaufwand über mehrere Jahre, bis zu 5 Jahre, zu verteilen.

(Die Einkünfte aus Vermietung und Verpachtung bleiben schon ab 2-jähriger Verteilung im positiven Bereich und somit errechnet sich wieder ein Altersentlastungsbetrag für Herrn Knippscher – aber natürlich in geringer Höhe.)

Ergänzende Übungsaufgaben

Lösung zu Übungsaufgabe 1

Einkünfte aus Land- und Forstwirtschaft		
Gewinn		5.300,00 €
Einkünfte aus selbstständiger Arbeit		
Betriebseinnahmen	2.100,00 €	
- Betriebsausgaben (656 km • 0,30 €)	- 196,80 €	1.903,20 €
Einkünfte aus nichtselbstständiger Arbeit		
Versorgungsbezüge (erstmals in 2022)		
Einnahmen 500 € • 12 Monate =	6.000,00 €	
- Versorgungsfreibetrag		
Berechnung: (Beginn 2022)		
14,4 % v. 6.000,00 € =	- 864,00 €	
(max. 1.080,00 €)		
Zuschlag zum Versorgungsfreibetrag	- 324,00 €	
= steuerpfl. Einnahmen	4.812,00 €	
- Werbungskosten-Pauschbetrag	102,00 €	4.710,00 €
Einkünfte aus Vermietung und Verpachtung		
Negativer Überschuss		-2.100,00 €
Sonstige Einkünfte		
1. Gesetzliche Rente:		
Einnahmen 1.930,22 € • 12 Monate =	23.162,64 €	
- steuerfreier Anteil	-4.047,84 €	
- Werbungskosten-Pauschbetrag	- 102,00 €	19.012,80 €
2. Verkauf privater Haushaltsgegenstände: Keine privaten Veräußerungsgeschäfte, da es sich um Gegenstände des täglichen Gebrauchs handelt.		0,00 €
Summe der Einkünfte		**28.826,00 €**
Altersentlastungsbetrag, § 24a EStG		
erstmals ab 2022: 14,4 %, max. 684,00 €		
(H. Junghans hat am 31.12.2021 sein 64. Lebensjahr vollendet)		
1. Teil der BMG (= Arbeitslohn, ohne Versorgungsbezüge)	0,00 €	
2. Teil der BMG (positive Summe der übrigen Einkünfte, ohne Altersrente)		
5.300,00 € + 1.903,20 € - 2.100,00 € =	5.103,20 €	
Bemessungsgrundlage für Altersentlastungsbetrag	5.103,20 €	
14,4 % von 5.103,20 € = 734,86 €, max.		-684,00 €
Freibetrag für Land- und Forstwirtschaft, § 13 Abs. 3 EStG		
Summe der Einkünfte < 30.700,00 €		-900,00 €
Entlastungsbetrag für Alleinerziehende,		
Alleinstehend gem. § 24b EStG		
Tochter: steuerrechtliches Kind, da unter 25 Jahre alt und in Erstausbildung		-4.260,00 €
Gesamtbetrag der Einkünfte		**22.982,00 €**

Lösung zu Übungsaufgabe 2

Die gesetzliche Rente und die Versorgungsbezüge werden nicht in die Bemessungsgrundlage für den Altersentlastungsbetrag nach § 24a EStG einbezogen, daher würden Steuerpflichtige mit nur diesen genannten Alterseinkünften keinen Altersentlastungsbetrag erhalten.

H. Verlustausgleich und Verlustabzug

Lernsituation

Lösung zu Lernjob 1

a) Werbungskosten sind Aufwendungen zur Erwerbung, Sicherung und Erhaltung von Einnahmen. Bei den aufgeführten Kosten handelt es sich um Aufwendungen (Zinsaufwendungen etc.) zur Sicherung der Einnahmen. Somit sind die Aufwendungen trotz Leerstand abzugsfähig.

   § 9 Abs. 1 Satz 1 EStG.

b)

				€
Einkünfte aus Gewerbebetrieb				**85.000,00**
Einkünfte aus Vermietung und Verpachtung				
Eigentumswohnungen			**35.500,00 €**	
Penthouse-Wohnung				
Einnahmen	8 • 2.800 =	22.400,00 €		
	8 • 923 =	7.384,00 €		
		29.784,00 €		
- WK	4 • 4.200 =	16.800,00 €		
	8 • 5.150 =	41.200,00 €		
		-58.000,00 €	**-28.216,00 €**	**7.284,00**
= Summe der Einkünfte				**92.284,00**
= Gesamtbetrag der Einkünfte				**92.284,00**

c) Es handelt sich um einen Verlustausgleich.

   Da eine Verrechnung positiver Einkünfte mit negativen Einkünften innerhalb der gleichen Einkunftsart (den Einkünften aus Vermietung und Verpachtung) erfolgt, liegt ein **horizontaler Verlustausgleich** vor.

d)

				€
Einkünfte aus Gewerbetrieb				**85.000,00**
Einkünfte aus Vermietung und Verpachtung				
Eigentumswohnungen				
Einkünfte			**27.500,00 €**	
Penthouse-Wohnung				
Einnahmen	8 • 2.800 =	22.400,00 €		
	8 • 923 =	7.384,00 €		
		29.784,00 €		
- WK	4 • 4.200 =	16.800,00 €		
	8 • 5.150 =	41.200,00 €		
		-58.000,00 €	**-28.216,00 €**	**-716,00**
= Summe der Einkünfte				**84.284,00**
= Gesamtbetrag der Einkünfte				**84.284,00**

e) Hier erfolgt zunächst eine Verrechnung von positiven mit negativen Einkünften innerhalb der gleichen Einkunftsart (den Einkünften aus Vermietung und Verpachtung). Die im Rahmen der Einkünfte aus Vermietung und Verpachtung verbleibenden restlichen negativen Einkünfte werden dann im nächsten Schritt mit den Einkünften aus Gewerbebetrieb verrechnet.

Es handelt sich wiederum um einen Verlustausgleich. Bei der Verrechnung positiver Einkünfte aus Gewerbebetrieb mit negativen Einkünften aus Vermietung und Verpachtung liegt ein **vertikaler Verlustausgleich** vor.

Lösung zu Lernjob 2

a) **Dividenden: Laufende** Erträge, insgesamt 1.160,00 €

Aufgrund des vorliegenden Freistellungsauftrages von 1.000,00 € werden nur 160,00 € mit dem gesonderten Steuersatz belastet.

25 % von 160,00 € = 40,00 € KESt

zuzüglich 5,5 % SolZ von 40,00 € = 2,20 € SolZ

Mit dem Abzug des Sparer-Pauschbetrages gelten sämtliche Aufwendungen als abgegolten; auch das Depotentgelt.

Aktienverkauf:

	Verkaufserlös abzüglich Spesen	10.918 € - 68 € =	10.850,00 €
-	AK zzgl. Spesen	12.390 € + 110 € =	- 12.500,00 €
=	**Veräußerungsverlust**		**- 1.650,00 €**

Die Einkunfte aus Kapitalvermögen (Dividendenerträge) sind bereits mit dem gesonderten Steuersatz (25 % KESt) belastet und werden nicht in die Berechnung des zvE einbezogen.

Veräußerungsverluste aus Aktienverkäufen dürfen nur mit Veräußerungsgewinnen aus Aktienverkäufen, aber nicht mit Dividendenerträgen verrechnet werden, § 20 Abs. 6 Satz 4 EStG.

Der Veräußerungsverlust aus Aktienverkäufen darf nicht mit positiven Einkünften innerhalb der Einkünfte aus Kapitalvermögen, die sich aus den lfd. Erträgen ergeben, und auch nicht mit anderen Einkunftsarten verrechnet werden, § 20 Abs. 6 Satz 1 EStG.

Die Veräußerungsverluste werden jedoch ggfs. mit Veräußerungsgewinnen aus Wertpapierverkäufen der Jahre ab 2025 verrechnet, § 20 Abs. 6 Satz 2 EStG.

b) Bei dem Verkauf des Kandinsky-Gemäldes handelt es sich grundsätzlich um ein privates Veräußerungsgeschäft, da der Zeitraum zwischen An- und Verkauf weniger als ein Jahr betragen hat.

Frau Krause erzielt einen **Veräußerungsverlust** nach § 22 Nr. 2 i. V. m. § 23 EStG in Höhe von - 7.000 € (34.000 € - 41.000 €). Diesen Verlust darf sie nur mit Gewinnen anderer privater Veräußerungsgeschäfte aus 2024 verrechnen, § 23 Abs. 3 Satz 7 EStG.

Der Verlust kann darüber hinaus mit steuerpflichtigen Veräußerungsgewinnen des Vorjahres (2023) oder der folgenden VZ (2025 ff.) verrechnet werden, § 23 Abs. 3 Satz 8 EStG.

c) **2023:**

		€
	Einkünfte aus selbst. Arbeit	**128.000,00**
+	Sonstige Einkünfte Gemälde von Richter: kein privates Veräußerungsgeschäft, da Zeitraum zwischen An- und Verkauf > 1 Jahr	-------
=	**Summe der Einkünfte**	**128.000,00**
-	Entlastungsbetrag für Alleinerziehende (2 Kinder)	**-4.500,00**
=	**Gesamtbetrag der Einkünfte**	**123.500,00**

2024:

		€
	Einkünfte aus selbst. Arbeit	**62.500,00**
+	Sonstige Einkünfte Gemälde von Kandinsky: Veräußerungsverlust Keine Verrechnung mit VZ 2023 möglich, da hier keine privaten Veräußerungsgewinne erzielt wurden. Verrechnung mit privaten Veräußerungsgewinnen der Folgejahre möglich.	---------
=	**Summe der Einkünfte**	**62.500,00**
-	Entlastungsbetrag für Alleinerziehende	**-4.500,00**
=	**Gesamtbetrag der Einkünfte**	**58.000,00**

Lösung zu Lernjob 3

a)

2024		**Ehemann**	**Ehefrau**	
	Einkünfte aus Gewerbebetrieb Bauunternehmen	**-100.000,00**		
+	Einkünfte aus nichtselbstständiger Arbeit Es handelt sich hier um pauschal besteuerten Arbeitslohn gem. § 40a Abs. 2 EStG (Minijob). Dieser bleibt bei der Veranlagung zur ESt außer Ansatz. § 40a Abs. 5 i. V. m. § 40 Abs. 3 EStG		---	
=	**Summe der Einkünfte**	**-100.000,00**	**0,00**	**gemeinsame Weiter-berechnung ↓**
-	Altersentlastungsbetrag,	---	---	
-	Entlastungsbetrag Alleinerziehende und	---	---	
-	Freibetrag aus Forst- und Landwirtschaft	---	---	
=	**Gesamtbetrag der Einkünfte**	**-100.000,00**	**0,00**	**-100.000,00**
-	Sonderausgaben			**XXXX**
-	Außergewöhnliche Belastungen			**XXXX**
=	**Einkommen**			**0,00**

Hinweis zur obigen Berechnung:

Sonderausgaben und Außergewöhnliche Belastungen können mangels eines positiven GdE einkommensteuerlich nicht berücksichtigt werden.

Die Verluste von -100.000 €, die bei der Ermittlung des Gesamtbetrags der Einkünfte (GdE) für 2024 nicht mit anderen Einkunftsarten ausgeglichen werden können, sind gem. § 10d Abs. 1 Satz 1 EStG vom GdE im VZ 2023 vorrangig vor Sonderausgaben und außergewöhnliche Belastungen abzuziehen **(Verlustabzug in Form des Verlustrücktrags)**. Soweit der Ausgleich der negativen Einkünfte im VZ 2023 nicht möglich ist, werden diese vom GdE des VZ 2022 vorrangig vor Sonderausgaben und außergewöhnlichen Belastungen abgezogen, § 10d Abs. 1 Satz 2 EStG.

2023		**Ehemann**	**Ehefrau**	
	Einkünfte aus Gewerbebtrieb Bauunternehmen	**65.000,00**		
+	Einkünfte aus nichtselbstständiger Arbeit		---	
=	**Summe der Einkünfte**	**65.000,00**	**0,00**	**gemeinsame Weiter-berechnung ↓**
-	Altersentlastungsbetrag,	---	---	
-	Entlastungsbetrag Alleinerziehende und	---	---	
-	Freibetrag aus Forst- und Landwirtschaft	---	---	
=	**Gesamtbetrag der Einkünfte**	**65.000,00**	**0,00**	**65.000,00**
-	**Verlustabzug** (Verlustrücktrag aus 2024: -100.000,00 €); (in 2023 nicht verrechneter Verlust -35.000,00 €)			**-65.000,00**
-	Sonderausgaben			**XXXX**
-	Außergewöhnliche Belastungen			**XXXX**
=	**Einkommen**			**0,00**

2022		**Ehemann**	**Ehefrau**	
	Einkünfte aus Gewerbebtrieb Bauunternehmen	**158.000,00**		
+	Einkünfte aus nichtselbstständiger Arbeit		---	
=	**Summe der Einkünfte**	**158.000,00**	**0,00**	**gemeinsame Weiter-berechnung ↓**
-	Altersentlastungsbetrag,	---	---	
-	Entlastungsbetrag Alleinerziehende und	---	---	
-	Freibetrag aus Forst- und Landwirtschaft	---	---	
=	**Gesamtbetrag der Einkünfte**	**158.000,00**	**0,00**	**158.000,00**
-	**Verlustabzug** Verlustrücktrag aus 2024 davon bereits in 2023 verrechnet verbleiben als Verlustrücktrag für 2022	 -100.000,00 €, - 65.000,00 € 35.000,00 €		**-35.000,00**
-	Sonderausgaben			**-6.500,00**
-	Außergewöhnliche Belastungen			**-2.500,00**
=	**Einkommen**			**114.000,00**

2025		Ehemann	Ehefrau	
	Einkünfte aus Gewerbebtrieb Bauunternehmen	420.000,00		
+	Einkünfte aus nichtselbstständiger Arbeit		---	
=	**Summe der Einkünfte**	420.000,00	0,00	gemeinsame Weiter-berechnung ↓
-	Altersentlastungsbetrag,	---	---	
-	Entlastungsbetrag Alleinerziehende und	---	---	
-	Freibetrag aus Forst- und Landwirtschaft	---	---	
=	**Gesamtbetrag der Einkünfte**	420.000,00	0,00	420.000,00
-	Verlustabzug			---
-	Sonderausgaben			-9.500,00
-	Außergewöhnliche Belastungen			-2.000,00
=	**Einkommen**			408.500,00

b) Eine Korrektur ist möglich. Gemäß § 10d Abs. 1 Satz 4 und Satz 5 EStG sind die bereits erlassenen Steuerbescheide für die VZ 2022 und 2023 zwecks Berücksichtigung der Verlustrückträge zu ändern.

c) Gemäß Satz 6 kann auf Antrag auf die Anwendung des Verlustrücktrags verzichtet werden.

Eine Antragstellung wäre für die Eheleute Haas empfehlenswert:

- Der Abzug der Sonderausgaben und außergewöhnliche Belastungen für die Jahre 2022 und 2023 bliebe somit erhalten.
- Im VZ 2025 werden sehr hohe Einkünfte aus Gewerbebetrieb erwartet. Die Verrechnung der Verluste aus 2024 würde dann zu einer erheblichen Milderung der Progression und damit zu einer höheren Steuerersparnis führen.

Ergänzende Übungsaufgaben

Lösung zu Übungsaufgabe 1

2023:

Einnahmen liegen i. H. v. 3.000 € aus der Tätigkeit als Übungsleiterin vor. Diese sind steuerfrei gem. § 3 Nr. 26 EStG. Die Aufwendungen im Zusammenhang mit der Übungsleitertätigkeit i. H. v. 240 € können gem. § 3c Abs. 1 EStG nicht angesetzt werden.

Der monatliche Unterhaltszuschuss der Eltern ist nicht zu versteuern.

Da Julia Herzog im VZ 2023 keinen Arbeitslohn bezog, liegen keine steuerpflichtigen Einnahmen gem. § 19 EStG vor. Die anlässlich der Stellensuche entstandenen Aufwendungen über 800 € in 2023 sind Aufwendungen zur Erzielung von Einnahmen und damit Werbungskosten im Zusammenhang mit den Einkünften aus nichtselbstständiger Arbeit.

Es ergibt sich folgende Berechnung:

		€
Einkünfte aus nichtselbstständiger Arbeit Einnahmen - **nachgewiesene Werbungskosten**	 0,00 € -800,00 €	 **-800,00**
= **Summe der Einkünfte**		**-800,00**
= **Gesamtbetrag der Einkünfte**		**-800,00**

Der GdE von - 800,00 € wird ohne Antragstellung von Amts wegen in den VZ 2022 und dann in den VZ 2021 zurückgetragen. Da hier aber keine steuerpflichtigen Einkünfte erzielt wurden, ergibt ein Verlustrücktrag keinen Sinn.

Für Julia Herzog sollte für 2023 eine Steuererklärung abgegeben werden, damit die Höhe des negativen GdE von Amts wegen festgestellt werden kann. Gleichzeitig sollte ein Antrag auf Verzicht des Verlustrücktrags gestellt werden (Kreuz setzen in der Anlage „Sonstiges" in der Einkommensteuererklärung).

Für den VZ **2024** erfolgt dann folgende Berechnung:

			€
	Einkünfte aus nichtselbst. Arbeit Einnahmen: 12 • 3.800 € = - AN-Pauschbetrag Einkünfte	 45.600,00 € 1.230,00 € 44.370,00 €	 **44.370,00**
=	**Summe der Einkünfte**		**44.370,00**
=	**Gesamtbetrag der Einkünfte**		**44.370,00**
-	Verlustabzug Verlustvortrag aus 2023		 **-800,00**
-	Sonderausgaben		**-5.400,00**
=	**Einkommen**		**38.170,00**

I. Sonderausgaben

Lernsituation

Lösung zu Lernjob 1

Gesetzesgrundlage: § 10 Abs. 1 Nr. 2 Buchst. a) EStG

Als Sonderausgabe abzugsfähige Altersvorsorge	
Beiträge:	**genaue Gesetzesgrundlage:**
▸ zur gesetzlichen Rentenversicherung	**§ 10 Abs. 1 Nr. 2 Buchst. a) EStG**
▸ **zur landwirtschaftlichen Alterskasse**	**§ 10 Abs. 1 Nr. 2 Buchst. a) EStG**
▸ **zu berufsständischen Versorgungseinrichtungen**	**§ 10 Abs. 1 Nr. 2 Buchst. a) EStG**
▸ **zu einer eigenen kapitalgedeckten Altersversorgung (Rürup-Rente)**	**§ 10 Abs. 1 Nr. 2 Buchst. b) aa) EStG**

In § 10 Abs. 3 Satz 1 EStG ist aufgeführt bis zu welchem **Höchstbetrag** die Altersvorsorgeaufwendungen berücksichtigt werden können, nämlich bis zu dem **Höchstbetrag der knappschaftlichen Rentenversicherung**.

Dieser wird jährlich angepasst und beträgt 27.566 € in 2024.

Lösung zu Lernjob 2

1.

geleistete Beiträge gem. § 10 Abs. 1 Nr. 2a EStG	**10.008,00 €**	
+ geleistete Beiträge gem. § 10 Abs. 1 Nr. 2b EStG	**3.840,00 €**	
= Summe geleisteter Beiträge	**13.848,00 €**	❶
Höchstbetrag gem. § 10 Abs. 3 Satz 1 EStG	**27.566,00 €**	❷
niedrigerer Betrag von ❶ oder ❷	**13.848,00 €**	
- steuerfreier AG-Anteil zur RV	**0,00 €**	
= **abzugsfähige Altersvorsorge des Dr. Caspari**	**13.848,00 €**	

2.

	geleistete Beiträge	abzugsfähige Basisvorsorge
Beitrag zur privaten Krankenversicherung § 10 Abs. 1 Nr. 3 Buchst. a) EStG abzüglich **Beitragsrückerstattung** =	**7.509,12 €** **-1.613,04 €** **5.896,08 €**	**5.767,36 €** **-1.297,70 €** **4.469,66 €**
Beitrag zur gesetzlichen (privaten) Pflegepflichtversicherung § 10 Abs. 1 Nr. 3 Buchst. b) EStG	**469,68 €**	**469,68 €**
Summe der Basisvorsorge		**4.939,34 €**
Höchstbetrag gem. § 10 Abs. 4 Satz 1 EStG		**2.800,00 €**
Abzugsfähiger Betrag		**4.939,34 €**

3. Da die Basisvorsorgeaufwendungen bereits den Höchstbetrag von 2.800 € übersteigen, sind nur die Beiträge zur Basisvorsorge der Krankenversicherung und der Pflegeversicherung abzugsfähig. Die weiteren Aufwendungen für Versicherungen über 978 € können somit steuerlich nicht geltend gemacht werden.

Lösung zu Lernjob 3

1. **Altersvorsorge**:

geleistete Beiträge gem. § 10 Abs. 1 Nr. 2a EStG		
Ehemann:	10.008,00 €	
Ehefrau: AG- und AN-Anteil zur RV	5.356,80 €	
+ geleistete Beiträge gem. § 10 Abs. 1 Nr. 2b EStG	3.840,00 €	
= Summe geleisteter Beiträge	19.204,80 €	❶
Höchstbetrag gem. § 10 Abs. 3 Satz 1 EStG	55.132,00 €	❷
niedrigerer Betrag von ❶ oder ❷	19.204,80 €	
- steuerfreier AG-Anteil zur RV (Ehefrau)	-2.678,40 €	
= **abzugsfähige Altersvorsorge des Dr. Caspari**	16.526,40 €	

2. **Kranken- und Pflegeversicherung**:

	geleistete Beiträge	abzugsfähige Basisvorsorge
Ehemann: Beitrag zur privaten Krankenversicherung § 10 Abs. 1 Nr. 3 Buchst. a) EStG abzüglich **Beitragsrückerstattung** = Ehefrau: **Beitrag zur gesetzlichen Krankenversicherung** **§ 10 Abs. 1 Nr. 3a) EStG: 2.102,40 € + 316,80 €**	7.509,12 € -1.613,04 € 5.896,08 € 2.419,20 €	5.767,36 € -1.297,70 € 4.469,66 € 2.322,43 €
Ehemann: Beitrag zur gesetzlichen (privaten) Pflegepflichtversicherung § 10 Abs. 1 Nr. 3b) EStG **Ehefrau:** AN-Beitrag zur gesetzlichen (sozialen) Pflegeversicherung § 10 Abs. 1 Nr. 3b) EStG	469,68 € 662,40 €	469,68 € 662,40 €
Summe der Basisvorsorge		7.924,17 €
Ehemann: Höchstbetrag gem. § 10 Abs. 4 Satz 1 EStG: 2.800 € **Ehefrau: Höchstbetrag gem. § 10 Abs. 4 Satz 2 EStG: 1.900 €**		4.700,00 €
Abzugsfähiger Betrag (mindestens die Basisvorsorge)		7.924,17 €

3. Da die Basisvorsorgeaufwendungen bereits den gemeinsamen Höchstbetrag von 4.700 € übersteigen, ist nur die Basisvorsorge zur Kranken- und Pflegeversicherung abzugsfähig. Die Beiträge zur Arbeitslosenversicherung über 374,40 € können somit steuerlich nicht geltend gemacht werden.

Lösung zu Lernjob 4

Gesetzesgrundlagen: § 10 Abs. 1a Nr. 1 EStG i. V. m. § 22 Nr. 1a EStG

	Grundunterhalt	12 • 1.150,00 € =	13.800,00 €
	Komfortleistungen Krankenversicherung	12 • (450 € - 380 €) =	840,00 €
	Summe		14.640,00 €
	jedoch max.		**13.805,00 €**
+	Zuschuss Basisvorsorge Krankenversicherung	12 • 380,00 € =	4.560,00 €
+	Zuschuss Pflegeversicherung	12 • 50,00 € =	600,00 €
Sonderausgabenabzug			**18.965,00 €**

Lösung zu Lernjob 5

1. **Zuwendungen Partei:**
   geleistet 3.800,00 €

   Steuerermäßigung § 34g EStG: **825,00 €**
   Sonderausgabenabzug § 10b Abs. 2 EStG:
   3.800,00 € - (2 • 825,00 €) = 2.150,00 €;
   max. **1.650,00 €**

   Zuwendungen zur Förderung steuerbegünstigter Zwecke:
   geleistet, insgesamt 22.000,00 €

   Berechnungsschema 1:
   Abzugsfähiger Höchstbetrag: 20 % von 150.000,00 € = 30.000,00 €

   Berechnungsschema 2:
   Abzugsfähiger Höchstbetrag: 4 ‰ von 900.000,00 € = 3.600,00 €

   somit Anwendung des Berechnungsschemas 1 durch die Finanzbehörde: Höchstbetrag 30.000,00 €, jedoch maximaler Abzug in Höhe der geleisteten Spenden

   = Sonderausgabenabzug nach § 10b Abs. 1 EStG = **22.000,00 €**

   Gesamtergebnis:
   Steuermäßigung § 34g EStG **825,00 €**
   Sonderausgabenabzug 1.650,00 € + 22.000,00 € = **23.650,00 €**

2. **Sachverhalt Variation:**

   Gesamtergebnis:
   Steuermäßigung § 34g EStG **825,00 €**
   Sonderausgabenabzug 1.650,00 € + 30.000,00 € (Höchstbetrag) = **31.650,00 €**

   Zu § 10 Abs. 1 Satz 9 EStG:
   Die im VZ 2024 nicht abzugsfähigen Zuwendungen zur Förderung steuerbegünstigter Zwecke in Höhe von 2.000 € (32.000 € - 30.000 €) können vorgetragen und in zukünftigen VZ im Rahmen der Höchstbeträge abgezogen werden.

Ergänzende Übungsaufgaben

Lösung zu Übungsaufgabe 1

Spende Unabhängige Wählervereinigung:

Steuerermäßigung § 34g EStG; 50 % von 1.000,00 € =	**500,00 €**

Sonderausgaben, die keine Vorsorgeaufwendungen sind:

Kirchensteuer:

	Kirchensteuervorauszahlungen 2024:	2.200,00 €
+	Kirchensteuernachzahlung in 2024 für 2022	590,00 €
		2.790,00 €
-	Kirchensteuererstattung in 2024 für 2023	240,00 €
	als Sonderausgabe abzugsfähig	**2.550,00 €**

Ermittlung der abzugsfähigen Vorsorgeaufwendungen, hier: Altersvorsorge:

geleistete Beiträge gem. § 10 Abs. 1 Nr. 2a EStG	17.075,00 €	
+ geleistete Beiträge gem. § 10 Abs. 1 Nr. 2b EStG	1.260,00 €	
= Summe geleisteter Beiträge	18.335,00 €	❶
Höchstbetrag gem. § 10 Abs. 3 Satz 1 EStG	27.566,00 €	❷
niedrigerer Betrag von ❶ oder ❷	18.335,00 €	
- steuerfreier AG-Anteil zur RV	0,00 €	
= abzugsfähige Altersvorsorge	**18.335,00 €**	

Ermittlung der abzugsfähigen Sonstigen Vorsorgeaufwendungen:

	geleistete Beiträge	abzugsfähige Basisvorsorge
Beitrag zur privaten Krankenversicherung § 10 Abs. 1 Nr. 3 Buchst. a) EStG	7.800,00 €	4.680,00 €
Beitrag zur gesetzlichen (privaten) Pflegepflichtversicherung § 10 Abs. 1 Nr. 3 Buchst. b) EStG	530,00 €	530,00 €
Summe der Basisvorsorge		5.210,00 €
Höchstbetrag gem. § 10 Abs. 4 Satz 1 EStG		2.800,00 €
Abzugsfähige Sonstige Vorsorgeaufwendungen (Basisvorsorge)		**5.210,00 €**

Da die Basisvorsorgeaufwendungen den Höchstbetrag übersteigen, sind keine weiteren Vorsorgeaufwendungen abzugsfähig. Dies betrifft die Beiträge zur Unfallversicherung und zur Haus- und Grundbesitzerhaftpflichtversicherung.

Die Beiträge zur Berufshaftpflichtversicherung gehören zu den Betriebsausgaben (§ 4 Abs. 4 EStG) bei den Einkünften aus selbstständiger Arbeit.

Die Eintrittskarte zur AIDS-Gala stellt keine Zuwendung dar, da hier eine Gegenleistung gegenübersteht.

Ergebnis:

Steuerermäßigung § 34 g EStG:	**500,00 €**
Sonderausgabenabzug: (2.550,00 € + 18.335,00 € + 5.210,00 €) =	**26.095,00 €**

Lösung zu Übungsaufgabe 2

Sonderausgabenabzug: 12 • 1.000,00 € = **12.000,00 €**

Der Unterhalt für die Tochter ist gem. § 10 Abs. 1a EStG nicht im Rahmen der Sonderausgaben abzugsfähig.

J. Außergewöhnliche Belastungen

Lernsituation 1

Lösung zu Lernjob 1

Ausgaben die **keine** außergewöhnliche Belastungen darstellen:

7. Mehrkosten für die Diät-Nahrungsmittel aufgrund einer Lebensmittelunverträglichkeit:

   Kosten einer Diät sind keine Krankheitskosten und müssen daher selbst getragen werden.

   § 33 Abs. 2 Satz 3 EStG.

8. Prozess- und Anwaltskosten für die Ehescheidung:

   keine absetzbaren Aufwendungen,

   lt. § 33 Abs. 2 Satz 4 EStG sind der Ansatz dieser Kosten im Rahmen der agB ausgeschlossen.

   (Nach dem BFH-Urteil vom 18.5.2017, VI R 9/16 erbringt ein Steuerpflichtiger die Aufwendungen für ein Scheidungsverfahren regelmäßig nicht zur Sicherung seiner Existenzgrundlage und seiner lebensnotwendigen Bedürfnisse.)

9. Unterhaltsleistungen an behinderten Sohn Felix:

   Sohn Felix gilt über das 25. Lebensjahr hinaus weiterhin als Kind nach § 32 Abs. 4 Satz 1 Nr. 3 EStG, somit sind die Bedingungen nach § 33a Abs. 1 EStG nicht erfüllt.

10. Unterhaltsleistung an Tochter Julia:

    Trotz Zweitausbildung ist Julia ebenso als Kind nach § 32 Abs. 4 Satz 1 Nr. 2 EStG anzusehen. Ihr Hinzuverdienst ist im Rahmen einer geringfügigen Beschäftigung nach § 32 Abs. 4 Satz 2 und 3 EStG unschädlich für die Beurteilung einer Erwerbstätigkeit.

12. Unterhaltsleistung an geschiedenen Ehepartner:

    Sonderausgabe nach § 10 Abs. 1a EStG, da Anlage U vom geschiedenen Ehegatten unterschrieben wurde.

13. Spende an eine politische Partei:

    Erstrangig Steuerermäßigung nach § 34 g EStG, bei höherer Spende evtl. auch Sonderausgabe nach § 10b Abs. 2 EStG.

14. Spende an Ärzte ohne Grenzen:

    Sonderausgaben nach § 10b Abs. 1 EStG.

15. Private Basis-Krankenkassen- und Pflegeversicherung für die beiden Kinder:

    Sonderausgaben nach § 10 Abs. 1 Nr. 3 Satz 2 EStG.

Lösung zu Lernjob 2

Berechnung der agB allgemeiner Art:

	Entstandene Aufwendungen:		
	1. Zahnersatz **2. Zuzahlung Physiotherapeuten** **3. Zuzahlung verordneter Medikamente** **4. Medikamente** **5. Kosten für verordnete Brille**	**3.250,00 €** **80,00 €** **125,00 €** **785,00 €** **695,00 €**	**4.935,00 €**
-	Erstattungsbetrag		**-750,00 €**
=	Belastung der Höhe nach		**4.185,00 €**
-	Zumutbare Belastung nach § 33 Abs. 3 EStG Berechnung der zumutbaren Belastung: **(2 steuerlich berücksichtigungsfähige Kinder: siehe Tabelle Nr. 2 Buchst. a))** **2 % von 15.340,00 € = 306,80 €** **3 % von (51.130 € - 15.340 €) 35.790,00 € = 1.073,70 €** **4 % von (89.650 € - 51.130 €) 38.520,00 € = 1.540,80 €**		**-2.921,30 €**
=	abzugsfähige agB allgemeiner Art		**1.263,70 €**

Lösung zu Lernjob 3

Berechnung der agB in besonderen Fällen:

1. Unterhaltszahlungen an die **Mutter**

	Ungekürzter Höchstbetrag (= Grundfreibetrag nach § 33a Abs. 1 Satz 1 i. V. m. § 32a Abs. 1 Satz 2 Nr. 1 EStG)			**11.604,00 €**
+	Erhöhung um für eine Basisabsicherung der unterhaltsberechtigten Person aufgewendete KV- oder PV-Beiträge, § 33a Abs. 1 Satz 2 EStG 12 Monate • 320,- €			**3.840,00 €**
=	Zwischensumme			**15.444,00 €**
	Ermittlung der Einkünfte und Bezüge der unterhaltenen Person			
	Einkünfte: **Sonstige Einkünfte der Mutter** **12 • 520,00 € = 6.240,00 €** **- steuerfreier Anteil 2.352,00 €** **- WK-Pauschbetrag 102,00 €**	**3.786,00 €**		
	Bezüge: **Steuerfreier Anteil der Rente 2.352,00 €** **- Kostenpauschale 180,00 €**	**2.172,00 €**		
=	Summe der Einkünfte und Bezüge	**5.958,00 €**	**5.958,00 €**	
-	Karenzbetrag, gem. § 33a Abs. 1 Satz 5 EStG		**624,00 €**	
= -	**steuerschädliche Einkünfte und Bezüge** (diese kürzen den Höchstbetrag, daher Übertrag in die rechte Spalte)		**5.334,00 €**	**-5.334,00 €**
=	**Gekürzter Höchstbetrag** (max. steuerlich abziehbare Unterhaltsaufwendungen)			❶ **10.110,00 €**
	tatsächlich aufgewendete Unterhaltsleistungen **12 • 870,00 € (550,00 + 320,00)**			❷ **10.440,00 €**
	steuerlich ansetzbar ist der niedrigere Betrag von ❶ und ❷			**10.110,00 €**

2. Weitere absetzbare agB nach § 33a EStG:

   Freibetrag für die in Berufsausbildung befindenden, auswärtig untergebrachten, volljährigen Kinder:

   Im Fall für Felix (wohnt in Berlin) und Julia (wohnt in Hamburg):
   1.200 € • 2 = **2.400 €**

Lösung zu Lernjob 4

Pauschbeträge nach § 33b EStG:

Behinderten-Pauschbeträge

Frau Mundt, GbB 30 (Diabetes)	620,00 €	
Sohn Felix, GdB 70	1.780,00 €	**2.400,00 €**

(Antrag auf Übertragung des FB auf die Mutter gestellt, § 33b Abs. 5 EStG)

Pflege-Pauschbetrag

Pflege der Nachbarin, Pflegegrad 2 **600,00 €**.

Lösung zu Lernjob 5

Berechnung des zu versteuernden Einkommens:

	Gesamtbetrag der Einkünfte		89.650,00 €
-	Sonderausgaben		
	1. bereits belegt und berechnete SA lt. Aufgabe	15.600,00 €	
	2. Krankenkassen- und Pflegebeiträge der beiden steuerlichen Kinder 2 • 300,00 € • 12 Monate =	7.200,00 €	
	3. Unterhaltsleistungen an den geschiedenen Ehegatten 12 Monate • 400,00 € =	4.800,00 €	
	4. Spende an Ärzte ohne Grenzen (Berechnung des Höchstbetrages = 20 % v. 89.650 € = 17.930 €)	800,00 €	-28.400,00 €
-	Außergewöhnliche Belastungen		
	1. allgemeiner Art nach § 33 EStG	1.263,70 €	
	2. in besonderen Fällen nach § 33a EStG		
	Unterhaltszahlungen an die Mutter	10.110,00 €	
	Freibeträge für Sonderbedarf d. auswärtigen Unterbringung beider Kinder in Berufsausbildung	2.400,00 €	
	3. Pauschbeträge nach § 33b EStG		
	Behindertenpauschbeträge	2.400,00 €	
	Pflegepauschbetrag	600,00 €	-16.773,70 €
=	Einkommen		44.476,30 €
-	Freibeträge nach § 33 Abs. 6 EStG für Felix und Julia		
	Kinderfreibetrag 2 • 3.192,00 € =	6.384,00 €	
	Freibetrag für Betreuung-, Erziehungs- und Ausbildungsbedarf 2 • 1.464,00 € =	2.928,00 €	
		= 9.312,00 €	
	• 2 (Antrag gestellt!)		-18.624,00 €
=	**zu versteuerndes Einkommen**		**25.852,30 €**

Spende an politische Partei: § 34g EStG Ansatz als Steuerermäßigung i. H. v. **250 €**.

Lernsituation 2

Lösung zu Lernjob

Martin ist älter als 25 Jahre und daher kein steuerlich berücksichtigungsfähiges Kind mehr. Steuerlich absetzbare außergewöhnliche Belastungen, die Herr Bohn in 2024 für die Unterstützung seines Sohnes gelten machen kann:

	Ungekürzter Höchstbetrag (= Grundfreibetrag nach § 33a Abs. 1 Satz 1 i. V. m. § 32a Abs. 1 Satz 2 Nr. 1 EStG) **11.604,00 € • $^{10}/_{12}$**			**9.670,00 €**
+	Erhöhung um für eine Basisabsicherung der unterhaltsberechtigten Person aufgewendete KV- oder PV-Beiträge, § 33a Abs. 1 Satz 2 EStG **120,00 € • 10 Monate =**			**1.200,00 €**
=	Zwischensumme			**10.870,00 €**
	Ermittlung der Einkünfte und Bezüge der unterhaltenen Person			
	Einkünfte:	**0,00 €**		
	Bezüge: **Gesetzl. Unfallversicherung** **190,00 € • 10 Monate = 1.900,00 €** **- anteilige Kostenpauschale** **180,00 € • $^{10}/_{12}$ 150,00 €** (**Hinweis:** Da die gesetzl. Unfallrente das ganze Jahr bezogen wird, muss die Kostenpauschale gezwölftelt werden!)	**1.750,00 €**		
=	Summe der Einkünfte und Bezüge	**1.750,00 €**	→ **1.750,00 €**	
-	Karenzbetrag, gem. § 33a Abs. 1 Satz 5 EStG **624,00 € • $^{10}/_{12}$**		**520,00 €**	
= / -	**steuerschädliche Einkünfte und Bezüge** (diese kürzen den Höchstbetrag, daher Übertrag in die rechte Spalte)		**1.230,00 €**	→ **-1.230,00 €**
=	**Gekürzter Höchstbetrag** (max. steuerlich abziehbare Unterhaltsaufwendungen)			❶ **9.640,00 €**
	tatsächlich aufgewendete Unterhaltsleistungen **(800,00 + 120,00) • 10 Monate =**			❷ **9.200,00 €**
	steuerlich ansetzbar ist der niedrigere Betrag von ❶ und ❷			**9.200,00 €**

Lernsituation 3

Lösung zu Lernjob 1

AgB allgemeiner Art nach § 33 EStG

	Entstandene Aufwendungen:		
	1. Zuzahlungen zu Medikamenten/Hilfsmittel **2. Behindertengerechter Badumbau** **3. Fahrtkosten-Pauschale, § 33 Abs. 2a EStG**	**1.260,00 €** **9.700,00 €** **4.500,00 €**	**15.460,00 €**
-	Erstattungsbetrag **(für Badumbau)**		**-5.700,00 €**
=	Belastung der Höhe nach		**9.760,00 €**
-	Zumutbare Belastung nach § 33 Abs. 3 EStG Berechnung der zumutbaren Belastung: **(2 steuerlich berücksichtigungsfähige Kinder: siehe Tabelle Nr. 2 Buchst. a))** **2 % von 15.340,00 € = 306,80 €** **3 % von (51.130 € - 15.340 €) 35.790,00 € = 1.073,70 €** **4 % von (107.500 € - 51.130 €) 56.370,00 € = 2.254,80 €**		**-3.635,30 €**
=	abzugsfähige agB nach § 33 EStG		**6.124,70 €**

AgB nach § 33b EStG:

Behinderten-Pauschbetrag für „hilflos" (Antrag auf Übertragung gestellt)	7.400,00 €
Pflege-Pauschbetrag, Pflegegrad 4	1.800,00 €
Insgesamt	**9.200,00 €**

Steuerlich absetzbare außergewöhnliche Belastungen, insgesamt = 15.324,70 €

Ergänzende Übungsaufgaben

Lösung zu Übungsaufgabe 1

	Ungekürzter Höchstbetrag (= Grundfreibetrag nach § 33a Abs. 1 Satz 1 i. V. m. § 32a Abs. 1 Satz 2 Nr. 1 EStG)				11.604,00 €
+	Erhöhung um für eine Basisabsicherung der unterhaltsberechtigten Person aufgewendete KV- oder PV-Beiträge, § 33a Abs. 1 Satz 2 EStG 105,00 € • 12 Monate =				1.260,00 €
=	Zwischensumme				12.864,00 €
	Ermittlung der Einkünfte und Bezüge der unterhaltenen Person				
	Einkünfte: **Sonstige Einkünfte:** 620,00 € • 12 Monate = - steuerfreier Anteil der Rente - WK-Pauschbetrag	 7.440,00 € 2.088,00 € 102,00 €	5.250,00 €		
	Bezüge: Steuerfreier Anteil der Rente + Wohngeldbezug 185,00 € • 12 Monate - Kostenpauschale	 2.088,00 € 2.220,00 € 180,00 €	4.128,00 €		
=	Summe der Einkünfte und Bezüge		9.378,00 €	→ 9.378,00 €	
-	Karenzbetrag, gem. § 33a Abs. 1 Satz 5 EStG			624,00 €	
= / -	**steuerschädliche Einkünfte und Bezüge** (diese kürzen den Höchstbetrag, daher Übertrag in die rechte Spalte)			8.754,00 €	→ -8.754,00 €
=	**Gekürzter Höchstbetrag** (max. steuerlich abziehbare Unterhaltsaufwendungen)				❶ 4.110,00 €
	tatsächlich aufgewendete Unterhaltsleistungen 600,00 € (250,00 + 350,00) • 12 Monate =				❷ 7.200,00 €
	steuerlich ansetzbar ist der niedrigere Betrag von ❶ und ❷				4.110,00 €

Der steuerlich absetzbare Gesamtbetrag wird im Verhältnis aufgeteilt:

Monika Stoll: 4.110,00 € • $^{250}/_{600}$ = **1.712,50 €** absetzbare agB
Thomas Braun: 4.110,00 € • $^{350}/_{600}$ = **2.397,50 €** absetzbare agB

Lösung zu Übungsaufgabe 2

	Ungekürzter Höchstbetrag (= Grundfreibetrag nach § 33a Abs. 1 Satz 1 i. V. m. § 32a Abs. 1 Satz 2 Nr. 1 EStG) **11.604,00 € • 2 =**				**23.208,00 €**
+	Erhöhung um für eine Basisabsicherung der unterhaltsberechtigten Person aufgewendete KV- oder PV-Beiträge, § 33a Abs. 1 Satz 2 EStG **(87,50 € + 20,25 €) • 12 Monate =**				**1.293,00 €**
=	Zwischensumme				**24.501,00 €**
	Ermittlung der Einkünfte und Bezüge der unterhaltenen Person				
	Einkünfte: **Sonstige Einkünfte:**				
	Vater: 750,00 € • 12 Monate =	**9.000,00 €**			
	- steuerfreier Anteil der Rente	**3.360,00 €**			
	- WK-Pauschbetrag	**102,00 €**	**5.538,00 €**		
	Mutter: 175,00 € • 12 Monate =	**2.100,00 €**			
	- steuerfreier Anteil der Rente	**756,00 €**			
	- WK-Pauschbetrag	**102,00 €**	**1.242,00 €**		
	Bezüge: **Steuerfreier Anteil der Rente (Vater)**	**3.360,00 €**			
	+ Steuerfreier Anteil der Rente (Mutter)	**756,00 €**			
	- Kostenpauschale 2 • 180,00 € (beide haben Bezüge)	**360,00 €**	**3.756,00 €**		
=	Summe der Einkünfte und Bezüge		**10.536,00 €** →	**10.536,00 €**	
-	Karenzbetrag, gem. § 33a Abs. 1 Satz 5 EStG **624,00 € • 2**			**1.248,00 €**	
= / -	**steuerschädliche Einkünfte und Bezüge** (diese kürzen den Höchstbetrag, daher Übertrag in die rechte Spalte)			**9.288,00 €** →	**-9.288,00 €**
=	**Gekürzter Höchstbetrag** (max. steuerlich abziehbare Unterhaltsaufwendungen)				❶ **15.213,00 €**
	tatsächlich aufgewendete Unterhaltsleistungen **720,00 € • 12 Monate =**				❷ **8.640,00 €**
	steuerlich ansetzbar ist der niedrigere Betrag von ❶ und ❷				**8.640,00 €**

Hinweis:

Grundsätzlich muss für jede unterhaltsempfangende Person der steuerlich abzugsfähige Unterhalt getrennt ermittelt werden.

Ausnahme bei Ehegatten: die Einkünfte und Bezüge werden zwar getrennt dargestellt aber in der Summe weitergerechnet.

K. Freibetrag für das Kind/Kindergeld

Lernsituation 1

Lösung zu Lernjob 1

Julia und Tim haben beide bereits das 18. Lebensjahr aber noch nicht das 25. Lebensjahr vollendet, daher ist nach § 32 Abs. 4 EStG zu prüfen, ob eine der beschriebenen Voraussetzungen auf Julia oder Tim anzuwenden ist.

Julia hat einen Ausbildungsabschnitt, den Besuch einer allgemeinbildenden Schule, im Mai 2024 abgeschlossen und wartet auf den Beginn des zweiten Ausbildungsabschnitts, nämlich ihre Ausbildung zur Maßschneiderin. Die Übergangszeit zwischen beiden Ausbildungsabschnitten beträgt weniger als 4 Monate (im Fall nur Juni und Juli) gem. § 32 Abs. 4 Satz 1 Nr. 2 Buchst. b) EStG, daher ist Julia im gesamten Jahr 2024 als steuerliches Kind anzusehen.

Tim hingegen hat seine erste Berufsausbildung mit Bestehen seiner Schreinerausbildung abgeschlossen. Bis einschl. Juni 2024 ist er ein steuerliches Kind nach § 32 Abs. 4 Satz 1 Nr. 2 a) EStG. Er befindet sich in den Monaten Juli, August und September in einer Übergangszeit zwischen zwei Ausbildungsabschnitten. Da Tim eine Zweitausbildung ab Oktober 2024 beginnt, sind im Absatz 4 die Sätze 2 und 3 zu beachten. Tim geht von Juli bis September einer Erwerbstätigkeit im Umfang von 40 Std. wöchentlich nach, damit ist Nr. 2 Buchst. b) für diese Zeit nicht anwendbar. Erst ab Oktober 2024 wird Tim wieder als steuerliches Kind nach § 32 Abs. 4 Satz 1 Nr. 2 Buchst. a) EStG eingestuft.

Somit ist Tim für 9 Monate in 2024 ein steuerliches Kind nach dem EStG.

Lösung zu Lernjob 2

Ermittlung des zu versteuernden Einkommens

	Ehemann	Ehefrau
Einkünfte aus selbstständiger Arbeit (Ehemann) Gewinn	123.000,00 €	
Einkünfte aus nichtselbstständiger Arbeit (Ehefrau) Minijob ist durch die Pauschalierung des Arbeitgebers abgegolten.		---
Einkünfte aus Vermietung und Verpachtung (Ehemann und -frau jeweils zur Hälfte) Negative Einkünfte i. H. v. -54.000,00 €	-27.000,00 €	-27.000,00 €
Summe der Einkünfte	**96.000,00 €**	**-27.000,00 €**
- Altersentlastungsbetrag, § 24a EStG - Entlastungsbetrag für Alleinerziehende - Freibetrag für Land- und Forstwirte	--- --- ---	--- --- ---

		Ehemann	Ehefrau
Gesamtbetrag der Einkünfte		**69.000,00 €**	
- Verlustabzug (§ 10d EStG)		---	
- Sonderausgaben		-10.300,00 €	
- außergewöhnliche Belastungen 1. **Allgemeiner Art nach § 33 EStG:** Krankheitskosten		-8.500,00 €	
2. **Besonderer Art nach § 33a Abs. 2 und 3 EStG** Freibetrag zur Abgeltung eines Sonderbedarfs bei Berufs ausbildung eines volljährigen Kindes: auswärtige Unterbringung von Tim für die Monate Okt - Dez.: $\frac{3}{12}$ v. 1.200,00 € =		-300,00 €	
Einkommen		**49.900,00 €**	
Freibeträge nach § 32 Abs. 6 EStG			
Kinderfreibetrag			
Julia: für das ganze Jahr	3.192,00 €		
Tim: für 9 Monate: $\frac{9}{12}$ v. 3.192,00 € =	2.394,00 €		
Betreuungsfreibetrag			
Julia: für das ganze Jahr	1.464,00 €		
Tim: für 9 Monate: $\frac{9}{12}$ v. 1.464,00 € =	1.098,00 €		
Insgesamt	8.148,00 €		
Verdoppelung bei zusammenveranlagten Ehegatten (Satz 2) ... • 2 =		-16.296,00 €	
Zu versteuerndes Einkommen		**33.604,00 €**	

Lösung zu Lernjob 3

Nein.

Nach § 31 Satz 1 EStG können entweder nur die Freibeträge nach § 32 Abs. 6 EStG oder das Kindergeld gewährt werden.

Im laufenden Kalenderjahr 2024 wird Kindergeld vorab als kindmäßige Vergünstigung monatlich gezahlt.

Lösung zu Lernjob 4

a) **Berechnung der ESt unter Abzug der Freibeträge:** **zvE = 33.604 €**

ESt-Berechnung nach § 32a Abs. 1 S. 2 Nr. 2 und Abs. 5 EStG
ESt = 977,00 € • 2 **Einkommensteuerschuld** **1.954,00 €**

Nebenrechnung:
33.604 € : 2 = 16.801 € (nach Abs. 5),
zvE ggf. abrunden nach Abs. 1 Satz 2 vor Berechnung der ESt

Berechnung der ESt:
(922,98 • y + 1.400) • y = (922,98 • 0,5198 + 1.400) • 0,5198 = 977,10 €
Steuerbetrag ist abzurunden auf den nächsten vollen Euro-Betrag.
y = (16.802 - 11.604) : 10.000 = 5.198 : 10.000 = **0,5198**

b) **Berechnung der ESt unter Nicht-Abzug der Freibeträge:** **zvE = 49.900,00 €**

ESt-Berechnung nach § 32a Abs. 1 S. 2 Nr. 3 und Abs. 5 EStG
ESt = 3.044,00 € • 2 **Einkommensteuerschuld** **6.088,00 €**

Nebenrechnung:
49.900 € : 2 = 24.950 € (nach Abs. 5)

Berechnung der ESt:
(181,19 • z + 2.397) • z + 1.025,38
= (181,19 • 0,7945 + 2.397) • 0,7945 + 1.025,38 = 3.044,17 €
Steuerbetrag ist abzurunden auf den nächsten vollen Euro-Betrag.
z = (24.950 - 17.005) : 10.000 = 7.945 : 10.000 = **0,7945**

Steuerersparnis bei Ansatz der Freibeträge nach § 32 Abs. 6 EStG:
6.088,00 € - 1.954,00 € = **4.134,00 € berechnete Steuerersparnis**

Anspruch auf Kindergeld in 2024:

Julia:	12 Monate • 250,00 €	=	3.000,00 €
Tim:	9 Monate • 250,00 €	=	2.250,00 €
Kindergeld insgesamt		=	**5.250,00 €**

Ergebnis der durchgeführten Günstigerprüfung:

Im Einkommensteuerfall Kerber ist das in 2024 erhaltene Kindergeld höher als die Steuerersparnis. Daher werden die Freibeträge nach § 32 Abs. 6 EStG in der Berechnung des zu versteuernden Einkommens **nicht** abgezogen.

TIPP

Hinweis 1:

Günstigerprüfung bei einer Mehrzahl von Kindern

Die Vergleichsrechnung, bei der geprüft wird, ob das Kindergeld oder der Ansatz der Freibeträge nach § 32 Abs. 6 EStG für den Steuerpflichtigen vorteilhafter ist, wird für jedes Kind einzeln, beginnend mit dem ältesten Kind, durchgeführt. (H 31 Prüfung der Steuerfreistellung EStH)

Hinweis 2:

Bei **Abzug der Freibeträge** gem. § 32 Abs. 6 EStG ist das erhaltene Kindergeld zurückzuzahlen. Siehe § 2 Abs. 5 und Abs. 6 Satz 3 EStG!

Lernsituation 2

Lösung zu Lernjob 1

Sebastian befindet sich im ganzen Jahr 2024 in seiner Erstausbildung (Erststudium), er hat vor dem Studium keine andere abgeschlossene nichtakademische Berufsausbildung absolviert.

Mit dieser Voraussetzung ist seine Erwerbstätigkeit - in welchem Umfang auch immer - während seines Erststudiums ohne Bedeutung. Sebastian ist daher das ganze Jahr ein steuerliches Kind nach § 32 EStG.

Florian hingegen hat vor Beginn seines BWL-Studiums eine erstmalige Berufsausbildung zum Kfz-Mechatroniker abgeschlossen. Somit ist nach § 32 Abs. 4 Satz 2 EStG der Umfang seiner Erwerbstätigkeit zu prüfen. Unschädlich ist eine Erwerbstätigkeit mit bis zu 20 Std. wöchentlich. Ebenso ist eine vorübergehende Ausweitung der Beschäftigung über 20 Std. wöchentlich möglich, diese darf aber nicht mehr als 2 Monate dauern und die durchschnittliche monatliche Arbeitszeit nicht 20 Std./Woche überschritten werden. Florian erweitert jedoch für 3 Monate seine Arbeit in eine Vollzeittätigkeit aus, daher sind diese 3 Monate als schädlich für die Beurteilung eines steuerlichen Kindes zu betrachten. Florian ist daher ein berücksichtigungsfähiges Kind für 9 Monate (Jan. - Juni und Okt. - Dez.).

Lösung zu Lernjob 2

Auch wenn Jan monatlich durch die Vermietung seines Mietshauses einen hohen monatlichen Geldbetrag durch die Mieten erzielt, so geht er „nur“ einer Vermögensverwaltung jedoch keiner Erwerbstätigkeit nach.

Er ist deshalb im ganzen VZ 2024 als steuerliches Kind einzustufen.

Lösung zu Lernjob 3

Unter dem Begriff der Erwerbstätigkeit versteht der Gesetzgeber eine auf die Erzielung von **Einkünften gerichtete Beschäftigung, die den Einsatz der persönlichen Arbeitskraft** erfordert. Diese sind:

- eine nichtselbstständige Tätigkeit,
- eine land- und forstwirtschaftliche Tätigkeit,
- eine gewerbliche Tätigkeit und/oder
- selbstständige Tätigkeit.

Die Verwaltung eigenen Vermögens ist hingegen keine Erwerbstätigkeit.

Ergänzende Übungsaufgaben

Lösung zu Übungsaufgabe 1

Berechnung der durchschnittlichen wöchentlichen Arbeitszeit:

Von Januar bis Juni =	26 Wochen je 18 Stunden wöchentlich =	468 Std.
Juli und August =	9 Wochen je 40 Stunden wöchentlich =	360 Std.
September bis Dezember =	17 Wochen je 18 Stunden wöchentlich =	306 Std.
gesamte Stunden		1.134 Std.

1.134 Std. : 52 Wochen = 21, 8 Std. wöchentlich im Durchschnitt.

Die vorübergehende Ausweitung der Arbeitsstunden im Juli und August sind nicht länger als zwei Monate, dies hat jedoch dazu geführt, dass die durchschnittliche wöchentliche Arbeitszeit von 20 Std. überschritten wurde. Daher erhalten die Eltern für die Monate Juli und August für ihren Sohn kein Kindergeld bzw. keine Freibeträge nach § 32 EStG, da Tim in dieser Zeit einer schädlichen Erwerbstätigkeit nachgeht.

Wenn er in den Monaten Juli und August jeweils nur 29 Stunden Arbeitszeit vereinbaren würde, dann bliebe er bei einer durchschnittlichen wöchentlichen Arbeitszeit von 20 Stunden und er wäre das ganze Jahr als steuerliches Kind einzustufen.

Stunden: 468 + 261 + 306 = 1.035 Std. : 52 Wochen) = 19,9 Std. wöchentlich im Durchschnitt.

Lösung zu Übungsaufgabe 2

a)

Einkünfte aus nichtselbstständiger Arbeit		73.580,00 €
= Summe der Einkünfte		**73.580,00 €**
abzgl. Entlastungsbetrag für Alleinerziehende nach § 24b EStG für Kind (Alice) = 4.260,00 €		-4.260,00 €
= Gesamtbetrag der Einkünfte		**69.320,00 €**
- Sonderausgaben		-9.530,00 €
- außergewöhnliche Belastungen		-4.500,00 €
= Einkommen		**55.290,00 €**
abzg. Freibeträge nach § 32 Abs. 6 EStG		
Kinderfreibetrag	3.192,00 €	
Freibetrag für Betreuungs, Erziehungs u. Ausbildungsbedarf	1.464,00 €	
Insgesamt	4.656,00 €	
§ 32 Abs. 6 Satz 3 Nr. 1 EStG Verdoppelung der Freibeträge	• 2	-9.312,00 €
= zu versteuerndes Einkommen		**45.978,00 €**

Berechnung der ESt unter Abzug der Freibeträge nach § 32 Abs. 6 EStG:
ESt-Berechnung nach § 32a Abs. 1 Satz 2 Nr. 3 und Abs. 5 EStG.
(181,19 • z + 2.397) • z + 1.025,38
= (181,19 • 2,8973 + 2.397) • 2,8973 + 1.025,38 = 9.491,18 €
Steuerbetrag ist abzurunden auf den nächsten vollen Euro-Betrag: **9.491,00 €**
z = (45.978 - 17.005) : 10.000 = 28.973 : 10.000 = **2,8973**

Berechnung der ESt unter Nicht-Abzug der Freibeträge nach § 32 Abs. 6 EStG:
ESt-Berechnung nach § 32a Abs. 1 Satz 2 Nr. 3 und Abs. 5 EStG.
(181,19 • z + 2.397) • z + 1.025,38
= (181,19 • 3,8285 + 2.397) • 3,8285 + 1.025,38 = 12.858,07 €
Steuerbetrag ist abzurunden auf den nächsten vollen Euro-Betrag = **12.858,00 €**
z = (55.290 - 17.005) : 10.000 = 38.285 : 10.000 = **3,8285**

Steuerersparnis bei Ansatz der Freibeträge nach § 32 Abs. 6 EStG:
12.858,00 € - 9.491,00 € = **3.367,00 € berechnete Steuerersparnis**

Anspruch auf Kindergeld in 2024:
Alice: 12 Monate • 250,00 € = **3.000,00 €**

Im Fall Frau Schweitzer ist das in 2024 erhaltene Kindergeld niedriger als die Steuerersparnis. Daher werden die Freibeträge nach § 32 Abs. 6 EStG in der Berechnung des zu versteuernden Einkommens abgezogen.

Bei **Abzug der Freibeträge** gem. § 32 Abs. 6 EStG ist das erhaltene Kindergeld zurückzuzahlen. Siehe § 2 Abs. 5 und Abs. 6 Satz 3 EStG.

b) Berechnung der festzusetzenden Einkommensteuer unter Beachtung des Abzugs der Freibeträge nach § 32 Abs. 6 EStG:

	Tarifliche Einkommensteuer	9.491,00 €
+	Kindergeld	3.000,00 €
=	**festzusetzende Einkommensteuer**	**12.491,00 €**

Lösung zu Übungsaufgabe 3

a) Berechnung des zu versteuernden Einkommens:

Einkünfte aus selbstständiger Arbeit		95.000,00 €
= Summe der Einkünfte		**95.000,00 €**
abzgl. Entlastungsbetrag für Alleinerziehende nach § 24b EStG. Herr Schweitzer lebt mit seiner Lebensgefährtin zusammen, daher nicht alleinstehend.		---
= Gesamtbetrag der Einkünfte		**95.000,00 €**
- Sonderausgaben		-11.300,00 €
- außergewöhnliche Belastungen		-6.300,00 €
= Einkommen		**77.400,00 €**
abzgl. Freibeträge nach § 32 Abs. 6 EStG Kinderfreibetrag Freibetrag für Betreuungs-, Erziehungs- u. Ausbildungsbedarf	 3.192,00 € 1.464,00 €	-4.656,00 €
= zu versteuerndes Einkommen		**72.744,00 €**

b) Berechnung des zu versteuernden Einkommens:

Einkünfte aus selbstständiger Arbeit	95.000,00 €
= Summe der Einkünfte	**95.000,00 €**
abzgl. Entlastungsbetrag für Alleinerziehende nach § 24b EStG. Herr Schweitzer lebt mit seiner Lebensgefährtin zusammen, daher nicht alleinstehend.	---
= Gesamtbetrag der Einkünfte	**95.000,00 €**
- Sonderausgaben	-11.300,00 €
- außergewöhnliche Belastungen	-6.300,00 €
= Einkommen	**77.400,00 €**
abzgl. Freibeträge nach § 32 Abs. 6 EStG Kinderfreibetrag 3.192,00 € Freibetrag für Betreuungs-, Erziehungs- u. Ausbildungsbedarf 1.464,00 € 4.656,00 € aufgrund vorliegenden Antrags werden die der leiblichen Mutter zustehenden Freibeträge auf Herrn Schneider übertragen ... • 2	-9.312,00 €
= zu versteuerndes Einkommen	**68.088,00 €**

L. Veranlagung/Tarif und Progressionsvorbehalt

Lernsituation

Lösung zu Lernjob 1

Alternative		Veranlagungsart und §	Tarif und §
1.	Gemeinsame Veranlagung der Eheleute	Zusammenveranlagung § 26 Abs. 1 Satz 1 i. V. m. § 26b EStG	Splittingtarif § 32a Abs. 5 EStG
2.	Einzelveranlagung der Eheleute mit gemeinsamem Antrag auf hälftigen Abzug von Sonderausgaben, agB und Steuerermäßigungen nach § 35a EStG	Einzelveranlagung § 26 Abs. 1 Satz 1 i. V. m. § 26a Abs. 2 Satz 2 EStG	Grundtarif § 32a Abs. 1 EStG
3.	Einzelveranlagung der Eheleute. Der Abzug von Sonderausgaben, agB und Steuerermäßigungen nach § 35a EStG erfolgt jeweils bei dem Ehepartner, der sie wirtschaftlich getragen hat.	Einzelveranlagung § 26 Abs. 1 Satz 1 i. V. m. § 26a Abs. 2 Satz 1 EStG	Grundtarif § 32a Abs. 1 EStG

Lösung zu Lernjob 2

Beleg 1:

Die Geldstrafe gehört zu den nicht abzugsfähigen Ausgaben (= Kosten der privaten Lebensführung).
Gesetzesgrundlage: § 12 Nr. 4 EStG.

Beleg 2:

Die Geldspende ist eine abzugsfähige Sonderausgabe (und nicht Betriebsausgabe).
Gesetzesgrundlage: § 10b Abs. 1 EStG.

Endgültige Höhe der Einkünfte aus selbstständiger Arbeit: 28.540,00 €

Lösung zu Lernjob 3

INFO

Die Zinserträge liegen unter dem Sparer-Pauschbetrag. Da sie aufgrund des vorliegenden Freistellungsauftrages nicht mit Abgeltungssteuer belastet werden, brauchen die Einkünfte aus Kapitalvermögen nicht erklärt zu werden.

Das Arbeitslosengeld i. H. v. 13.440 € ist nach § 3 Nr. 2 Buchst. a) EStG steuerfrei, unterliegt aber gem. § 32b Abs. 1 Satz 1 Nr. 1 Buchst. a) EStG dem Progressionsvorbehalt. Auf das zu versteuernde Einkommen wird ein besonderer Steuersatz gem. § 32b Abs. 2 EStG angewendet.

Der besondere Steuersatz wird in folgenden Schritten ermittelt:

1. Arbeitslosengeld dem tatsächlich zu versteuernden Einkommen hinzurechnen (= sog. fiktives zvE)
2. Ermittlung der sich dann ergebenden Steuerschuld auf das fiktive zvE nach der Grund- oder evtl. Splittingtabelle.
3. Berechnung des besonderen Einkommensteuersatzes auf 4 Kommastellen genau nach folgender Formel:

$$= \frac{\text{Steuerschuld nach Pkt 2}}{\text{fiktives zvE nach Pkt 1}} \cdot 100$$

4. Ermittlung der endgültigen ESt-Schuld durch Anwendung des Steuersatzes auf das tatsächliche zvE.

Alternative 1:

Berechnung der festzusetzenden Einkommensteuer **im Fall der Zusammenveranlagung:**

		Ehemann	Ehefrau
Einkünfte aus selbstständiger Arbeit		28.540,00 €	
Einkünfte aus nichtselbstständiger Arbeit			
Bruttoarbeitslohn	19.200,00 €		
- AN-Pauschbetrag	-1.230,00 €		17.970,00 €
Summe der Einkünfte		**28.540,00 €**	**17.970,00 €**
- Altersentlastungsbetrag, § 24a EStG		---	---
- Entlastungsbetrag für Alleinerziehende		---	---
- Freibetrag für Land- und Forstwirte		---	---
Gesamtbetrag der Einkünfte		**46.510,00 €**	
- **Sonderausgaben**			
1. Vorsorgeaufwendungen			
Altersvorgeaufwendungen:			
EM	4.000,00 €		
EF	1.785,20 € (AN-Anteil)		
	1.785,20 € (AG-Anteil)		
Summe der geleisteten Beiträge	7.570,40 €		
abzüglich AG-Anteil RV	-1.785,20 €	-5.785,20 €	
Sonstige Vorsorgeaufwendungen/Basisvorsorge:			
KV: EM	3.340,00 €		
EF (96 %)	1.548,29 €		
PV: EM	420,00 €		
EF:	441,60 €	-5.749,89 €	
2. Sonstige Sonderausgaben			
Spenden		-100,00 €	
- **außergewöhnliche Belastungen**			
Allgemeiner Art nach § 33 EStG:			
Krankheitskosten	**2.400,00 €**		
Berechnung der zumutbaren Belastung:			
4 % von 15.340,00 € =	613,60 €		
5 % von (46.510 € - 15.340 €) 31.170,00 € =	+1.558,50 €		
	-2.172,10 €	-227,90 €	
Einkommen/zu versteuerndes Einkommen		**34.647,01 €**	
Berechnung des Progressionsvorbehaltes:			
Ermittlung des fiktiven zvE:			
tatsächl. zvE: 34.647,00 €			
+ Arbeitslosengeld 13.440,00 €			
Fiktives zvE = 48.087,00 €			
Darauf entfallende ESt lt. Splittingtarif	5.604,00 €		
Besonderer Steuersatz: 5.604 • 100 : 48.087 =	11,6538 %		
Festzusetzende Einkommensteuer			
11,6538 % v. 34.647,00 € (abrunden)		**4.037,00 €**	

Berechnung der zu erwartenden Einkommensteuererstattung bzw. -nachzahlung:

Festzusetzende Einkommensteuer (abgerundet)	**4.037,00 €**
- einbehaltene Lohnsteuer	-538,00 €
- geleistete Vorauszahlungen: 1.100,00 € • 4 =	-4.400,00 €
Einkommensteuer-Guthaben (Erstattung)	**901,00 €**

Alternative 2:

Berechnung der festzusetzenden Einkommensteuer **im Fall der Einzelveranlagung mit Antrag auf hälftige Verteilung von SA, agB und § 35a EStG:**

Herr Adams

	Ehemann
Einkünfte aus selbstständiger Arbeit	28.540,00 €
Summe der Einkünfte = Gesamtbetrag der Einkünfte	**28.540,00 €**
- **Sonderausgaben** Berechnungen: siehe Zusammenveranlagung Hälftiger Abzug der SA (5.785,20 + 5749,89 + 100) = 11.635,09 € : 2 =	-5.817,55 €
- **außergewöhnliche Belastungen** Berechnungen: siehe Zusammenveranlagung Hälftiger Abzug von 227,90 €	-113,95 €
Einkommen/zu versteuerndes Einkommen	**22.608,50 €**
Festzusetzende Einkommensteuer (Grundtabelle)	**2.425,00 €**

Berechnung der zu erwartenden Einkommensteuererstattung bzw. -nachzahlung:

Festzusetzende Einkommensteuer (abgerundet)	**2.425,00 €**
- geleistete Vorauszahlungen: 1.100,00 € • 4 =	-4.400,00 €
Einkommensteuer-Guthaben (Erstattung)	**1.975,00 €**

Frau Adams

	Ehefrau
Einkünfte aus nichtselbstständiger Arbeit	17.970,00 €
Gesamtbetrag der Einkünfte = Gesamtbetrag der Einkünfte	**17.970,00** €
- **Sonderausgaben** Berechnungen: siehe Zusammenveranlagung Hälftiger Abzug der SA (5.785,20 + 5749,89 + 100) = 11.635,09 € : 2 =	-5.817,55 €
- **außergewöhnliche Belastungen** Berechnungen: siehe Zusammenveranlagung Hälftiger Abzug von 227,90 €	-113,95 €
Einkommen/zu versteuerndes Einkommen	**12.038,50 €**

			Ehefrau
Berechnung des Progressionsvorbehaltes:			
Ermittlung des fiktiven zvE:			
tatsächl. zvE:	12.038,00 €		
+ Arbeitslosengeld	13.440,00 €		
Fiktives zvE =	25.478,00 €		
Darauf entfallende ESt lt. Splittingtarif		3.186,00 €	
Besonderer Steuersatz:	3.186 • 100 : 25.478 =	12,5049 %	
Festzusetzende Einkommensteuer 12,5049 % v. 12.038,00 € (abrunden)			**1.505,00 €**

Berechnung der zu erwartenden Einkommensteuererstattung bzw. -nachzahlung:

Festzusetzende Einkommensteuer (abgerundet)	**1.505,00 €**
- einbehaltene Lohnsteuer	538,00 €
Einkommensteuer-Nachzahlung	**967,00 €**

Alternative 3:

Berechnung der festzusetzenden Einkommensteuer **im Fall der Einzelveranlagung ohne Antrag auf hälftige Verteilung von SA, agB und § 35a EStG:**

Herr Adams

		Ehemann
Einkünfte aus selbstständiger Arbeit		28.540,00 €
Summe der Einkünfte = Gesamtbetrag der Einkünfte		**28.540,00 €**
1. Vorsorgeaufwendungen		
Altersvorgeaufwendungen		-4.000,00 €
Sonstige Vorsorgeaufwendungen/Basisvorsorge		
KV:	3.340,00 €	
PV:	+ 420,00 €	-3.760,00 €
2. Sonstige Sonderausgaben		
Spenden		-100,00 €
Einkommen/zu versteuerndes Einkommen		**20.680,00 €**
Festzusetzende Einkommensteuer (Grundtabelle)		**1.930,00 €**

Berechnung der zu erwartenden Einkommensteuererstattung bzw. -nachzahlung:

Festzusetzende Einkommensteuer (abgerundet)	**1.930,00 €**
- geleistete Vorauszahlungen: 1.100,00 € • 4 =	-4.400,00 €
Einkommensteuer-Guthaben (Erstattung)	**2.470,00 €**

Frau Adams

		Ehefrau
Einkünfte aus nichtselbstständiger Arbeit		17.970,00 €
Gesamtbetrag der Einkünfte = Gesamtbetrag der Einkünfte		**17.970,00 €**
- **Sonderausgaben**		
1. Vorsorgeaufwendungen		
Altersvorgeaufwendungen: AN-Anteil zur RV		-1.785,20 €
Sonstige Vorsorgeaufwendungen/Basisvorsorge:		
KV: (96 %) 1.548,29 €		
PV: + 441,60 €		-1.989,89 €
2. Sonstige Sonderausgaben		
Keine, daher SA-Pauschbetrag		-36,00 €
außergewöhnliche Belastungen		
Krankheitskosten	**2.400,00 €**	
Berechnung der zumutbaren Belastung:		
5 % von 15.340,00 € =	767,00 €	
6 % von (17.970 € - 15.340 €) 2.630,00 € =	+157,80 €	
	- 924,80 €	-1.475,20 €
Einkommen/zu versteuerndes Einkommen		**12.683,71 €**
Berechnung des Progressionsvorbehaltes:		
Ermittlung des fiktiven zvE:		
tatsächl. zvE: 12.683,00 €		
+ Arbeitslosengeld 13.440,00 €		
Fiktives zvE = 26.123,00 €		
Darauf entfallende ESt lt. Splittingtarif	3.361,00 €	
Besonderer Steuersatz: 3.361 • 100 : 26.123 =	12,8660 %	
Festzusetzende Einkommensteuer		
12,8660 % v. 12.683,00 € (abrunden)		**1.631,00 €**

Berechnung der zu erwartenden Einkommensteuererstattung bzw. -nachzahlung:

Festzusetzende Einkommensteuer (abgerundet)	**1.631,00 €**
- einbehaltene Lohnsteuer	-538,00 €
Einkommensteuer-Nachzahlung	**1.093,00 €**

Lösung zu Lernjob 4

Berechnung der Gesamterstattung bei den verschiedenen Veranlagungsalternativen:

Alternative 1 (Zusammenveranlagung):

ESt-Erstattung Eheleute		901,00 €

Alternative 2: Einzelveranlagung mit Antrag auf hälftige Verteilung:

ESt-Erstattung Herr Adams:		1.975,00 €
ESt-Nachzahlung Frau Adams		-967,00 €
Insgesamt:	Erstattung	1.008,00 €

Alternative 3: Einzelveranlagung ohne Antrag auf hälftige Verteilung:

ESt-Erstattung Herr Adams:		2.470,00 €
ESt-Nachzahlung Frau Adams		-1.093,00 €
Insgesamt:	Erstattung	1.377,00 €

Gemäß den vorgenommenen Berechnungen sollte für die Eheleute **Einzelveranlagungen beantragt** werden. Ein gemeinsamer Antrag auf hälftige Aufteilung der Sonderausgaben und außergewöhnlichen Belastungen gem. § 26a Abs. 2 Satz 2 EStG sollte allerdings **nicht** gestellt werden.

M. Belegorientierter Gesamtfall zur Einkommensteuer

Lernsituation 1

Lösung zu Lernjob 1

Berechnung des zu versteuernden Einkommens

	Ehemann	Ehefrau
Einkünfte aus Gewerbebetrieb (Ehemann) Gesellschafter in der Personengesellschaft EnergyTop KG Gewinn (Gemäß § 4a Abs. 2 Nr. 2 EStG gilt der Gewinn des Wirtschaftsjahres in dem Kalenderjahr bezogen in dem das Wirtschaftsjahr endet.)	125.000,00 €	
Einkünfte aus selbständiger Arbeit (Ehemann) Einnahmen aus einer nebenberuflichen Tätigkeit (Vorträge VHS) sind nach § 3 Nr. 26 EStG bis zu einem Betrag von 3.000 € steuerfrei.	0,00 €	

	Ehemann	Ehefrau
Einkünfte aus nichtselbständiger Arbeit (Ehefrau) Bruttoarbeitslohn 76.800,00 € - steuerfreie Einnahmen (Kinderbetreuung) -2.400,00 € - Werbungskosten -3.670,00 €		70.730,00 €
Summe der Einkünfte	**125.000,00 €**	**70.730,00 €**
- Altersentlastungsbetrag, § 24a EStG - Entlastungsbetrag für Alleinerziehende - Freibetrag für Land- und Forstwirte	--- --- ---	--- --- ---
Gesamtbetrag der Einkünfte	**195.730,00 €**	
- Verlustabzug (§ 10d EStG)	---	
- Sonderausgaben **1. Vorsorgeaufwendungen (lt. Aufgabenstellung)**	-12.750,00 €	
2. Sonstige Sonderausgaben **- Kinderbetreuung, § 10 Abs. 1 Nr. 5 EStG** **Kindergarten Anna-Lena** 7 Mon. • 314,00 € = 2.198,00 € 5 Mon. • 320,28 € = 1.601,40 € 3.799,40 € - Zuschuss vom Arbeitgeber -2.400,00 € ⅔ von = 1.399,40 € 932,93 € Verpflegung gehört nicht zur Betreuung, daher kein Ansatz. **Haushälterin/Betreuung von Till** 1.980,00 € + 20,29 % SV = 2.381,74 € 12 Mon. • 2.381,74 € • 80 % = 22.864,72 € ⅔ von 22.864,72 € = 15.243,15 € max. 4.000,00 € insgesamt = 4.932,93 €	-4.932,93 €	
Spenden **- Spenden § 10b Abs. 1 EStG** Spende an „Die Tafel" **- Spenden, § 10b Abs. 2 EStG** Spende „Bündnis Morgen ohne Sorgen" = erst Steuerermäßigung, Restbetrag Sonderausgaben-Abzug 12 Monate • 500,00 € = 6.000,00 € - Ansatz nach § 34g - 3.300,00 € Rest 2.700,00 €	-500,00 € -2.700,00 €	

		Ehemann	Ehefrau
- außergewöhnliche Belastungen			
1. Allgemeiner Art nach § 33 EStG:			
Krankheitskosten 8.650,00 €			
+ Fahrtkosten 483 km • 0,30 € • 2 = 289,80 €			
+ Zuzahlung Gehhilfe 130,00 €			
+ behindertenbed. Fahrtkosten-pauschale, § 33 Abs. 2 900,00 €			
= insgesamt 9.969,80 €			
- Zuschuss von KK 4.300,00 €			
Belastung der Höhe nach	**5.669,80 €**		
Berechnung der zumutbaren Belastung: (2 Kinder)			
2 % von 15.340,00 € = 306,80 €			
3 % von (51.130 € - 15.340 €) 35.790,00 € = 1.073,70 €			
4 % von (195.730 € - 51.130 €) 144.600,00 € = 5.784,00 €			
Summe	**-7.165,00 €**		
zumutbare Belastung liegt über der eigenen Belastung, daher		0,00 €	
2. Pauschbeträge nach § 33b EStG			
Behinderung-Pauschbetrag, Herr Bader, 70 GdB	1.780,00 €		
Pflege-Pauschbetrag, Vater v. Fr. Bader, Pfl.G 3	1.100,00 €	-2.880,00 €	
Einkommen		**171.967,07 €**	
- Freibeträge nach § 32 Abs. 6 EStG			
Kinderfreibetrag (für das ganze Jahr)			
Till und Anna-Lena: 2 • 3.192,00 € =	6.384,00 €		
Betreuungsfreibetrag			
Till und Anna-Lena: 2 • 1.464,00 €	2.928,00 €		
Insgesamt	9.312,00 €		
Verdoppelung bei zusammenveranlagten Ehegatten (Satz 2) ... • 2 =		-18.624,00 €	
Zu versteuerndes Einkommen		**153.343,07 €**	

Berechnung der Einkünfte, die nach § 32d Abs. 1 EStG besteuert werden (Abgeltungssteuer):

	Ehemann	Ehefrau
Kapitalerträge	8.540,00 €	640,00 €
- Sparer-Pauschbetrag	-1.360,00 €	-640,00 €
= Einkünfte i. S. d. § 32d Abs. 1 EStG	**7.180,00 €**	**0,00 €**
Der Abzug tatsächlicher Werbungskosten ist ausgeschlossen, § 20 Abs. 9 Satz 1 EStG		

Berechnung der zu erwartenden Einkommensteuererstattung bzw. -nachzahlung:

Tarifliche Einkommensteuer 28,17 % von 153.343,00 € = (auf nächsten vollen € abrunden)	**43.196,00 €**
- **Steuerermäßigungen:** **1. nach § 34 g EStG** (Politische Spenden) 12 Monate • 500,00 € = 6.000,00 €, davon 50 % = 3.000,00 € max. 1.650,00 € (6.000,00 € - 3.300,00 € = 2.700,00 € Ansatz als Sonderausgaben, gem. § 10b Abs. 2 EStG)	-1.650,00 €
2. nach § 35 EStG (bei Einkünften aus Gewerbebetrieb) 4-fache des anteiligen Gewerbemessbetrags: = 4 • 3.950,00 € = 15.800,00 €, (max. gezahlte Gewerbesteuer = 18.170,00 €)	-15.800,00 €
3. nach § 35a EStG - **haushaltsnahe Beschäftigung nach Abs. 2: Haushälterin** 1.980,00 € + 20,29 % SV = 2.381,74 € 12 Monate • 2.381,74 € • 20 % Arbeiten im Haushalt = 5.716,18 € **Haushaltsnahe Dienstleistung Fa. Schönwetter** (Re 0054): Arbeitsleistung, brutto: 427,50 € • 1,19 = 508,73 € Insgesamt 6.224,91 € davon 20 % = max. 4.000,00 €	-1.244,98 €
- **Handwerkerleistungen nach Abs. 3** + Fa. Schönwetter (Re 0023) 3.850,00 € davon 20 % = max. 1.200,00 €	-770,00 €
+ Anspruch auf Kindergeld, soweit in den Fällen des § 31 EStG das Einkommen um Freibeträge für Kinder gemindert wurde	+6.000,00 €
= verbleiben	29.731,02 €
+ zu versteuern nach § 32d Abs. 1 EStG 25 % auf 7.180,00 €	+1.795,00 €
Festzusetzende Einkommensteuer	**31.526,02 €**
- einbehaltene Lohnsteuer	-8.928,00 €
- geleistete Vorauszahlungen: 7.000,00 € • 4 =	-28.000,00 €
- geleistete Kapitalertragssteuer lt. Jahressteuerbescheinigungen (2.135,00 € + 160,00 €)	-2.295,00 €
Einkommensteuer-Guthaben (Erstattung)	**7.696,98 €**